本书出版得到以下平台的支持，谨致谢忱！
江苏省高校哲学社会科学重点研究基地“生态环境法治研究中心”
南京森林警察学院科研平台“公安法制研究中心”

检察案例指导制度研究

吴君霞 著

·南京·

图书在版编目(CIP)数据

检察案例指导制度研究 / 吴君霞著. — 南京 : 东南大学出版社, 2021.7

ISBN 978-7-5641-9609-7

Ⅰ.①检… Ⅱ.①吴… Ⅲ.①检察机关-案例-中国 Ⅳ.①D926.305

中国版本图书馆 CIP 数据核字(2021)第 148819 号

检察案例指导制度研究

著　　者 吴君霞
责任编辑 夏莉莉 陈 淑
出版发行 东南大学出版社
出 版 人 江建中
社　　址 南京市四牌楼 2 号(邮编:210096)
网　　址 http://www.seupress.com
电子邮箱 press@seupress.com
印　　刷 江苏凤凰数码印务有限公司
开　　本 787 mm×1 092 mm 1/16
印　　张 13
字　　数 284 千字
版 印 次 2021 年 7 月第 1 版 2021 年 7 月第 1 次印刷
书　　号 ISBN 978-7-5641-9609-7
定　　价 65.00 元
经　　销 全国各地新华书店
发行热线 025-83790519 83791830

(本社图书若有印装质量问题,请直接与营销部联系,电话:025-83791830)

PREFACE 序

《检察案例指导制度研究》一书，是吴君霞博士在其博士学位论文基础上修订而成的。

毋庸讳言，我国刑事司法要同时兼顾法律效果、社会效果与政治效果，案件的处理不但要考虑法律规定，还要考虑案件可能涉及的其他社会因素，因而，成功的案例不仅是正确适用法律的产物，也凝结着办案人员的实践智慧。这对司法人员的职业素养有很高的要求。司法实践中同案不同判、同案不同处理的现象，除了受到其他因素影响外，对法律含义理解的不同、司法人员能力的差异也是其重要影响因素。学习典型案例的成功经验，是尽可能消除这种差异的有效办法。同时，典型案例也是司法经验传承和发展的重要载体，对于实现司法的精密化有着重要的意义。

典型案例的价值早已为人们所洞悉。英美法系国家的法律体系整体上被称为"判例法"，充分体现了案例在其法律发展中举足轻重的地位和作用。即便是法律体系传统上被称为成文法的大陆法系国家，案例在司法实践中也扮演着重要的角色。我国历史上源远流长的"例"，充分体现了先人们对案例价值的深切认知与熟练运用。新中国成立后，由于受多种因素的影响，虽然案例在司法实践中以各种形式发挥着作用，但系统性、全局性的案例作用机制尚未能建立。甚至学习国外判例制度，探索建立制度化的案例作用机制的努力还曾遭遇不小的争议。而这一切都因案例指导制度的建立而站在了新的起点上。

诚然，案例指导制度有借鉴国外判例法的成分，也有我国传统"例"的精神传承，但其更是立足于我国当前政治制度和司法生态的一种全新的案例作用机制。与国外由法院独揽判例的生成与发展不同，我国的案例指导制度是由公检法各自独立发展的，形成了多家并存的局面。可能是受国外判例法理论的影响，国内理论界对案例指导制度的研究集中于法院系统，检察案例指导制度方面的研究显得甚为冷清，甚至有意见对其正当性与必要性提出质疑。显然，此种意见忽视了我国政法体制的独特性，是不符合我国实际情况的。不可否认，我国检察机关与法院在领导制度、工作内容与方法等方面固然有诸多共性，这决定了检法两家的案例指导制度亦有不少共通之处；但检察机关与法院在工作内容与性质等方面也有不少差异，这也决定了检察案例指导制度有其独特性。深入挖掘这种独特性，使检察案例指导制度体现这种独特性，充分发挥其作为一种案例作用机制的价值，有不少方面需要深入研究。为此，结合作者本人的研究兴趣，我建议她以此作为博士论文选题进行系统研究。

从最终成果看，吴君霞博士较好地完成了既定的研究任务。本书立足于我国特殊的政治司法架构，分析了在我国建立检察案例指导制度的法理、法律依据及现实基础。其对检察机关利用典型案例指导检察业务发展过程的考察，展示了案例在检察工作中的实际影响力。书中对检察案例指导制度理论基础的分析，不但有助于读者正确理解检察案例指导制度，对整个案例指导制度的理论建构也提供了不少富有启发性的观点，如作者认为我国指导性案例的适用方法有三个特点：要旨的法条化倾向、过程主要是演绎推理、以“目的论”作为必要参考。研究检察案例指导制度，不但要从理论上加以阐释，对其实践状况进行考察也是极为重要的。实证研究是本书的特色之一。基于理论分析与实证研究，本书对检察案例指导制度未来发展所提供的建议不但适用于检察工作，对整个案例指导工作也是富有参考价值的。如作者主张案例指导制度的定位应由“管理”转向“调控”；在案例遴选上，主张建立案例市场；建立指导性案例的发展与废止机制等。

案例指导制度在我国确立已有十年时间了，但相对于国外判例制度而言，它又是极为年轻的。这本书初稿形成于案例指导制度建立初期，有些观点已被实践证明是合理的，是有前瞻性的，但也有些观点的可行性尚待观察。对一种新的制度进行分析、研究，形成争议也是正常的，甚至可以说是必然的。作为老师，看到学生的研究成果付梓成书，自然有喜悦和欣慰，也期待作者跟进案例指导制度的中国实践，继续理论思考，为该制度的发展、完善贡献更多有新意、有价值的成果。

是为序。

孙国祥

CONTENTS 目 录

导 论

一、问题的提出

案例指导制度最早发源于法院系统，是最高人民法院受国外判例法及我国历史上“例”制度影响，在新时期尝试的以案例指导司法实践的机制。最高人民法院在2005年10月出台的《人民法院第二个五年改革纲要》中首次明确提出要探索案例指导制度。法院系统的案例指导制度探索，不但有最高人民法院的顶层推动，而且不少地方法院也有试点性的实践，有些地方还制定了颇为详细的规则，初步形成了颇具中国特色的案例指导制度①。法院系统的案例指导制度，也得益于近年来理论界对构建案例指导制度的呼吁与设计。国内法学界近年来理论研究的热点之一就是案例指导制度，其丰硕的研究成果为法院系统的案例指导制度提供了理论支撑。

与法院系统对案例指导制度的迫切期待相比，检察案例指导制度的提出和实践相对滞后，其一开始就没有被列入最高人民检察院的改革规划，也鲜见地方检察院机关的实践，在2010年《最高人民检察院关于案例指导工作的规定》(下文简称《规定》)出台前②，理论界对构建检察案例指导制度的专门研究成果也不多，检察案例指导制度似乎只是中央政法委政治决策的产物③。所以，提及案例指导制度，很多人自然联想到法院案例指导制度，理论界研究的样本也多以法院的案例和制度为对象；相当多的人不知道检察机关还有案例指导制度，甚至质疑检察案例指导制度存在的必要性。而在实践中，检察机关发布的指导性案例数量偏少，制作也较粗糙；这些指导性案例在检察机关办案中也并未受到重视，缺乏应有的影响力。这说明，检察案例指导制度还处在发展的初级阶段，理论储备明显不足，需要在理论上进行系统的研究和证成。

---

① 例如河南省郑州市中原区人民法院2002年7月发布了《关于实行先例判决制度的若干规定》；2002年10月，天津市高级人民法院发布了《关于在民商事审判中实行判例指导的若干意见(试行)》；2005年4月，成都市中级人民法院发布了《成都市中级人民法院示范性案例评审及公布实施办法》。这些文件都比较详细地规定了案例的范围、评选机构、申报和推荐条件、评审及公布、案例的失效及编纂等。

② 2019年最高人民检察院对《规定》进行了修订，为便于区分和表述简洁，对2010年的《规定》，不加年份；对修改后的《规定》，表述时统一加上年份。

③ 参见2009年2月中央政法委出台的《关于深入学习实践科学发展观解决政法工作突出问题的意见》，载《法制日报》2009年2月12日。2009年全国政法工作会议上时任中央政法委书记的讲话《深入推进社会矛盾化解、社会管理创新、公正廉洁执法，为经济社会又好又快发展提供更加有力的法治保障》，载《求是》2010年第4期。

二、研究思路与主要观点

本书研究立足于三个基本点:(1) 当下的中国司法语境。案例指导制度,特别是检察案例指导制度是具有鲜明的国情和时代特色的,以案例指导司法实践的机制,只有依托当下司法宏观背景才能对其进行准确的解释和研究。(2) 检察工作的特性。只有紧扣检察工作的特点,研究成果才能区别于西方的判例研究和法院案例指导制度,实现独特的价值。(3) 检察工作的实践。摸清案例适用的实践情况是进行理论研究和提供对策建议的基础。坚持以上三点将保证研究的现实性。同时,笔者借鉴了多学科知识,努力保障研究成果的新颖性与先导性。

本书以下列逻辑顺序展开:

(一) 研究主题的正当性论证

研究检察案例指导制度,首要的就是对检察案例指导制度存在的必要性进行论证。虽然检察案例指导制度的诞生可直接归因于政治力量的推动,但其生成既不乏法理与法律依据,也具备了深厚的现实基础,有一定的必然性。其最核心的要素是我国检察机关的特殊地位及检察工作的特性[①],法院案例指导无法覆盖检察机关自身的特殊需求。检察案例指导制度构建的法理依据主要体现在以下几个方面:(1) 检察机关独享的程序决定权,如不起诉、批准逮捕,这些权力法院指导性案例无从规制,需要检察机关自身发布案例予以指引。(2) 检察机关相关决定对法院裁决的特殊影响。我国检法两家特殊的关系及检察机关相关考核的要求使检察机关对法院裁决有特殊的影响力,一旦案件起诉,法院可能将错就错。司法实务中在总结错案时,通常以"起点错、跟着错、错到底"概括我国刑事诉讼中的错误逻辑链条。其真实反映了刑事诉讼中前程序对后程序的影响力。通过指导性案例提升检察机关相关决定的质量,对保障司法公正有积极意义。(3) 检察工作的经验需要承继和发展。职业特点决定了检察工作有其内在的不同于法院的工作规律和特点,指导性案例对于检察机关的经验传承和发展具有重要作用。此外,案例指导制度对于促进检察机关内部关系的合理化、检察执法稳定与灵活的统一及改善检察工作环境都有积极作用。其法律依据既源于《中华人民共和国宪法》和《中华人民共和国人民检察院组织法》,也源于党与检察机关的领导关系所带来的中央政法委决策对检察机关的指导作用。

---

① 某一制度的起源往往与其当时特殊的因素相关,这不但体现在检察案例指导制度中,英美判例法的起源也是如此。英国判例法的起源离不开当时强大的外来军事政权和分封制、作为代表国王解决纠纷的法官和巡回审判、对当地习俗的认可和程序规则先于实体规则等特殊的社会环境。参见:E L Glaeser, A Shleifes. Legal origins[EB/OL]. Harvard Institute of Economic Research,(2001-04),http://post. economics. harvard. edu/hier/2001papers/2001 list. html.

如果检察案例指导制度仅有理论正当性而缺乏实施的现实可行性，那么这种制度可能仅适宜停留于理论设计阶段，创立检察案例指导制度并在实践中推行也是不妥当的。因而，本书对当前创设与实施检察案例指导的现实基础进行了论证。笔者认为，检察人员对指导性案例的内在需求、检察一体所提供的制度支撑、科技发展所提供的环境条件，及过往检察实践中以案例指导检察执法办案的经验等，为检察案例指导制度的创设与实施提供了现实条件。

（二）检察案例指导的历史源流考察

虽然制度化的案例指导确立时间不长，但检察机关运用案例指导检察工作的历史却并不短。检察系统运用典型案例指导检察工作有相当的延续性，如果说当前的检察案例指导制度在制度层面因较多地移植和吸收了国外判例制度和法院案例指导的研究成果，而有别于过去的以典型案例进行指导的模式，这可谓“表”；而作为真正支配案例指导运作的非制度化要素，如检察人员对待案例的态度、执法人员参阅案例的方法等则是一脉相承的，这可谓“里”。“表”的东西容易改变，但“里”往往是由长期实践积淀下来的，并不会随“表”的变化而立刻变化。这就可能出现“表里不一”的局面。在作为“表”的制度既定的情况下，摸清形同潜流的“里”的因素，才有可能找到破解“表里不一”关系的钥匙。因而，研究当下检察案例指导制度，就有必要梳理其源流。考察检察案例指导的前身，其主要意义不在于仅作历史性的回顾，而在于厘清当前检察案例指导的来龙去脉，这有助于我们准确把握当前的检察案例指导制度，对其进步与不足有更清醒的认识。

为实现这一目标，笔者对改革开放三十年来最高人民检察院利用典型案例指导检察工作的历史进行了回顾，分析了其成就和不足。在这种分析中，我们可以清晰地看到过去的实践历史在当下检察案例指导制度中的诸多投影。其成功经验有助于我们前行，其不足可以提醒我们尽可能少走弯路。

（三）检察案例指导基本理论探讨

检察案例指导作为一种制度运行，必然要以一定的理论为基础。当然，以制度作为分析对象，理论基础多少与具体的制度建构有一定的关联。因而，将理论与制度融合分析不失为一种方法，但这也可能导致逻辑上的不清晰。因为某些理论并非与单一的制度关联，而涉及数项制度，甚至与整个检察案例指导制度关联，如果强行将其与某一制度放在一起分析，可能引起理解上的混乱。因此，本书尝试将基本理论部分与具体的制度分析分开，将与具体制度关系不太紧密的部分作为独立的一部分进行研究。在整体架构上，将基本理论放在具体制度分析之前，可为具体的制度分析提供基础和铺垫，使本书的整体结构更为合理。

我国的检察案例指导制度是一种相当独特的案例作用机制，纵观世界各国，鲜有关于检察案例作用机制的研究。各国的案例作用机制普遍以判例制度的面目出现，暂且搁置名称的思辨，以一种相对简洁的方式，可将英美法系国家判例法制度和大陆法系国家实际发挥作用的判例机制统称为判例制度。这种判例制度都是以法院为中心的，判例生成以法院为唯一主体，判例运行以审级制度为基本依托，检察机关在判例生成与运行中的角色被隐蔽。当然，检察机关可以通过向法官提供判例、对判例进行解读来影响法官，使其接受自己的见解，但无论如何，检察机关不是判例形成与运行“最后一里路”中的决定性角色。西方判例制度的最基础性条件是三权分立的制度架构和司法(法院)在诉讼中的中心地位。我国殊异的政治制度安排，决定了我国检察机关独特的地位和权力配置，这是检察案例指导制度生成的基本前提条件。但作为一种案例作用机制，其与国外判例制度存在共通之处，同时，我国检察机关与法院在组织、运行机制上的类同性，及案例指导制度由中央政法委统一部署所形成的目标上的同一性，也使检察机关案例指导与法院案例指导高度接近。因而，我们在研究检察案例指导问题时，不可能不从国外的判例制度中汲取灵感，也不可能否认国内关于法院案例指导研究成果的借鉴意义，在研究主题上也会涉及一些共通性的问题。只要这些问题是构建和运行检察案例指导制度所必需而当前尚未得到深入探究的，本书认为就应纳入研究范畴，不应自我设限将之留给研究法院系统案例指导的研究者。

依据上述认识，笔者重点探讨了检察案例指导制度的性质、检察案例指导制度的特点、指导性案例的效力、指导性案例的适用方法论及与指导性案例密切相关的几个理论范畴等问题。检察案例指导的性质定位问题决定着整个检察案例指导研究的起点。当前检察案例指导的核心性质是司法管理手段，它仅反映了检察权行政性的一面，而没有回应检察机关司法性的要求，在实施中不可避免会带来相应的矛盾与冲突。由于我国特殊的政治司法环境，通过与法院案例指导制度的比较，检察案例指导制度的特征会得到更清晰的显示，其与法院案例指导的关系如何，这是研究检察案例指导不能回避的话题。二者的共性决定了发展检察案例指导可以借鉴学习法院案例指导及国外判例法的有益经验，二者的差异则决定了检察案例指导应走独立发展之路。对于指导性案例效力的论点颇多，但核心分歧在于指导性案例应否具有法律效力。英美法系国家判例是法源之一，法官奉行“遵循先例原则”[①]，大陆法国家判例不具有法源地位，但被公认有事实上的拘束力。最高人民检察院将指导性案例定位于事实上有拘束力。在我国当前政治司法架构下，这一定位是比较合适的，但从实效性考虑，这还只是理想，其实现尚待检察案例指导制度和更大范围司法体制改革的进一步推进。虽然在处理个案中司法人员适用指导性案例的方法可能会有各种微妙的差别，但探讨适用指导性案例的一般方法论仍是可行的。明确指导性案例的适用方法论，无论是对鼓励司法人员创造性适用指导性案例，还是防止指导性案例被滥用，都有重要意义。从比较两大法系国家适用判例的一般方法可以看到，判例被适用的前提是存在抽象化的法律规则。一

① 其拉丁文的原意为“因循已决之事”，它是指“先例原理”，根据这一原理，在面对出现同样问题的诉讼案件时，法院有必要遵循以往的司法判决。参见：B A Garner. Black’s Law Dictionary：Seventh Edition[M]. St. Panl，MN：West Group，1999：1414.

旦规则确定，两大法系国家适用判例的方法是一致的，即演绎推理。其区别主要集中在规则的确定上。但这种区分可能偏于理论，两大法系判例制度在实践中的差别，并不如理论的分歧那么大。此外，为防止纯粹逻辑推理可能导致判例僵化，两大法系国家都提供了有效的应对机制。我国对指导性案例适用方法的争议，主要集中于是参考要旨还是整体参考指导性案例。当前我国案例指导的适用方法主要体现为三个特点：指导性案例要旨（裁判要点）的法条化倾向；前后案件事实比对处于辅助地位，适用指导性案例的过程主要是演绎推理而非类推推理；一定程度上允许以“目的论”作为适用指导性案例的必要参考。

在指导性案例与相关范畴部分，本书主要讨论了指导性案例与司法解释、判例及公报案例、精品案例、典型案例之间的关系。司法解释中，与指导性案例最相近的是规范性司法解释，二者的关系也引起了诸多争议。指导性案例与规范性司法解释之间有诸多共性，也有很多差异。如果去除“政治正确”的红线，指导性案例与规范性司法解释之间，并不存在不可逾越的鸿沟。但主张以指导性案例取代规范性司法解释，在当前并不具有可行性。指导性案例与判例间的关系，也是构建案例指导制度过程中引起争议的话题之一。就积累、传承前人的经验而言，二者在本质上是相通的。正因为此，国内有意见认为指导性案例就是中国的判例。但无论是指导性案例还是判例，其自身特征的厘定都与其所处的特定司法环境相关。指导性案例所属的特定司法环境，使其在法律定位、生成机制、发展机制、适用方法及适用保障机制等方面都与判例有较大不同，这决定了将其等同于判例是不妥当的。检察指导性案例与最高人民检察院公报案例具有较近的亲缘关系，二者在生成程序、权威性方面颇为接近，但二者在形式、效力与实施机制方面的差异，则体现出指导性案例与公报案例仍处于不同的层面。典型案例、精品案例虽然也是检察机关积累、传承办案经验的重要手段，是指导性案例产生的重要基础，但其发布主体、产生程序、目的、效力、约束机制等方面的差异，决定了它们不同于指导性案例。

（四）检察案例指导的实践考察

检察案例指导制度作为一项中国特色的新制度，其发展虽可借鉴国外判例法的相关经验，但更根本的应是立足于本土实践。对检察部门实践情况的把握将决定着主题的研究深度和创新性。最高人民检察院发布《关于案例指导工作的规定》，标志着检察机关案例指导工作进入制度化建设的新阶段。与既往非正式、试点性的典型案例指导不同，系统化的案例指导制度对检察机关来说是一项新事物。2010 年 7 月，最高人民检察院发布《规定》及第一批指导性案例公布以后，检察案例指导制度正式运行。作为一项新的制度，其成效如何只有在实践中才能得到真实的检验。特别是我国作为成文法国家，案例指导制度与既有司法体系如何兼容引起了社会的广泛关注。为了解检察案例指导制度实施三年后的实践情况，使本研究立足于实践，为进一步完善检察案例指导制度提供有效的、系统的完善建议，笔者借助课题研究之便，与 J 省检察院合作，采用实证研究方法，对该省检察机关的案例指导实践进行了调查研究。

在检察人员对案例指导制度的认知、案例指导的功能、指导性案例的形式和效力、案例指导与办案社会效果的关系、案例指导与检察官独立办案的关系、指导性案例的选送、指导性案例的发布主体、案例指导制度的背离机制和实施保障机制、对指导性案例的需求类型、检察指导案例(典型案例)对公安及法院办案的影响等方面,调研结果都反映了当前一线检察人员的真实想法,为本研究的开展提供了良好的基础条件。

已发布的二十一批指导性案例为我们进行实例分析提供了可能性。从这二十一批指导性案例看,其呈现以下特点:(1) 指导性案例的体例与最高人民检察院《规定》所列要求有所变化,其影响有利有弊;(2) 指导性案例以类型化方式发布;(3) 一定程度上能结合检察工作的特点发布指导性案例;(4) 案情陈述偏于简略;(5) 指导性案例无论是数量上还是内容上均较为谨慎。

(五) 检察案例指导制度的发展完善

检察案例指导作为一项新事物,由于前期实践经验不足及理论探讨方面存在某些误区,再加上一些宏观条件的限制,由最高人民检察院《规定》所勾勒而成的检察案例指导制度存在一些不足在所难免。以前文理论研究和实证研究成果为基础,本书进而对当前检察案例指导制度存在的不足进行分析,并尝试提出自己的解决思路和方案。当然,本部分也会涉及理论问题,但与前文基本理论比较,本部分的理论研究与具体制度关联度更高;同时,对前文基本理论部分提出的一些问题,笔者在本部分也提出了自己的解决方案。对于检察案例指导的定位,笔者认为将检察案例指导作为司法管理手段的定位实施效果不尽如人意,与中共十八届三中全会报告启动的司法去行政化改革方向亦有潜在的冲突,应调整检察案例指导的制度定位,将其立足于“调控”而非“管理”更为适当。对于指导性案例生成中的遴选问题,笔者认为应肯定市县级检察机关的遴选权,但可在名称上有所区别,借鉴当前省级检察院有权遴选典型案例的做法,可允许市县级检察院遴选参阅案例,构建分级多层遴选机制。当前指导性案例遴选标准过于强调及时回应社会舆论,不利于指导性案例的稳定,应以提供规则和可预期的稳定性作为遴选指导性案例的核心标准,并兼顾多发性、疑难性和不重复性的要求。当前指导性案例的产生依赖于从下到上的推荐,为调动各级检察人员的积极性和提高指导性案例的质量,应建立案例市场,改“相马”为“赛马”,并强化事前指导和事后把关。对于指导性案例要旨的条文化有诸多批评意见,但笔者认为从保障司法效率,提高案例的可适用性及便于准确、统一地理解和适用判例角度考虑,要旨一定程度的条文化是不可避免的。当前检察案例指导要旨存在的主要问题是:要旨过于泛化,不能提供有效的指引;未能为后案处理提供模型;精炼度不够;等等。应有针对性地加以克服。对于检察指导性案例处理中的不同意见应否公开,有较大争议,笔者认为,从保障指导性案例的质量、促进理性讨论空间的形成及使指导性案例更好地被遵循的角度考虑,应公开不同意见。从过去实践看,检察人员对于所参考的案例，通常不公开引用，笔者认为，从更真实地反映案件处理过程、促进指导性案例生态群的形成及激发检察人员的荣誉感考虑，应促进指导性案例的公开引用。检察案例指导的约束机制应从行政化的硬性约束转向相对柔性的约束，这主要体现在两个方面：一是启动力量的转换，强化当事人、律师等外部力量的启动权和监督权；二是建立更具独立性的指导性案例适用审查委员会。指导性案例的发展与废止机制不够完善，这一问题会随着案例指导制度实施时间的流逝而日益突出，应及时加以解决。当前检察案例指导制度强调检察人员对指导性案例的遵守而不鼓励提出异议，案例指导制度有陷于僵化的风险。指导性案例的更新和发展应着力于调动一线检察人员提出异议的积极性。由于我国过去长期成文法治实践并没有为案例作用的充分发挥提供良好的土壤，案例指导制度的良好运行除了强化这一制度自身的建设外，还需要在多方面进行改革以提供环境支持，如检察人员的案例意识培养与适用技能培训、检察官独立性的保障、检察委员会的改革、检察文书的说理与公开等。

三、研究方法

本书研究主要采用以下研究方法：

（一）实证研究方法

国内学者对案例指导制度的研究数量已相当可观，但其中有关检察案例指导的研究成果则很少，而这些数量有限的成果中实证研究的成果则更为罕见。仅有的几篇接近实证研究的成果是由检察实务人员所撰写的论文，主要反映的也是研究者的个人感悟，缺乏在更大范围内对检察案例指导实施情况的数据调查和访谈，这使成果的代表性相对有限。作为一项全新的制度，如果没有对实践情况的详细调查成果作为支撑，相关理论研究很容易陷入自说自话的境地，其结论也缺乏说服力。本人借助参加课题组的机会，对J省检察机关案例指导制度实施情况进行了认真的调查，回收问卷二千余份，在三个市的检察机关进行了访谈，较好地掌握了当前检察案例指导制度的实施情况，这为课题研究提供了扎实的基础。

（二）比较研究方法

作为案例适用方法，检察案例指导制度与法院案例指导制度、国外的判例法有一定的共通之处。检察案例指导制度研究起步晚，基础薄弱；而国外判例法历史悠久，制度实践经验和理论研究成果丰硕；即使是法院案例指导制度，也因起步早，关注者众多，成果也非检察案例指导研究所能比。因而，在对检察案例指导制度特征充分把握的基础上，借鉴学习国外判例法和国内法院案例指导制度的有益经验和做法，对提升检察案例指导制度研究水平无疑具有重要的意义。

（三）交叉学科研究方法

一般而言，制度往往是以系统形式存在的，制度改革往往是牵一发而动全身，通常需要考虑与系统其他部分之间的协调与兼容问题。检察案例指导制度作为检察制度改革的一部分，不可能独立推进，需要放在宏观背景下来考察，不但要考虑与其他检察制度之间的兼容问题，还要考虑社会系统能否支持。这就需要我们对相关问题进行研究，而对这些问题的研究远非一般法学知识能够支撑的。因而，在本书研究中，笔者借助组织社会学、公共选择理论学说、心理学方面的研究成果对课题进行了交叉学科研究，以更全面地把握课题，取得创新性的成果。

第一章　检察机关构建案例指导制度的正当性

第一节　检察机关构建案例指导制度的必要性争议

2005 年 10 月出台的《人民法院第二个五年改革纲要》提出："建立和完善案例指导制度，重视指导性案例在统一法律适用标准、指导下级法院审判工作、丰富和发展法学理论等方面的作用。"这是中国"案例指导制度""指导性案例"两个词语第一次在公开文件中出现。根据笔者在"知网"以"篇名"中含"案例指导"为检索条件，最早公开发表的相关论文是《法律适用》2004 年第 5 期刊载的《建立案例指导制度的几个具体问题》《案例指导：从功利走向成熟——对在中国确立案例指导制度的几点看法》两篇论文，作者分别是最高人民法院法官蒋惠岭和杨洪逵。从作者的身份和论文内容看，显然，这两篇论文与次年最高人民法院提出建设案例指导制度的构想有关。从此种意义上讲，这开启了国内对案例指导制度研究的先河。

应当指出的是，案例指导制度一词虽然出现较晚，但作为"一种法律适用活动和制度"①，国内对案例在司法中的作用机制的研究早已开始，只不过是以"判例""判例法""判例制度"等名称出现的。事实上，从 1986 年开始，大陆学界就开始探讨借鉴西方判例制度建立中国式案例适用制度的可能性。② 其间，主要有两种对立的主张：一是主张积极引进判例制度，二是反对引进判例制度。经过论争，前一种意见占了主流。同时，案例在司法中的作用也引起实务界的重视，其标志性事件是 2001 年 9 月由国家法官学院和北京大学法学院在北京大学共同举办了"案例研究与法治现代化高层论坛"，时任最高人民法院副院长的曹建明在开幕致辞中就案例研究的意义和作用发表了肯定性意见。至此，在审判工作中确立一种案例适用机制的思路已经明确，只是其确立方式尚未确定而已。在之前关于判例制度、判例的讨论中，一种较普遍的观点是将判例制度等同于西方国家，特别是英美法系国家的案例作用机制③，为回避不必要的争议，最高人民法院最终以颇具创新性的"案例指导制度"作为中国审判工作中案例作用机制的名称。同时，地方法院如四川省高级人民法院、天津市高级人民法院等也开始进行案例指导工作的试点，定期发布出版指导性案例，并制定了一些规范性

① 刘作翔，徐景和. 案例指导制度的理论基础[J]. 法学研究，2006(3)：16 - 29.

② 徐蔡爕. 应建立有中国特色的判例制度[J]. 法学与实践，1986(2)：26 - 28.

③ 蒋安杰. 最高人民检察院研究室主任陈国庆——检察机关案例指导制度的构建[N]. 法制日报，2011-01-05(11).

文件。

正因为上述较长时间的研究和实践铺垫，当2010年最高人民法院发布《关于案例指导工作的规定》(下文简称《规定》)时，无论是理论界还是实务界基本上都没有太大的异议，虽然也有对案例指导制度表示疑虑的声音，但也只是希望其走得更好而已，并非对其正当性加以质疑。①

检察案例指导的建立则显得颇为突兀。在2010年最高人民检察院《规定》发布前，并没有充分信息表明最高人民检察院有发展检察案例指导制度的积极意愿。学术界讨论建立检察机关案例指导制度可能性的文章也不多。笔者在知网"篇名"中以"案例指导"为检索条件，对最高人民检察院2010年7月发布《规定》之前的论文进行检索，共搜索到38篇文章，再以"检察"为检索条件，在上述检索结果中再次检索，仅有3篇论文，并且发表论文的刊物影响力相对有限，"法学创新网"上所列的有较大影响力的法学期刊上没有一篇。当然，文章数量与发表论文的刊物层次不是观点影响力的绝对标准，但仍可作为重要的参考指标。这种情况说明，检察案例指导制度的建立并不是以充分的理论探讨为前提的。与法院案例指导制度建立前持续二十余年的广泛讨论相比，检察案例指导制度的建立在理论准备方面显得先天不足。

有关检察案例指导制度理论研究成果的匮乏一定程度上说明了学术界对检察案例指导的冷漠。在当今学术研究选题竞争激烈的情况下，一个选题若被认为有价值，则经常呈现研究者扎堆的现象。而检察案例指导长时间没有引起研究者的太大兴趣，很大程度上反映了研究者对检察案例指导的否定性态度。"有部分学者对检察机关案例指导制度提出了一些疑问，这些疑问不仅针对该制度的具体规定和措施，更涉及制度的正当性和可行性"②。这种对构建检察案例指导制度必要性的否定性看法不但在理论界有相当的影响力，一些检察人员也对检察机关建立案例指导的必要性提出质疑。综合分析，对检察案例指导制度必要性的质疑主要来自两个方面：

一是从比较研究的角度提出质疑。无论是英美法系还是大陆法系，判例制度都是针对法院而言，检察机关只是判例的被动遵循者，不存在类似我国的独立的"检察案例制度"。最近一些年来，司法中心主义理念在我国理论界产生了广泛的影响，认为为推进司法中心的进程，检察机关应服从法院公开的案例，不宜发展独立的案例指导制度。这种观念在理论研究者中有着广泛的影响，也影响到理论研究者对检察案例指导制度的研究热情。

二是从实践的有效性角度提出质疑。在笔者参与的调研中，部分检察人员对建立检察案例指导的必要性提出质疑。代表性的观点认为：案件的最终处理权在法院，法院建立案例指导制度后，检察机关参考执行就可以了，没有必要另搞一套案例指导制度体系。这种情况

---

① 吴英姿.谨防案例指导制度可能的"瓶颈"[J].法学,2011(9):45-53.

② 孙春雨,张翠松,梁运宝.推行案例指导制度的必要性和可行性[N].检察日报,2011-03-23(03).

也为其他研究者的调研所证实，根据其研究，检察人员质疑建立检察案例指导制度必要性的理由主要集中在以下几点：现行考核机制的约束、办案时限太紧没有时间查阅、与法院指导性案例比较没有权威性因而没有必要重复建立以及查阅不方便等。这些理由既有技术性原因，如查阅不方便；也有现行机制的约束，如审查起诉案件的考核标准以法院的判决为准；还有现实条件的制约，如案多人少的矛盾等。这种反对意见在检察核心业务部门，即审查起诉部门最为突出[①]。

第二节　检察机关构建案例指导制度的法理与法律依据

理论界与实务界对检察案例指导制度正当性的质疑确有一定的合理成分，但仔细思考又都有一定的可商榷之处。实务人员的质疑主要基于可行性的考虑，这与构建检察案例指导制度的正当性不是一个层面的问题，并且作为质疑的基础条件也是不稳固的。虽然构建检察案例指导制度确实要考虑可行性问题，但现行的一些不利于检察案例指导制度推行的问题，或者是下一步司法改革欲解决的问题，如案多人少的矛盾，或者通过技术改革就能解决的，如查阅不方便，并不能形成构建检察案例指导制度的根本性障碍。

从司法中心主义出发否定检察案例指导制度则有以理想代替现实之嫌。笔者并不否认司法中心主义应是我国刑事司法未来的建设目标，但至少在目前这一点还远没有实现，甚至存在宪法上的障碍，如宪法明确规定的公检法互相配合、互相制约原则。司法中心主义何时能实现还远未可知。考虑构建检察案例指导制度正当性问题，应立足于当下司法而非遥望作为愿景的未来。如果检察案例指导制度能对当下司法起到积极作用，就有构建的必要。并且，在笔者看来，检察案例指导制度与司法中心主义并非不可兼容。检察案例指导只是服务于检察工作的一种案例作用机制而已，司法中心主义能否确立取决于检察工作与审判工作关系的框架性调整，只要能正确定位检察案例指导的界限，其就不会超越大框架而与审判工作发生冲突。过去曾发生的检法冲突现象，如检察官在法庭上是否需起立，都是框架冲突的投影，而非引起冲突的主要原因。检察案例指导制度中可能引发检法冲突的诱因，如检察指导性案例与法院指导性案例冲突，完全可以通过事前征询意见等技术性方法加以化解。

同时，国外判例制度充分发展而检察案例作用机制没有彰显的现象也提示我们，检察案例指导制度相对于法院案例指导制度而言是配角。姑且不论司法中心主义问题，仅就程序而言，法院处于程序流程的最后位置，对案件有最终处置权，检察工作不可能不受法院工作的影响，当下检察机关绩效考核指标的设置很多情况下以法院最终处理结果为依据即为明

---

① 北京市人民检察院第二分院课题组．检察机关建立案例指导制度的实践基础研究——基于B市人民检察院的实证分析[C]//南京大学中国案例研究中心．案例指导制度理论与实践研讨会论文集．南京，2011．

证。因而，构建检察案例指导制度不宜抱有与法院案例指导制度一争高下的心态，而应抓住检察工作自身的特点。检察案例指导制度建立的正当性就在于是否可以找到自身的独特性，即法院案例指导无法覆盖检察机关自身的特殊需求；同时，还要兼顾现行法律制度是否足以容纳该制度的运行。

当下构建检察案例指导制度无论在法理上还是法律上都有充分的依据。

一、构建检察案例指导制度的法理依据

（一）检察机关有独享的程序决定权

检察机关需要建立案例指导制度，首要原因是检察机关享有独立的、法院难以干预的程序性权力。这些权力的行使需要规范和引导。这种程序权力可分为两种：终结性程序权力与非终结性程序权力。前者最典型的是不起诉权，后者最典型的是批准逮捕的权力。

现代刑事诉讼虽然强调审判中心主义，确立了法院在刑事程序中的权威性地位，但这并不意味着法院可以统治性地干预审前阶段的任何决定。如果此种局面出现，无疑是违背了现代刑事程序所要求的分权制衡的基本要求。现代检察官体制的创设本身就是对传统法官权力的分割，起诉权与审判权的分离起始点即为打破传统法官权力独断。现代刑事法治确立之后犯罪数量的不断攀升使检察官的起诉裁量权日益重要，为缓解犯罪数量与司法资源的紧张关系，起诉便宜主义成为现代刑事法治的基本要求。正如英国皇家检察长所言，有罪即诉从来不是皇家检察官的基本方针。[①] 检察官是否起诉一项犯罪，往往要综合考虑法律要求、公益要求等多种因素。因而，各国在刑事司法中多赋予了检察官不起诉的权力，即使该种行为已构成法律上的犯罪。我国刑事诉讼法明确了不起诉的法律地位，只要符合条件，检察机关有权作出不起诉的决定。同时，我国当前检察机关办案所需遵守的法律效果、社会效果与政治效果的统一也意味着检察机关在个案中需平衡多种利益需求，对那些虽构成犯罪但有特殊利益需要考虑者也可能不再起诉，如当前贿赂犯罪中为解决“一对一”犯罪取证困难的局面，对行贿人多采取转化为污点证人而不再作为被告人予以追诉。对这种程序终止的行为，在当前以“权力分工，互相配合、互相制约”为基本指引，但事实上以流水作业为特征，在公检法各管一段的诉讼模式下，法院对此并无干预能力。只要案件不进入法院，法院即无可能以确立的指导性案例为依据对检察机关的行为进行审查，检察官在作出相应行为上也不太可能会参考审判机关确立的指导性案例。反过来，在目前的局面下，法院也不可能发布此类指导性案例。欲通过案例指引、规范此类行为，只能依赖检察机关自身发布指导性案例。

---

① 爱德华兹．皇家检察官[M]．周美德，译．北京：中国检察出版社，1991：261．

我国检察机关享有批准逮捕权等非终结性程序权力。虽然逮捕权是否应由检察机关享有一直有较大争议，也有诸多的改革建议被提出，但至少在改革发生之前，这些权力由检察机关所享有是不可否认的事实。逮捕权虽然不能在程序上对案件作出终局性处理，但逮捕措施适用是否得当对维护打击犯罪的有效性和人权保障无疑具有重要意义。在当前的司法权配置安排下，法院对逮捕措施适用是否得当没有司法审查的权力，不可能通过发布指导性案例进行指引，而只能依赖于检察机关自身的努力。相对于审判结束时的裁决，是否批捕考量中的自由裁量空间未必小多少，特别是批捕中所必须考虑的社会危险性问题，更是为执法人员留下了充分的裁量空间。而检察官与其他决策者一样，从来都不是完全理性的[①]，他们可能对特殊案件中的具体情况反应过度，低估整体性的背景信息的重要性，从而造成同案不同处理现象突出。[②] 已有的实践证明，抽象化的司法解释对此显然力有不逮，这为案例指导制度作用的发挥留下了充分的空间。

除此之外，检察机关作为法律监督机关在履行法律监督职能时还需要处理其他诸多事项，如立案监督、审判监督等，都需要更具可操作性的典型案例作为指引来提高执法质量和执法统一程度。典型案例在总结职务犯罪侦查经验和教训方面也可发挥积极的作用。

（二）检察机关相关决定对法院裁决的特殊影响

在刑事法治中，法院是最终的裁决机构，裁决结果会产生逆向冲击，对公安、检察机关的执法有重要影响。如最高人民法院刑庭主编的《刑事司法指南》，除了法官外，检察官也是重要的读者群。在疑难案件中，如果有类似案件已被法院作出裁决，检察官在考量是否起诉、以何种罪名起诉等问题时往往会参考既有裁决。但这种影响并非单向的，检察机关的工作成果也会以一定形式在不同程度上影响法院的决定。如实证研究早已揭示，类似的两个轻罪案件中，按照法律规定可判实刑也可判缓刑，如果两个被告人一个在审前程序中被采取了逮捕措施，另一个被告人未被采取逮捕措施，司法实践的结果往往是，被采取了逮捕措施的会被判实刑，未被采取逮捕措施的则被判缓刑。再如，对一些可诉可不诉，定罪存疑的案件，一旦检察机关起诉，法院往往作有罪判决，正如一些被揭露出来的大要案结果显示的，相当部分案件没有能够遵循刑事法治所应当遵循的“疑罪从无”原则来处理，而是被代之以“疑罪从轻”。如果检察机关在起诉阶段不起诉，案件可能是完全不同的结果，犯罪嫌疑人的命运可能完全不同。这其中的原因是就是检察机关与法院事实上存在的配合关系。对检察机关而言，由于检察机关的部分考核指标，如有罪判决率，是以法院判决结果为依据，导致检察机

---

① 关于认知错觉和情感力量对司法人员的影响可参见：C Guthrie, J J Rachlinski, A J Wistrich. Inside the Judicial Mind[J]. Cornell Law Review, 2001(86):777.

② 关于个案信息中的显著因素引发司法人员认知失败的讨论可参见：R M Reyes, W C Thompson, G H Bower. Judgmental Biases Resulting from Differing Availabilities of Arguments[J]. Journal of Personality and Social Psychology, 1980(39):2-12.

关力图对法院的判断施加影响。如某省对下级检察机关的无罪判决率要求是不能超过千分之一,如果一个基层检察机关一年办两百个案件,那意味着其在五年之内只能有一个案件可以被法院判决无罪。如果一个基层检察机关起诉的案件出现一个无罪判决,从上到下几级人员都要找原因、查责任。如果一个公诉人起诉的案件出现无罪判决,此人的公诉生涯也就基本结束了,其检察生涯也基本上注定不会有什么机会了。这种严重后果导致实践中一旦案件被起诉,检察机关就会以胜诉为导向,力争有罪判决。对法院而言,对已起诉的案件做出无罪判决也相当谨慎。长期以来,法院系统的考核指标中,案件被抗诉率、改判率是重要内容。如果因无罪判决恶化法院和检察机关的关系,导致检察机关频繁抗诉,这对法院来说也是不可承受之重。①

从我国的实际情况看,不能完全寄希望于法院最后的把关,至少在目前看来,法院的肩膀还没有那么厚实,还不足以独自扛起通过司法审查防止冤错案件的大旗。虽然目前这是许多理论研究者所主张的努力方向,但至少在当下,我国刑事法治质量的提高应立足于现实,公检法三机关还应层层设防,层层把关。作为检察机关而言,通过检察案例指导制度指导检察人员将工作做好,防止案件带病进入下一阶段而最终酿成不良后果,是非常必要的。将工作做在提起公诉之前,就可避免因起诉而带来的各种利益得失的纠结,防患于未然。这一点,检察案例指导制度无疑可起到积极作用。

(三) 检察工作的经验需要承继和发展

处理案件的过程是社会关系、社会观念、社会知识聚合融通的过程,经过司法机关审理并做出决定的案例凝结着司法经验和智慧。成文法的制定是一个从个别现象到一般规则的过程,与此相同,司法的发达也是一个从个案经验到类案规则,进而制度化的过程。没有办理个案经验的大量积累,司法不可能实现专业化、规则化并日臻成熟。重视个案研究,深入挖掘和发挥其指导作用,是总结司法经验、借鉴司法智慧的重要途径。② 这不但对审判工作适用,对检察工作也同样适用。职业特点决定了检察工作有其内在的工作规律和特点,法院指导案例无法涵盖和指导检察工作的全部,这是检察指导案例制度生成的重要依据之一。就检察院与法院工作比较而言,二者无疑具有很多相似之处,如对案件事实的认定、对法律适用的分析判断等,这为法院指导性案例的效力辐射至审查起诉阶段提供了可能。但检察工作也有很多方面是法院所没有的,如刑事立案标准的掌握、起诉与否的裁量、批捕中的利益平衡、查办案件的技巧等,这些都是审判机关的指导性案例所无法涉及的。而这些方面工作的发展也需要将成功案例中的司法经验予以固化和传承,使后来的检察人员可以在更高

① 曾有地方法院与检察机关领导关系不睦,在“业务上”互相抬杠,法院“严格按照法律”判决,结果无罪判决率攀升,而检察院则疯狂抗诉,后来在兼任政法委书记的县委副书记的协调下,双方才得以和好。参见:肖仕卫.刑事判决是如何形成的[M].北京:中国检察出版社,2009:122.

② 孙谦.建立刑事司法案例指导制度的探讨[J].中国法学,2010(5):76-87.

的起点上前进而不必每次都从头再来。

这在当前的检察体制之下显得尤为必要。我国检察人员的职业化进程远没有完成，检察机关与其他机关之间、检察机关内部各部门之间流动颇为频繁。相对于党委政府部门，检察机关内部职位有限，检察人员晋升空间有限，许多地方检察机关领导者基于属下长远发展考虑或为缓解内部职位有限而引发的矛盾，积极向外推荐本机关的人员。同时，在当前领导机制下，一旦检察人员被提拔到领导岗位，往往会减少办案量直至完全脱离办案一线。被选调到其他机关或被提拔至领导岗位的往往是业务骨干。这些人之所以被选中，就是因为其在原工作岗位上有较出色的表现。这种出色表现不少时候体现为处理案件的独到思考和方法。但这些人员一旦调离原工作岗位，其成功经验和做法也随之而去，较难保留下来。虽然一些检察机关对新进人员采取师傅带徒弟的方式，意图将好的经验和做法予以传承和推广，但这种依赖检察人员个人之间言传身教的方式仍存在持续性、稳定性差的弱点，并且难以大范围推广。检察机关内部各部门间人员的流动虽有利于检察人员熟悉检察机关整体工作情况，但流动过于频繁也不利于经验的积累和传承。如果能将个案成功的经验和不足的教训通过案例制度固化下来，则可有效克服人员流动引发的经验传承断裂问题。同时，检察人员之间传统上采用的师傅带徒弟式的小范围内的“传帮带”，受众有限，而案例指导制度则可将个案经验扩散至更大的范围，甚至全国，这对司法整体水平的提高显然更为有利。这可使后来者避免再走不必要的“弯路”，也有利于提高检察工作的效率。正如卡多佐所言：“如果每个昔日的案件都需要重新开庭审理，如果一个人不能在前人铺设的进程的坚实基础上为自己的进程添砖加瓦，法官的劳动就会大大增加，以致无法忍受。”①这一点对检察工作而言亦是如此。

虽然检察案例指导实施时间较短，还没有出现指导性案例被废止而由新的案例代替的情况，但这一现象的出现将是确定无疑的，只是时间的早晚而已。因为任何一个指导性案例都只是某个时间段内司法人员经验的阶段性总结，而司法经验的总结永远是一个过程而不会最终结束，已经生成的指导性案例还要接受新的司法实践的检验。它可能被肯定而遵循，也可能被认为部分不符合新的实践而被修改，也可能因情势大的变化而被废止，但无论如何，旧的案例所积累的经验为新的思维生发提供了营养，新的案例都是在旧的案例的基础上前进的，是对旧的案例的“发展”或“扬弃”。这一过程的基本样式是：检察官个体经验—指导性案例的生成过程中经过群体经验的过滤而具有了群体经验的特性—最终的指导性案例体现为规范性经验—在实践中接受检验，因新的经验而被肯定、修改或被替代。这一过程使后案的检察人员可以站在指导性案例已积累的经验的基础上前进而不必每次都重返起点。检察工作也得以在更高的水平上不断前进。

① 卡多佐．司法过程的性质[M]．苏力，译．北京：商务印书馆，1998：94.

(四) 有助于促进检察机关内部关系的合理化

我国检察机关改革面临着强化检察一体与保障检察独立的潜在冲突,“检察机关的上下级关系及内部关系,仍然是下一步检察改革中需要进一步协调解决的问题”[①]。检察一体在当前的司法环境下确有强化的必要。在上下级检察机关之间,由于我国当前检察机关人财物受制于地方的问题尚未得到有效解决,司法地方化问题较为突出,强化上级检察机关对下级检察机关的领导有利于保障严格执法和实现司法公正,如省级以下检察机关自侦案件批捕权上提一级就取得了较好的效果。一些省级检察机关也积极探索改革措施,强化对下级检察机关的工作指导,特别是在职务犯罪侦查方面,这对形成检察合力、提高检察效能有积极的意义。在检察机关内部,一定程度上保持科长、检察长的批案权也有利于对办案人员形成监督压力,防止违规办案,促进司法公正。但不可否认的是,检察一体推进不当,同样会损害检察事业。在上下级检察机关之间,不适当地推进一体化,将下级检察机关形变为上级检察机关的附庸,将损害基层检察机关探索改革的积极性和应对复杂社会形势的能力,最终损害检察执法的效果。在行政领导和检察官之间,特别是具有较强司法属性的公诉部门中,为实现司法公正和提高检察工作效率,需要更多地尊重检察官个人的独立性判断。如何协调收与放的关系,这是当前检察体制改革面临的突出问题之一。

我国检察机关这些年在检察体制改革中总体上采取的是强化检察一体的思路,虽然也有主诉检察官、主办检察官制度的改革试点,但这些试点遇到了较大的阻力。当前推进检察一体主要采取了三种手段:制度控制、组织控制和文化控制。在三种手段中,制度控制与组织控制是带有一定程度强制性的方法,虽然简单有效但精度往往不高,易造成误伤。如在推进检察一体化进程中,往往出现对检察业务与行政事务不加区分,笼统地予以“卡死”“禁止”,虽然一定程度上实现了使检察工作稳定、有序的目标,但又往往伤及下级检察机关改革探索的积极性和能动性,妨碍检察事业的长远发展。文化控制在当前的检察一体进程中经常被简单化地等同于知识竞赛、朗诵表演、参观红色纪念馆等表层活动,理解为聚拢人心的手段。真正使检察官形成职业共同体所必需的理念、推理方法等没有得到充分的重视。这就出现了检察一体被高度强调,制度手段和组织手段被大量运用,下级检察院、检察官积极性、主动性受到抑制但业务处理中又自行其是,同案不同处理层出不穷的局面。如何协调检察一体与促进检察独立性之间的冲突,有许多路径可以探索,检察案例指导就是其中重要的方法之一。

检察案例指导制度一方面有利于解决制度控制、组织控制方式易因强度过大造成僵化但又无法触及执法人员业务过程的弊端,使检察人员在办案过程中受到更具体系化的先例约束,从而有助于缓解同案不同处理的现象;另一方面,相对于制度控制与组织控制,案例指

---

① 龙宗智.理性对待检察改革[J].人民检察,2012(5):18-21.

导是一种相对柔性的控制方式，它为检察人员独立办案留下了空间。对于当下的案件与指导性案例的类似性，办案检察官可以独立判断，体现了检察官的主体性。同时，在符合规定的条件下，检察官也可以发展新的指导案例，以较好协调稳定与发展的矛盾。因而，可以预期，如果运用得当，检察案例指导制度完全可以成为破解推进检察一体与保障检察独立这一难题的开路先锋。

（五）检察执法稳定性与灵活性相统一的需要

“我们生活在一个变幻不定的世界里。现行的法律体系即使适合今天的文明，也不可能满足明日文明的需求。社会是变动不居的，正因为如此，在此变动不居的条件下，法律不可能经久不变，无论我们是否希望，变化永远存在。”[①]美国联邦最高法院大法官卡多佐正确地分析了法律与社会生活的关系，但现实的情况是法律必须保持一定的稳定性，法律的权威很大程度上在于其为民众生活提供了稳定的预期，朝令夕改的法律肯定是没有权威的。因而，法律的修改有一定的滞后性，一般应在社会问题已充分暴露，法律应对措施被充分讨论和考虑的前提下进行才是妥当的。所以，我们所看到的是：立法进程往往有一定的时间间隔，短则几年，长则十几年甚至更长。但社会生活不可能坐等法律的修改，是法律在适应社会生活而不是生活在适应法律。法律修改的滞后可能带来的司法非正义会引起执法的混乱与民众的不满。作为站在法律与生活交汇点的司法机关在这方面承担着重要的职责。对这一点，卡多佐有很好的陈述：“人们常说，变革应当是成文法的任务，司法过程的功能仅仅是一种保守的力量。从历史的角度来讲，这不是真的，即便属实，也是一种不幸。确实，与过去发生强烈的断裂必定源自立法，然而，当法官的能力取决于实践与传统时，更多的进步或倒退将由法官一力促成。法律既有适合于保守的准则与判断方法，也有适合于变革的准则与判断方法。如果将稳定和进步作为对立的两极，那么，在一极，我们拥有的是遵守先例的律条和以推理逻辑为工具的判决方法；在另一极，则是促使起点服从终点的方法。一个注重对统一和对称的考虑，从基本概念推导出最终结论。另一个则更自由地考虑平等、公正以及受影响利益对社会的价值。庞德说：‘许多时候，正义的实现是两种趋势的妥协：一种趋势将每一个案件都当作某一类案件中的一个，另一种趋势是认为每一个案件都是独一无二的。’……商业及其方式的变化，致使先前与当时行为规范或准则相适应的某个法律规则不再适应现行的规范或准则，甚至背离了它们，于是，促动法律与原有规范和准则相适应的那些发展趋势或力量又开始起作用了，不是通过立法，而是通过司法过程固有的力量，来恢复平衡。”[②]卡多佐是以法院为论述对象的，但这对我国检察机关同样适用。

我国检察机关与国外检察机关的区别之一就是其行使职权的背景不同。国外法制强调

---

① 卡多佐.法律的成长——法律科学的悖论[M].董炯，彭冰，译.北京：中国法制出版社，2002：91.

② 卡多佐.法律的成长——法律科学的悖论[M].董炯，彭冰，译.北京：中国法制出版社，2002：93.

司法中心主义，这里的司法是狭义的司法，仅指法院，司法体制以法院为中心建构。而我国检察机关与法院、公安机关以事项分开为依据，三驾马车并进，诉讼进程整体上呈流水作业，“我的地盘我做主”。这使我国检察机关在适用法律的方法上与法院基本相似，除最高人民检察院与最高人民法院一样拥有司法解释权外，一线检察官也要在具体案件中对法律进行解释和适用。我国检察人员数量庞大，全国有检察干警二十多万，其中多数有检察官职称，虽然直接在业务部门办案的干警比例偏低(有些检察院不到一半)，但总量仍相当可观。由于教育背景、业务水平、职业经验的差异，面对相对抽象的法律，要想在个案中有相对稳定、统一的解释自然有相当的难度，这也就不难解释为何实践中大量存在同案不同处理的现象了。即便员额制改革后，这一情况仍未得到根本解决。指导性案例结合案件事实，对法律的解释更具体，可以为执法人员提供更具操作性的参考，有利于形成稳定统一的司法。同时，相对于法律修改而言，指导性案例从实践中来，直接反映了实践一线的动态情况，由最高司法机关自行发布，其与司法实践的距离更短，修改程序更简单，可以更灵敏地感知实务一线的需求，在不违背法律原则精神的前提下，可及时作出调整，对法律作出符合形势要求的新的理解，发布新的案例，废止旧的案例，以回应司法需求。因而，案例指导制度可以称得上是“以某种具体的和妥切的方式将刚性和灵活性完美结合在一起的法律制度”[①]，它“使有关对稳定性的需要和对变化的需要这种互相冲突的要求协调起来”[②]，从而保持检察执法稳定性与灵活性的统一。

(六) 可以为当事人提供稳定的预期

先例可为当事人提供稳定的预期，减少因对预期不明而发起诉讼或缠诉，这是判例法被公认的价值之一。[③] 我国当前正处于社会转型期，社会矛盾多发，维护社会稳定是党和国家的重要任务。作为公权力的一部分，检察机关在这方面也有重要职责。现实的发展也令检察机关无法置身度外。由于我国法治建设中终局性司法机制不足，当事人涉诉上诉、信访者数量众多，每年涉及检察机关的信访、上访总量相当可观。这其中原因复杂，暂且撇开其他因素不谈，检察机关执法为当事人提供的预期不稳定是其中的重要因素之一。

对成文法本身的局限性研究者已有较多的论述，如德国法学家卡尔·拉伦茨认为：“无论如何谨慎从事的法律，其仍然不能对所有——属于该法律规整范围，并且需要规整的——事件提供答案，换言之，法律必然‘有漏洞’。”[④]阿列克西则认为成文法的局限至少包括以下几点：(1) 法律语言的模糊性；(2) 规范之间有可能发生冲突；(3) 可能存在这样的事实，即

① 博登海默.法理学——法律哲学与法律方法[M].邓正来，译.北京：中国政法大学出版社，2004:423.

② 庞德.法律史解释[M].曹玉堂，译.北京：华夏出版社，1987:1.

③ 有关遵循先例原则价值的介绍，可参见：J C Rehnquist. The Power that Shall Be Vested in a Precedent: Stare Decisis, the Constitution and the Supreme Court[J]. Boston University Law Review, 1986(66):345.

④ 拉伦茨.法学方法论[M].陈爱娥，译.北京：商务印书馆，2004:246.

有些案件需要法律上的调整，但却没有任何事先有效的规范适合用于调整；(4) 在特定案件中，所作出的裁判有可能背离规范的条文原义。① 成文法的局限性使检察人员的执法过程充满了裁量和权衡。在法治发育较为成熟的社会，虽然法律本身存在着不可能一举消灭的不足，但法律职业共同体内部长期实践中形成的诸多不成文的经验规则可使这种裁量和权衡相对有章可循，有相当强的可预期性。我国成文法与国外一样存在自身难以克服的难题，但执法人员群体整体上却不具备国外法律职业人员对法律信仰的坚守和相对娴熟的适用法律的技巧，这使成文法的不足难以通过职业群体的技术化操作得以缓解。我国当前司法目标要求实现法律效果、社会效果与政治效果的三统一，而社会效果与政治效果的模糊性与弹性更进一步放大了成文法的局限和不足，这为外力对司法的干预提供了机会和条件。这种外力的干预在当前突出表现为两点：一是当事人对司法的挟持；二是其他权力对司法的干预。

当事人对司法的影响是司法过程所必需的，司法过程与行政过程的不同点之一就是司法更注重程序正义，让当事人有更充分的意见表达机会。但当事人表达意见的机会也应限于程序内，当事人在诉讼中的权利也应限于法律所允可之权，当事人无权超越程序要求得到法律未曾赋予之权。但我国的司法现实是，部分当事人利用法律规定的模糊性和司法机关惧于上访、信访的压力而迫使司法机关给予其不应享有之利益。其他权力对司法过程和结果的干预，部分也在于法律规则的弹性，一些司法机关基于各种利益考量，或惧于其他权力可能对司法造成的损害，或考量某种利益交换，往往在规则的弹性之内顺从外部权力的意志。这就影响到检察机关决定的可预期，它诱使当事人通过上访、信访或寻找外部权力干预司法处理过程，从而影响司法决定的公正性。

案例指导制度使相对抽象的法律条文的含义在具体的案件事实下被予以“解说”，该“解说”对以后类似案件的处理在认定事实、适用法律和说理方面可起到具体的指导作用，是后案处理的参考。它所具有的细化功能使法律法规更明确，可以压制部分当事人与外部权力曲解法律法规的冲动。同时，指导性案例由最高人民检察院发布所带来的权威性也为利益相对方反击规则破坏者和监督检察机关严格执法提供了强有力的依据。显然，这有助于为检察机关公正司法创造有利的环境。由于司法体制上检察机关的独立地位和公众对这方面的明确认知，检察机关不可能以法院的指导性案例作为说服当事人和抵御外部权力的屏障，而需要最高检察机关独立发布指导性案例。

（七）检察机关履行法律监督职能的需要

检察机关在法律定位上是法律监督机关，在诉讼活动中对公安、法院行为的合法性负有监督职责。虽然最高人民检察院自检察机关复建以来就相当重视法律监督工作，检察理论研究人员也殚精竭虑地论证法律监督的正当性与实现路径，一些地方的检察机关亦力图通

---

① 阿列克西.法律论证理论[M].舒国滢，译.北京：中国法制出版社，2002：136.

过改革提高法律监督的效能，但不能否认的是，检察机关法律监督职能的理想与现实之间还有着甚巨的鸿沟。在办案与监督之间，很多检察人员更重视办案。当然，其原因是多方面的，但有一点不可忽视，即监督标准的模糊性。监督意味着纠错，是检察机关指出公安、法院办案中的不规范现象并要求其纠正，这往往会带来检警、检法冲突。这种冲突可能引起公安、法院在未来的工作中不配合甚至对检察机关进行反制（这在分工负责、互相配合、互相制约原则下和当前司法现实中并不困难），基于此种担心，甚至仅是长期合作中形成的熟人关系就使部分检察人员难下依法监督的决心。指导性案例制度有助于改变此种局面。

首先，指导性案例有助于法律规范的细化，压缩模糊空间，缩小被监督者与负责监督人员之间讨价还价的余地，有助于强化监督的刚性，提高监督的实效性。正如孙国祥教授所指出的，“实务中不难感受到一些部门对具体案件的处理欠妥乃至不公，但受制于法律本身的裁量性，或者不敢监督（如对法院畸轻畸重的量刑），或者监督不力，勉强监督难有实效，影响了监督的积极性”①。

其次，指导性案例所带来的标准的明晰也有利于检察机关的内部考核和监督，推动监督工作。检察机关监督职能的履行长期举步维艰，除了公安、法院的抗拒外，与检察机关内部长期缺乏相对明确的标准，推动不力亦有一定的关系。指导性案例划定了相对明确的标准，为通过内部考核、促进检察监督提供了有利条件。

再次，指导性案例虽不是一般性规范，但仍具有一定的规范化功能，其指导意义是超越个案的，“检察机关就某个具体案例一旦上升为指导性案例后，其成功的经验就不是检察机关个案处理的结果，而是带有普遍指导意义的经验规则，是对抽象法律条文的进一步解释，不仅对各级检察机关有一定的拘束力，对其他办案机关也有一定的影响力”②。在检察机关与其他机关的监督博弈中，最高检察机关发布的指导性案例无疑为检察监督工作提供了强有力的后盾，有助于检察人员克服底气不足的问题。指导性案例所带来的监督规则的明确化也有利于公安机关、法院了解检察机关的执法依据，有利于三机关协调立场，避免因为依据不清所带来的争执。

最后，指导性案例也为民众监督检察工作，促使相关人员积极履行职责提供了有利条件。在实务工作中，经常可以看到有关当事人手持相关类似案例要求检察机关进行法律监督。在无案例指导制度的情况下，当事人呈交的其他地方司法机关对类似案件作出的决定原则上对检察人员并无约束力，但即使如此，也给接待人员造成了颇大的压力。因为在法律规则同一的情况下，彼案件与此案件事实相似为何有不同结果，这往往是很难解释清楚的。当事人提供的类似案件对某些法律监督的提起和最后司法结果的变更也确实起了关键性的作用。检察案例指导制度建立后，当事人以指导性案例为依据要求进行法律监督，无疑将更

---

① 孙国祥. 论检察机关案例指导制度[J]. 人民检察，2011(13)：12 - 17.

② 同①。

为理直气壮，这在一定程度上有利于监督有关检察人员积极履行职责。

二、构建检察案例指导制度的法律依据

1979年《中华人民共和国人民检察院组织法》将检察机关上下级之间的关系确定为领导关系。该法第10条规定："最高人民检察院对全国人民代表大会和全国人民代表大会常务委员会负责并报告工作。地方各级人民检察院对本级人民代表大会和本级人民代表大会常务委员会负责并报告工作。最高人民检察院领导地方各级人民检察院和专门人民检察院的工作，上级人民检察院领导下级人民检察院的工作。"1982年宪法确认了检察机关内部的领导关系，该法第132条第2款规定："最高人民检察院领导地方各级人民检察院和专门人民检察院的工作，上级人民检察院领导下级人民检察院的工作。"

根据这一安排，上级检察机关对下级检察机关的领导主要是检察业务工作的领导，至于下级检察机关的人事安排，主要是由同级地方党委领导。最高人民检察院对下级地方人民检察院和专门人民检察院的领导，主要体现为部署全国检察机关执行国家法律特别是刑事法律的方案，对全国各级人民检察院正确执行法律的情况进行检查、监督，对检察工作中具体应用法律问题作出规定，依法制定检察机关办案程序和立案、起诉标准，对省级院请示的法律问题进行批复等。[①] 从过去实践经验看，发布典型案例是最高人民检察院推进上述工作的重要手段。检察案例指导制度是对过去以案例指导检察工作的制度化发展，是最高人民检察院对下级检察院业务活动进行管理的新方式。它与最高人民检察院在检察系统中的地位和法定的领导职责是相符合的。相对于以往的管理手段而言，案例指导实现了对法律、司法解释的进一步细化，为检察人员执法裁量提供了更具体的标准，有利于弥补以往领导方式的不足，是最高人民检察院指导全国各级人民检察院正确掌握立法本意、规范检察工作、确保司法公正的重要手段。

构建检察案例指导制度法律正当性的另一来源，是中央政法委与最高人民检察院的法律关系。坚持党的领导是宪法规定的一项根本原则，包括检察权在内的权力行使都必须在党的领导之下进行，检察机关要遵守党的路线、方针、政策，特别是党中央关于检察工作的决议、指示和意见。中央政法委是党负责政法工作的领导机构，最高人民检察院当然要执行中央政法委的决议、指示和意见。2009年中央政法委出台《关于深入学习实践科学发展观解决政法工作突出问题的意见》，要求："要建立和完善法律统一适用机制，进一步规范自由裁量权。中央政法机关要加快构建……案例指导制度，充分发挥指导性案例在规范自由裁量权、协调法制统一性和地区差别性中的作用，减少裁量过程中的随意性。"[②]2009年全国政法

---

① 朱孝清，张智辉．检察学[M]．北京：中国检察出版社，2010：425.

② 中央政法委．关于深入学习实践科学发展观解决政法工作突出问题的意见[N]．法制日报，2009-02-12.

工作会议指出:“对容易发生执法偏差、群众反映比较强烈的几类案件,要建立案例指导制度,规范自由裁量权的行使。”司法机关全面建立案例指导制度是中央政法委的要求,检察案例指导制度正是在中央政法委的推动下建立起来的。

第三节 检察机关构建案例指导制度的现实基础

从上文的论述可以明确,构建检察案例指导制度对于推进检察工作的良性运作确有必要,在法理上和法律上都可以找到充分的依据。但要将这一制度从设想变为现实,还要看它在我国当前的司法环境下有无生存的可能性。如果缺乏制度运行的现实基础,即便建立了也很难发挥作用。

研究者在讨论案例指导制度时,往往集中于历史传统和中外法制比较,以此论证案例指导制度的必要性和可行性。如一些研究者认为,判例在我国历史上曾长期存在并发挥了重要作用,中国有判例适用的传统和经验,目前的案例指导制度正是传统因素的复苏与发展。另一些论者则从国际比较角度出发,认为无论是英美法系国家正式的判例制度还是大陆法系国家事实上存在的判例制度都说明使用先例是司法中的普遍性经验,案例指导制度是中国式的判例制度,确有发展的必要性。[①] 上述论证虽有一定的道理,但并非发展案例指导制度最核心的要素,也非保障案例指导制度能够落实的坚实因素。纵向来看,经历百年历史激荡的中国,社会制度大环境完全不同于封建王权时代,微观的司法环境与往日亦不可同日而语,案例实施的背景不同,运行规律自然不具有可比性。中国社会制度与欧美存在较大差异,而西方判例的存在与发挥作用依赖于一系列的配套制度,这使得很难将西方的经验直接套用至当前的中国现实中。“任何西方的和中国传统制度的有益经验,尽管可以在某种程度上成为案例指导制度的比照和借鉴的样本,但不构成其规定理由和固定模式”[②]。案例指导制度实行的可能性条件,更应从当下中国的司法现实中寻找。因为案例指导制度既非为追寻历史的荣光而生,也非为向国际看齐而设,它是面向现实的,是为解决当下的司法问题而创设的。其能否生存下去,要看其是否有益于当下司法难题的解决,是否为检察人员所需求。同时还要看它与其他的制度是否兼容,当下的制度环境能否为其提供合适的生存条件。

在笔者看来,我国当前的司法环境已具备了支持检察案例指导制度运行的基本现实条件。

---

① 参见:武树臣.判例制度研究[M].北京:人民法院出版社,2004:370-371.

② 王洪季.案例指导制度的反思与探索[EB/OL].(2008-11-12)[2013-11-16]. http://www.chinalawedu.com/news/16900/176/2008/11/wy46763541501211180028325—0.htm.

一、实践需求是制度构建的内在动力

虽然案例指导制度的生成不乏历史因素与国外判例法实践的启发，但其之所以得以生成，最根本的原因还在于我国司法实践的现实需求，是对这种需求的回应。这种需求不但是制度生成的根本原因，也是案例指导制度能够发挥作用的最基本条件。试想，如果一种制度仅依赖于从上到下的压力，得不到广大检察人员的支持，那它就可能陷入阳奉阴违的状态，其实际效果可想而知。更何况案例指导制度是一种相对柔性的制度，从上到下的压力相对较小，检察案例指导的实践效果主要取决于广大检察人员的支持。从我国检察实践看，检察人员对案例指导制度的支持至少受到以下几个方面因素的影响：

（一）提高办案效率的要求

从理论上讲，世界上没有两个完全相同的案件，每个案件都有其独特之处。无论是从刑罚个别化理论，还是从实现法律效果与社会效果的统一要求出发，都要求检察人员对案件进行认真细致的研究，找出最妥切的处理方案。如处于起诉与不起诉边缘地带的案件，应如何权衡各种影响因素而作出最合适的决定。如果将待处理的案件视为水晶矿石的话，检察人员就是负责加工的艺术家。为将水晶最美的一面呈现给世人，检察人员应尽可能地多角度观察揣摩，尽可能发掘其独特之处，寻找独一无二的处理方案，以尽可能达到法律效果与社会效果的最佳统一。但这只能是一种理论假设，现实中检察人员的角色，更像是流水作业车间里的工人，而非工作坊里的艺术家。别的因素姑且不论，案多人少的时间压力已足以使以艺术家心态出场的执法人员，结结实实地跌回现实成为车间工人。正如前文所指出的，我国刑事案件数量相对于检察人员总量而言并不算多，但真正业务部门一线人员却又是严重不足的。因而，现实中执法一线人员压力都颇大，特别是核心的公诉部门，加班往往是常态而非偶然。艺术家的灵性需要在宽裕的时间里慢慢酝酿，局促的时间、空间使检察人员第一个想到的是如何使案件尽快出手。以相对满意而非最佳结果为目标，往往是检察人员处理案件的真实追求。① 疑难复杂新型案件中，如果检察人员独立思考，往往需要耗费大量的时间和精力，而如果有合适的先例参考，照着葫芦画瓢，则显然要高效得多。

（二）降低职业风险的要求

当前公务员考试火热，在许多人看来，进了检察院就等于进了保险箱，拿到了铁饭碗。如果纯粹从就业角度而言，这种看法可能是对的，但就职业发展而言，此类看法显然是错误

---

① J Bendor, S Kumar. Satisficing and Optimality[Z]. Working Paper, Graduate School of Business, Stanford University, 2003 - 10 - 04.

的。毋庸讳言，就公务员体制而言，进入者几乎没有一个不愿意“进步”的，而要“进步”如何回避职业中的风险就是必须直面的问题了。职业生涯中犯错对“进步”而言，只能是负面因素而不太可能发生正面影响。就检察工作而言，当前的职业风险突出体现在两方面：一是业务处理中的风险，二是案件办完后“案结事不了”的风险。为规范管理，近年来检察机关普遍加强了绩效管理与考核，这种考核往往对检察人员职业前景有至关重要的影响。如某省检察机关曾要求起诉的案件无罪判决率不能超过千分之一。若单看数字，似乎没有问题，检察机关对案件办理质量高要求，似乎没有什么不妥之处。但问题在于，如果还原到业务实践中，这对办案人员就形成了极大的风险。当前检察机关的普遍看法是，如果公诉人办理的案件有一个被判无罪，那么这个公诉人的公诉职业前景将是暗淡的，其检察官生涯也基本到位了，将来的上升机会接近于零。这对于以公务员为职业者而言，打击无疑是巨大的。虽然站在第三人立场上可以说，人要做大事，不要做大官。但持此种看法者，要么是公务员体系之外者，没有充分体会公务员内部的生态环境；如果在公务员内部，要么是自欺，要么是他欺。同时，缘于国家对社会稳定的高度重视，本来作为反映民众意见渠道的上访、信访一定程度上被妖魔化了，本意在于促使下级机关将矛盾化解于基层防止矛盾上交的上访、信访数量考核，也构成了检察人员的职业风险。一些地方政府以“谁家孩子谁来抱”为原则，要求检察机关自己化解涉检信访，一些检察机关又要求“谁惹事谁负责”，由办案人员负责解决涉及自己办理的案件的信访、上访问题。因而，当前一线执法人员承受着巨大的压力是一个不争的现实问题。

检察案例指导制度对解决这种职业风险有积极作用。对于内部考核而言，该指导制度的推行，不但给办案人员提供更明确的事前指引，防止办错案；同时如果检察人员依据指导性案例处理案件，指导性案例的权威性也为承办人员在事后的抗辩提供了强有力的理由。对于当事人涉检信访、上访而言，指导性案例可为当事人提供相对于法律条文而言更通俗易懂的参照物，对照参考性案例对自己的案件处理结果是否得当有更清楚的了解，从而确立合理的预期。指导性案例也可使当事人认识到，当下检察官对案件的处理方案是遵循了司法的长期做法，并非在自己的案件中针对自己而设，从而使其更容易接受处理结果。正如霍姆斯所言：“对于法庭而言，需要记住的最重要的事情之一就是，人们更在意的是游戏规则需要被遵循，而不是遵循尽可能好的规则。”[①]这对检察官执法也是适用的。指导性案例由最高人民检察院发布这一事实所附带的权威性，也暗示当事人上访很难获得不同的结果，从而促使当事人服从检察机关的处理决定，有助于平息上访闹访。

上述两方面的要求对检察人员而言有很强的普遍性。除此之外，指导性案例也为积极追求职业技能提升的检察人员提供了很好的学习材料。

此外，笔者在调研中发现，寻找、参考先例成为检察一线人员常态性的做法，适当以制度

① 参见：R A Posner. The Essential Holmes[M]. Washington D. C.：Harvard University Press，1992：201.

化的供给满足这种需求是非常必要的。检察人员对先例的需求，为检察案例指导制度的推行提供了最好的可行性基础。

二、检察一体为制度构建提供了体制支撑

在创设中国案例作用机制的路径上，曾有较大争议。借鉴国外的经验和做法，理论研究者有一种强烈的主张，建议建立中国的判例制度。但同时也有一些研究者认为，判例制度与中国的司法体制大框架不符，特别是可能冲击人大与法院现有的关系安排。[①] 我国现有的法律框架及法律术语，多是近代以来从西方的法律话语中移植而来，判例的含义基本是约定俗成的，采取案例指导的提法而非判例一定程度上可回避不必要的争议。同时作为新的术语，案例指导没有历史包袱，更容易作更明晰的界定。从“两高”关于案例指导的文件看，其没有采取自发式、不断成长的判例模式，而采用的是由最高司法机关权威审定，发布后由下级司法机关参考执行的行政化、集权化模式。关于案例指导制度的特点及其与判例法的关系问题，笔者在下文中会有更详细的分析。不能否认的是，目前的案例指导模式与我国司法体制的总体框架是一致的，甚至可以说与我国政治结构的总体安排是一致的，这是案例指导制度实行可行性的重要保障。

我国检察机关体系内部是领导关系，这与法院的监督关系不同，领导关系的要义就是上级对下级有强有力的指挥权，下级对上级有较强的服从义务。当然，这种关系是否完全妥当尚存争议之处，如与检察机关的司法性之间的抵牾。但这些年检察机关内部改革总的趋势是强化检察一体，如下级检察院检察长通常由上级检察院下派，职务犯罪批准逮捕权上提一级等。这种变化不但在制度上强化了上级检察院对下级检察院的领导能力，在心理上也使下级检察院依附于上级检察院，无形中强化了下级检察人员对上级检察院的服从意识。而案例指导制度虽然由最高人民检察院发布，但从目前情况看，其效力还远无法与司法解释相比。由于缺乏上下级法院之间的审级制度所带来的监督压力，下级检察人员对指导性案例参考的约束力，主要源于内部制度上的行政化权力及对上级检察机关的服从意识。因而，可以说，检察一体是案例指导制度创设和推行的重要条件。我国过去一些年推进检察一体的努力，为案例指导制度的实施提供了可能。

三、科技发展为制度构建提供了环境条件

国内研究者在引进判例法时心存疑虑的一个问题是，如果确立判例法，如何迅速准确地找到最相关的案例。国内对判例法的一种批评意见认为，判例法在效率方面存在问题。面

① 参见：高岩．我国不宜采用判例法制度[J]．中国法学，1991(3)：43-48.

对浩如烟海的案例，找到相关案例往往需要花费较多时间，判例法对提高司法效率的作用，并不如支持判例法的研究者所主张的那么美好。[①] 作为案例发挥作用的一种机制，案例指导制度也面临着同样的问题。虽然目前检察指导性案例数量还有限，搜索相关案例似乎并无困难，但可以预期的是，随着时间的推移，指导性案例数量必然会越积越多，如何迅速准确找到最恰当的参考案例，是设计检察案例指导制度必然要考虑的问题。

就此问题，科技的发展提供了最好的环境条件。诚然，在计算机技术充分发展之前，寻找案例不得不一页页“手动”翻找，但当下的情况是，只要案例编排得当，提供恰当的检索条件，已汇编在数据库中的案例在极短的时间内就可以“自动”呈现在检索者面前。以往困扰司法者的查找案例的时间、空间问题，在当前网络时代几乎都迎刃而解，这为检察案例指导制度的发展提供了良好的环境条件。

四、运用案例的已有经验为制度构建提供了实践基础

与最高人民法院和地方各级法院对案例指导制度倾注的热情相比，在 2010 年最高人民检察院《规定》发布之前，无论是最高人民检察院还是地方检察机关，对构建系统性的检察案例指导工作机制关注均显不足，只有少数几家检察院开展了零星的探索。就此点而言，是落后于法院系统的。但这并不意味着最高人民检察院完全无视案例工作。虽然制度化的案例指导在检察系统是长期缺位的，但作为指导下级工作的有效形式，最高人民检察院自新中国成立初期就注意通过收集、整理和研究案例总结办案经验，利用典型案例对检察业务加以指导。检察机关特别是最高人民检察院利用典型案例指导下级检察工作的情况，下一章将有详细考察，本部分仅简要说明，这些工作为检察案例指导制度奠定了较好的基础条件。

由于众所周知的原因，最高人民检察院系统地利用案例指导检察工作是在改革开放之后。1980 年，最高人民检察院创办了《最高人民检察院简报》（简称《简报》）。在《简报》中，最高人民检察院相当重视案例的作用，注意利用案例指导各级检察人员正确理解法律和刑事政策，对各地办案中的创新性做法及时推广。有些案例对之后的检察执法工作产生了深远的影响。如《北京市检察院分院及时审查起诉一起重大强奸案》[②]，该案介绍了北京市检察院分院贯彻“从快办理重大案件的经验，供各地参考”[③]。其经验包括“领导参加，制订从快办理方案”“检察人员提前介入侦查工作”“连续提讯被告”等，最终起诉工作“前后只用了六天”[④]。从后来各地在严打斗争中采用的办案方式看，基本上都采用了前述案例的类似方式，特别是侦查阶段的提前介入，几乎成为后来从快处理案件的常规方式。《简报》发布该案例

① 李仕春. 案例指导制度的另一条思路——司法能动主义在中国的有限适用[J]. 法学，2009(6)：59 - 77.

② 北京市检察院分院及时审查起诉一起重大强奸案[J]. 最高人民检察院简报，1981(19).

③ 参见该案的“编者按”。

④ 同②。

的时间是 1981 年 6 月,《简报》选择的对象是新的现象和事物,也就是说提前介入这种做法在当时可能在全国检察机关执法中并不普遍。笔者可以合理推测,后来在全国严打斗争中大量使用的检察机关提前介入侦查工作的做法,很有可能是受这一案例的影响。如果此推测成立,《简报》案例对当时检察工作的指导意义不容小觑。这也可以印证上述编辑部的说法。

1989 年底《简报》停刊后,《最高人民检察院公报》(简称《公报》)刊载的案例,成为检察系统最具权威性的具有指导意义的案例。从 1990 年第 3 号《公报》登载典型案例开始,至 2010 年正式建立检察案例指导制度,据最高人民检察院法律政策研究室统计,《公报》共登载了 337 个典型案例。根据 1992 年第 3 号刊登的"欢迎订阅 1993 年度《最高人民检察院公报》"的启事,《公报》刊载案例的标准是"检察机关办理的有影响的重大案件等"[①],后变更为"检察机关查办的重大典型案件"[②]。"有影响的重大案件"到"重大典型案件"表述的变化,说明《公报》选择案例的考量点,从起初的重视案件的影响力到重视案件的典型性,体现了《公报》对案例能否给检察人员办理案件提供启发与借鉴价值的重视。在具体案例的选择上,最高人民检察院《公报》能够结合检察工作的重点,如抗诉、起诉等环节,针对实践中出现的新问题或法律执行中易出现偏差的问题刊载案例,对各级检察人员执法起到了积极的指导作用。

除《公报》刊载案例外,最高人民检察院与最高人民法院联合编纂出版了《中国案例指导》,最高人民检察院的内设业务部门也编辑出版了《刑事司法指南》《典型疑难案例评析》《刑事法理与案例评析》《人民检察院民事行政抗诉案例选》等检察案例指导与参考书籍。经过多年努力,上述刊物登载的案例形成了数量可观的案例库,可为检察人员执法提供参考。

上述刊物刊载的案例虽然没有法定的约束力,也缺乏制度化的约束机制,但最高人民检察院通过案例来指导检察工作的意图是非常明确的。2003 年 5 月 27 日最高人民检察院第十届检察委员会第四次会议通过的《最高人民检察院关于加强案件管理的规定》指出:"要进一步加强案例编纂工作。最高人民检察院和省级人民检察院每年要组织业务交流和案例研讨,对带有普遍意义的案件进行深入分析,及时编纂和印发对办案工作具有指导意义的案例。各级人民检察院对本院办结的刑事案件,要按照有关规定和要求,及时录入《中国刑事案件数据库》。"明确肯定了典型案例对检察机关办案的积极意义。2005 年 7 月,最高人民检察院针对一个时期以来一系列典型刑事错案引发社会强烈反响的实际情况,下发了《关于认真组织学习讨论佘祥林等五个典型案件剖析材料的通知》,希望通过对典型案例的学习提高检察执法水平。这种努力也取得了一定的成效。有研究表明,在"两高"正式建立案例指导

---

① 参见《最高人民检察院公报》1991 年第 3 号。

② 参见《最高人民检察院公报》1999 年第 1 号。

前，有 24.68%的被调查检察人员在办案中参考过“两高”发布的典型案例。[①] 这种参考典型案例办案的意识和经验为案例指导制度的实施提供了重要基础。

除了最高人民检察院积极推动以案例来指导检察执法工作外，地方检察机关对案例在执法中的参考价值也表现出了浓厚的兴趣，通过多种形式鼓励检察人员在执法中参考典型案例。地方检察机关推动案例的适用主要表现为三种形式：

一是汇编案例集。即有意识地通过“精品案例评选”等活动，将一些典型案件筛选出来，印成供内部参考的小册子，或由出版社正式出版，或者将评选出来的案例在检察内部网上公布，方便读者在遇到问题时有针对性地快速查找到相关案例。

二是开展类案研究，汇编类案，指导实践。即以有典型性个案为基础，拓展开来，对类似案件进行类型化研究。相对于纯粹的个案研究，其广度和深度都有不同程度的发展。如有些地方检察院通过案例前的提示文字，对类案特征进行总结，意图提炼出更具一般性的规律，供后案办案人员学习和借鉴。

三是建立案例指导制度。即一些地方检察机关学习借鉴法院系统的做法，试图通过制度化建设在更大程度上发挥典型案例在检察工作中的积极作用。这些检察机关在借鉴学习的同时，也注意结合检察工作的特点及当地执法工作的需要，进行了一定程度的创新，开展了检察案例指导试点工作。如泰州市检察机关在这方面的工作就具有典型意义。

因而，检察案例指导并非凭空起意、一蹴而就生成的，其与新中国成立之后，特别是最近三十年来检察工作中以案例指导执法办案的实践有密切关系。从当前检察案例指导的相关规定看，其与检察机关过去运用典型案例的方法、方式有相当大的延续性。也就是说，运用案例指导执法在过去就是一种现实存在，缺乏的只是规范化而已。检察案例指导制度最大的变化是有了更明确的规范，但其精神层面与过去的实践基本上是一致的，操作层次也保留了很多过去的做法。当然，从批评者的角度而言，可以认为案例指导制度创新不足。但从制度有效性角度看，这种延续使检察人员对指导性案例的使用可谓轻车熟路，不存在多大的陌生感，这为案例指导的推行提供了良好的基础。不妨对比假设，如果当前推行的不是与过去司法实践有很深渊源的案例指导制度，而是全新的异质的英美判例制度，其推行难度又会如何呢？显然，在中国推行全无经验基础的英美判例制度遇到的阻力，显然会很大。

---

① 周洪波.中国特色案例指导制度的实践基础研究[M]//胡卫列，石少侠.检察前沿报告：第四辑.北京：中国检察出版社，2013：59.

第二章　检察案例指导的历史源流

如前所述，与最高人民法院和地方各级法院对案例指导制度倾注的热情相比，在2010年《关于案例指导工作的规定》发布之前，无论是最高人民检察院还是地方检察机关，普遍对案例指导工作机制缺乏关注和实践，只有少数几家检察院开展了零星的探索。就这一点而言，是落后于法院系统的，但这并不意味着最高人民检察院完全无视案例工作。制度化的案例指导在检察系统是长期缺位的，但作为指导下级工作的有效形式，最高人民检察院自新中国成立初期就注意通过收集、整理和研究案例总结办案经验，利用典型案例对检察业务加以指导。

从整体看，检察机关利用案例指导检察工作大体可以分为三个阶段：一是新中国成立后至1990年《最高人民检察院公报》登载案例前；二是《最高人民检察院公报》开始登载案例至2010年7月最高人民检察院发布《规定》前；三是最高人民检察院发布《规定》，正式创立检察案例指导制度后。

本书研究的主题是《规定》发布后的检察案例指导制度，对其各方面情况将分章详细分析，但检察系统运用典型案例指导检察工作有相当的延续性。如果说当前的检察案例指导制度在制度层面因较多地移植和吸收了国外判例制度和法院检察案例指导的研究成果，而有别于过去的以典型案例进行指导的模式，这可谓“表”；而作为真正支配案例指导运作的非制度化要素，如检察人员对待案例的态度、执法人员参阅案例的方法等，则是一脉相承的，这可谓“里”。“表”的东西容易改变，但“里”往往是长期实践积淀下来的，并不会随“表”的变化而立刻变化。这就可能出现“表里不一”的局面。在作为“表”的制度既定的情况下，摸清形同潜流的“里”的因素，才有可能找到破解“表里不一”关系的钥匙。因而，在研究当下检察案例指导制度及其运作实践的同时，我们也不能完全无视作为其源流的《简报》《公报》的实践。考察检察案例指导的前身，其主要意义不在于仅作历史性的回顾，而在于厘清当前检察案例指导的来龙去脉，这有助于我们准确把握当前的检察案例指导制度，对其进步与不足有更清醒的认识。而检察机关过去利用案例进行工作指导的经验和教训，也是检察案例指导制度生长的重要土壤，总结经验并有效吸纳有助于检察案例指导制度更好地发展，而有效的吸取教训则可使检察案例指导制度的实施避开不必要的弯路。因而，本章将对2010年最高人民检察院发布《规定》之前检察系统利用典型案例指导检察工作的情况进行梳理。当前的检察案例指导是由最高人民检察院创设的一种案例作用机制，与其有直接对应关系的，是之前以最高人民检察院官方名义进行的典型案例指导工作，因而本部分重点考察与指导性案例有内在承继关系的最高人民检察院《公报》和《简报》发布的典型案例，对地方检察院及最高人民检察院部门性的典型案例指导工作仅作概括性考察。

第一节 1990年前检察机关以《简报》案例指导检察工作的情况

最高人民检察院在新中国成立初期的司法工作中就注意典型案例的收集和研究，并下发了一些典型案例来指导检察业务工作。但由于众所周知的原因，法律在当时的社会治理中作用相当有限，这种指导性的案件数量很有限，案例对检察业务工作的影响亦相对有限。案例真正在检察业务中相对持久、连续地发挥作用是在改革开放之后，所以笔者对检察案例指导历史的考察集中于改革开放之后。《最高人民检察院公报》创立前，最高人民检察院发布案例主要是通过内部文件下发的，其中最具系统性和持久性的是《简报》。1980年，最高人民检察院创立《简报》，具体编辑工作由最高人民检察院研究室负责，其定位是"交流各地检察工作经验，反映工作动态的重要渠道之一"。对《简报》的地位和作用，其自身在相关论述中有较清楚的说明。在《关于改进〈简报〉编写工作的意见》一文中，基于对过去一年多情况的回顾，编辑人员就《简报》对各地检察机关执法的影响做了这样的描述："据各地反映，《简报》对于检察机关贯彻党的路线、方针和政策，正确执行法律，提高检察干部的思想水平和业务水平，互通情况，交流经验，推动各项检察业务的开展等，起了一定的作用。各级检察机关和广大检察干部，对《简报》都很重视，实际上把它看作反映领导意图的指导性文件，并寄予很大希望。特别是在目前多数检察干部业务比较生疏的情况下，进一步办好《简报》就显得更加重要。"[①]这段文字充分说明了当时《简报》的地位和影响。在《简报》中，最高人民检察院对案例的作用已有相当的重视，登载的案例对检察工作起到了指导作用。

一、《简报》以案例指导检察工作的两种形式

在这个阶段，《简报》主要以两种形式发挥案例的作用。

（一）在情况分析中以举例的方式运用案例

如《广东省检察院调查发现案犯批准逮捕后在逃情况严重》一文，在总结分析检察机关批准逮捕后案犯在逃的各种原因时，均分别举例说明，如："1. 执行迟缓。有的由于工作拖拉，批准逮捕后，没有立即执行；有的为了'集中打击'，推迟了执行时间；有的简单地委托公社公安员代执行，以致走漏风声，案犯畏罪潜逃。如新兴县诈骗犯冯全二，检察院于一九七

① 参见《最高人民检察院简报》1981年第7期。

九年批捕，为等下月开群众大会处理，公安未及进执行。冯得知后，于一九八〇年潜逃，至今下落不明。”[①]在当时司法工作强调“造势”，以求达到威慑效果的情况下，“集中打击”现象非常普遍。这一例子直接明了地说明了这种做法的负面影响，对下级检察机关履行监督职责，防止类似情况的发生有积极的引导作用。

在当时执法人员法律素养普遍不高的情况下，这种在情况介绍中以案为例的做法，不但增强了文章的可读性，也有助于执法人员准确把握相关表述的含义。如上述例子直接说明了何为“为了‘集中打击’，推迟了执行时间”，能够有效防止执法人员再次出现类似的偏差。

（二）直接以案例的形式指导工作

以《北京市检察院分院及时审查起诉一起重大强奸案》为例：

四月二日下午四时许，三名女学生（均为十七岁）到北海公园划船，被劳教脱逃人员马克林和多次被劳教人员净晓翔等十二名罪犯用船围截，并强行分隔在三条船上，进行调戏和流氓猥亵。其中两名女学生被劫持到王三生、冯来兴（另案处理）家中，当夜分别被马克林、净晓翔强奸，另一名女学生寻机脱身。这些罪犯在光天化日之下，劫持并强奸、猥亵女学生，情节恶劣，性质严重，影响极坏。

为了维护首都社会，及时有力地打击犯罪分子嚣张气焰，案件发生后，分院检察长和主管起诉工作的副检察长就与审查起诉处处长一起，共同研究，制订了从快办理的方案，并指派了两名检察员和两名书记员承办此案的审查起诉准备工作。审查起诉过程中，领导不仅天天过问办案进度，而且遇到具体问题，亲自解决。

四名办案人员，于四月二十七日下午，前往公安局预审处开始工作。公安局预审处领导和预审人员十分支持他们的工作，腾出办公室，主动介绍案情和预审工作的进展情况，积极提供案卷材料。经过紧张工作，到五月三日他们就已熟悉了全部案情，并对需要进一步查证核实的问题，与预审人员协商，也都及时调查，补充了材料。

五月四日晚九时，公安局将此案移送到市检察院分院。为了保证案件质量，把从快审理建立在稳、准、狠的基础上，办案人员从五月五日起又仔细重新审查了全部案件材料，并连续提讯被告。五月八日起将审理情况向其分院检察委员会作了汇报，决定：起诉八名被告，不予起诉一名，交公安机关进行劳教两名，退回公安机关补充侦查一名（公安机关补充侦查后移送分院，经审查现已起诉），并认真制作了各种法律文书。五月十日晚六点，此案审理（原文如此，可能是当时惯用语，如今用“审查”更妥当）终结，起诉到市中级人民法院，办案时间前后只用了六天。[②]

这一案例与另一案例刊载在《简报》同一期上，是以案为例，为各地公安司法贯彻“从重

① 参见《最高人民检察院简报》1981年第43期。
② 参见《最高人民检察院简报》1981年第19期。

从快”方针提供指引。对刊载此案例的目的，“编者按”中有简明扼要的表述：“当前整顿社会治安必须贯彻执行中央的指示，对于现行的杀人犯、放火犯、抢劫犯、强奸犯、爆炸犯及其他严重危害社会的犯罪分子从重从快予以惩处，对于发挥办案效果，稳定社会秩序关系很大。”

相对于前一种案例使用方式而言，这种方式可以更完整、更具体地呈现案件处理的过程，为检察人员处理类似案件提供了较强的参考价值。虽然这种处理方式的政策依据和案件处理中的具体方式很大程度上已被摒弃，但从后来各地在严打斗争中采用的办案方式看，基本上都采用了类似前述案例的方式，特别是侦查阶段的提前介入几乎成为后来从快处理案件的常规方式。《简报》发布该案例的时间是 1981 年 6 月，而《简报》选择的对象是“新的现象和事物”，也就是说，提前介入这种做法当时可能在全国检察机关执法中并不普遍。笔者可以合理推测，后来在全国严打斗争中大量使用的检察机关提前介入侦查工作的做法很有可能是受这一案例的影响。如果此推测成立，《简报》案例对当时检察工作的指导意义显然不容小觑。

二、《简报》以案例指导检察工作的特点

笔者所能找到的《简报》为 1980 年至 1989 年数期，随着 1989 年最高人民检察院《公报》的创刊和检察人员素质的变化，《简报》的历史使命已经完成。从这十年间《简报》，借助案例指导检察工作的情况看，有以下几个特点：

(一) 针对工作的难点编发案例

以《加强审判监督，准确执行法律：芷江等县院对判处错误的案件及时提出抗诉》一文为例：

一九七九年下半年以来，湖南省黔阳地区各县、市人民检察院认真履行检察机关职责，在搞好审查起诉工作的同时，注意加强了审判监督。芷江、黔阳、怀化、靖县、溆浦、麻阳、新晃等县人民检察院，对同级人民法院所作的七起确有错误的判决，都及时在上诉期内依法向黔阳地区中级人民法院提出抗诉。除其中两起正由中级人民法院审理外，其他五起已经改判。……他们的做法是：

一、认真学习，不断提高对加强审判监督意义的认识。开始，有的县检察院收到法院判决书后，感到在定性量刑方面有不当之处，但对提出抗诉存在思想顾虑，怕影响检察、法院两家关系，怕抗诉不成丢面子。经过反复学习……提高了对抗诉意义的认识，打消了思想顾虑，出庭时注意看审判活动是否合法，在法院判决后注意看定性是否准确、量刑是否得当，对认为确有错误的判决，及时提出抗诉。如靖县林世元盗窃案，被告两次爬窗钻入厂会计室，撬锁盗窃现金支票两张，分填“工资款”“出差费”共一千二百多元，偷盖会计、出纳员私章，从银行提取现款，后经公安机关追捕将其查获，赃款基本追回。县法院以被告系初犯，认罪态

度较好，有悔改表现为由，仅判其拘役六个月缓刑一年。县检察院认为被告盗窃数量较大，手段恶劣，情节严重，由于及时破案才挽回损失，经过教育尚能认罪，这与投案自首、主动退赃有区别。县法院判刑虽在法定刑幅度之内，但量刑过轻，便向地区中级人民法院提出抗诉，经中级法院审理改判被告人有期徒刑一年。

二、全面熟悉案情，掌握确凿证据。提出抗诉，必须把事实搞清楚，把证据查扎实。七县在抗诉前都在调查研究上狠下功夫。如安江纺织印染厂临时工李权敏打伤同厂工人罗崇安一案，县法院以故意伤害罪判处被告有期徒刑一年。县检察院在起诉前，曾就罗伤势情况到医院作过认真调查，查明罗肋骨断三根，以往没有受伤史，从而认定系被告此次作案所致。被告的行为对罗的身体已造成严重损害后果，实属致人重伤，根据刑法第一百三十四条第二款之规定，县法院判处被告有期徒刑一年过轻，便向地区中级人民法院提起抗诉。地区中级人民法院审理后，认为抗诉有理，改判被告有期徒刑三年。①

该篇《简报》还以案例为主分别说明了“掌握刑法理论，正确定性把关”“加强部门配合，坚持依法办事”等在强化抗诉工作中的重要作用。

检察机关对法院的判决认为确有错误的，有权提出抗诉，这是法律赋予检察机关的重要职责，但因为涉及检法两家的关系，工作开展难度大，这一点从1979年法制重建之后不久就有明显体现。正如该篇《简报》“编者按”中所指出的：“目前这项工作还没有很好地开展起来，有些同志对于抗诉还存在种种顾虑，影响了办案质量，拖延了一些有分歧案件的及时解决。”针对这种情况，将一些地方的成功经验总结提炼，供各地检察机关学习参考，这对克服困难，迅速打开工作局面是相当必要的。此《简报》的目的在“编者按”中也有明确表述：“现将湖南芷江、怀化等七个县院，对几起判处确有错误的案件提出抗诉的材料转发各地，供参考。……希望各级检察机关注意总结经验，切实把审判监督的职责担负起来，以高度负责精神，保证法律的正确实施。”

（二）通过树典型，明确政策导向

如《常有山盗窃林木案》：

常有山今年二十七岁，三岁丧父，十七岁丧母，是个孤儿，为人忠厚、老实。家住三间破草房，独身生活。去年秋天与女社员崔淑英定亲，女方提出没有五间新房不结婚。常因无钱盖房，十分焦急，唯恐婚事吹了，因此即产生偷树盖房的念头，曾连续盗伐战备公路两侧成材北京杨树三十棵。我院决定将其逮捕。

案件查结后，我院对如何处理作了认真的分析研究，鉴于常平日表现比较老实，接受教育改造基础较好，故决定追回赃物，赔偿损失，免予起诉。为了彻底挽救这个失足青年，防止因家庭困难和未婚妻退婚而重走邪路，我们决定尽心尽职将案件处理到底，帮助解决实际

① 参见《最高人民检察院简报》1980年第30期。

问题。公社党委和大队支部对处理意见很满意,大队支部对常的生活作了具体安排,决定帮助他盖房、办好婚事,并请常的大爷、大娘协助我们工作。常的大爷感动地说:“政府都对他这样费心,我更不能看着不管,结婚没房子,把我这间新房让给他,我住他的三间旧房。”我们三次登门做其未婚妻一家的工作,开始女方见被捕,一定要退婚,说决不能嫁罪犯。我们在大队支部的协助下,经过反复教育,终于使女方打消了顾虑,决定了婚事。事后,我们进行了回访,受到常的未婚妻一家的热情接待。常本人生产劳动表现很好,并告诉我们,他们准备秋后结婚。[①]

1982年正处于“严打”时期,从中央到地方普遍态度是对犯罪行为严厉打击,但在理解当时刑事政策的精神上,出现了片面化现象,将中央打击犯罪的决策单纯理解为“从重从快”,忽视了严重危害社会的重大犯罪与一般刑事案件的区别,忽略了对具体案件作具体分析,一些地方出现了工作方法简单粗暴,一味求快,甚至扩大打击面,将一些非犯罪行为也加以处理的过火现象。在此情况下,《简报》登载的这些案例为地方执法提供了另一种思路,即全面综合治理。无论从重从快还是全面综合治理,其最终目的都是维护好社会治安,打击有力与否,不在于捕人的数量,而在于效果。从重还是从轻,要根据案件的不同情况作具体分析。同时,案例所反映出来的有效工作方法还有两点:一是加强对犯罪者的思想转化教育,让他们放下包袱,鼓起勇气,重新做人;二是以高度负责的精神,努力为违法者的改造创造良好的客观环境。要与有关部门配合,落实好帮教措施,教育群众正确对待犯了罪的人,帮助他们改过自新,还要尽量帮助他们解决实际问题,激发他们的改造决心。

在当时“严打”活动轰轰烈烈的情况下,最高人民检察院《简报》登载这样的案例,好像一缕清风,虽不足以完全驱散“严打”中的过火行为,但也为基层执法人员提供了另一种选择,为执法人员“具体案件具体处理”提供了底气。正如上述案件办理人员所写的:“对于一般的杀人、放火犯从宽处理是不是违背从重从快的方针,开始时总觉得心里不踏实。”在当时提出从轻处理意见可能被扣上打击不力帽子的氛围下,最高人民检察院《简报》作为权威性的办案参考,在心理上无疑为办案人员因案而异,避免将“严打”政策作教条化理解注射了一针“强心剂”。

(三)正视问题,不少案例总结了经验教训

相对正面指引而言,总结反面教训的案例有时指导意义更强。正如交通规则,听一百遍印象可能都不深,但一次事故就让人印象深刻一样,《简报》能正视执法中出现的问题,自揭其短,刮骨疗伤,及时总结经验教训,以案例的形式为执法提供参考,如《一起由民警严重违法乱纪引起矛盾激化而行凶杀人的案件》一文:

五月十五日晚八时许,镇海县郭巨派出所民警贺曙耀和郭巨公社治保干部张信伟两同

---

① 参见《最高人民检察院简报》1982年第42期。

志，前往该公社六大队，对去年十二月十九日打人致伤的乐裕良（男，二十七岁）执行行政拘留处罚。乐裕良与其兄乐建良，手持杀猪刀、钩刀，朝贺、张猛砍乱刺，乐母李夏香也手持菜刀参与行凶。贺、张二人，临危不惧，与凶犯搏斗，制服了凶犯，身负重伤。省公安厅分别给贺、张二人记了一等功，并在八月十九日的《浙江日报》头版予以表彰。镇海县人民法院分别判处杀人犯乐裕良有期徒刑十三年，乐建良有期徒刑五年，李夏香有期徒刑二年、缓刑二年，包庇犯王布方（乐的姐夫）有期徒刑六个月。

这起案件的发生，与个别民警违法乱纪和处理问题不当，导致矛盾激化有直接关系。事情的起因是：去年十二月十一日，该县白峰公社轮江大队社员方姣娥、张慧素两家发生失窃案。十二日晚上，乐裕良走亲戚回家路过该大队附近的官庄大队，与周龙宝和其子周卫友相遇。二周见乐一人夜间行走，疑其有不轨行为，报告了郭巨公安派出所。派出所民警贺曙耀、胡嘉定、贺元伍（该所仅此三人）怀疑方、张两家的失窃案是乐所为（此案已于今年四月四日告破，偷窃犯孙行道已落网）。遂于十三日晚，把乐裕良叫到派出所。正当严冬腊月，故意将窗门打开，把乐的衣裤扒掉，令其跪在地上，边审问，边打耳光、揪头发进行逼供达八十分钟。乐建良见弟去派出所未归，即前往探望，在派出所门口被民警贺元伍发现，说他偷听案情，强行拉进派出所，边揪头发、打耳光，边审问，并勒下钻石牌手表一块（一直没有归还）。深夜，派出所令乐建良回家，让乐裕良穿着上衣内裤（怕他逃跑，把外裤扣留），去郭巨旅社过夜。乐到旅社，见无人看管，怕第二天“再吃苦头”，连夜跑到亲戚家躲藏。

乐裕良逃出后，感到委屈，猜测被派出所怀疑而被传唤、逼供的原因，是周龙宝、周卫友父子“诬告”。十二月十九日，乐在镇海城关偶遇周卫友，即当面对周进行指责，并要周同去派出所说清楚，周拒绝，遂发生争吵推打。周被打到左眼挫伤，皮下出血，并有轻度脑震荡（已治愈，共花去医药费八十多元）。

今年二月一日，镇海县公安局为上述事实以故意伤害罪提请批捕乐裕良。经县检察院审查，认为乐案情节轻微，于二月十三日作出不批准逮捕决定，建议作行政处分。县公安局即对乐作出行政拘留十五天（当时未执行）、赔偿医药费的处理决定。三月二十九日，郭巨派出所会同郭巨公社联合决定：乐裕良、乐建良和王布方（后两人也参与殴打周卫友）应赔偿周卫友医药费、营养费、误工费五百二十六元八角一分（后改为四百六十六元），其中乐裕良负担总数的百分之五十，乐建良负担百分之三十，王布方负担百分之二十，责令三天内全部交派出所；并打算等他们钱交出后，再执行拘留。乐等对此处理不服，拒绝在协议书上签字，并于四月初向县法院控告郭巨派出所民警的违法乱纪问题。四月二十四日和二十六日，又先后两次向县检察院申诉，提出：“派出所向我赔偿了，我也向周卫友赔偿。”五月三日，郭巨派出所以“全体同志”名义也向县检察院写了一信，信的大意是：乐裕良有意抗拒向受害人赔偿经济损失，目无公安局派出所，有损公检法的威信，是否可以将乐家的消费品作为赔偿经济的抵押。五月八日，县检察院将乐裕良的申诉信和派出所的来信转县公安局处理，并答复乐有问题可找公安局解决。

五月十日,乐裕良收到检察院的答复信,当时即认为"我的问题法院、检察院都不管,弄来弄去在公安局,公安局是不会给我好看的",产生绝望和对派出所民警的怀恨情绪。五月十一日,郭巨派出所根据县公安局的通知,把乐裕良叫去,问:"你赔的医药费为什么不拿来?"乐说:"打人是我不对,要我赔这么多钱,我没有。"当时,派出所准备对乐执行行政拘留,乐乘隙逃走。十五日,派出所找到乐,在执行拘留中,乐又借机脱逃回家。此时,乐即产生了杀人之意,对其母、兄说,要同执行拘留他的人拼命。其母、兄开始反对,但后来在乐的激发下,想想老是这么东躲西藏也不是办法,派出所是决不会放过的。反正没有出路,协商一致要与派出所拼命,并准备了杀人凶器,在家等待派出所来人。当晚八时,民警贺曙耀、公社治保干部张信伟再次去乐家执行行政拘留任务时,即发生了上述行凶杀人案件。

此案发生后,当地干部、群众对贺曙耀、张信伟勇斗凶犯的行为表示赞扬。但经法庭公开审理,全案公之于众后,干部、群众对郭巨派出所民警严重违法乱纪的行为也有很大意见,对贺曙耀记一等功也有不同看法。据反映,郭巨派出所民警贺曙耀过去就有违法乱纪行为,在处理治安问题中经常打人,查破案件搞逼供信,没有受到处理。现在被告乐裕良对一审判决不服,已提出上诉,宁波市中级人民法院正在审理中。

我们认为,乐裕良等行凶杀人,应当依法处理。但从这起杀人案件的起因、演变到发生的全过程看,教训也是深刻的。我们政法部门如果在工作中能够严格遵守党的政策和国家法律,切实保障人民的民主、安全和合法权利,这起杀人案件是完全可以避免的。派出所民警贺曙耀等人在查破偷窃案时如能重证据、重调查研究,对乐裕良不搞刑讯逼供;或者在偷窃案破获、真犯抓获后对乐进行必要的善后工作;或者在处理乐殴打周卫友问题时能考虑到乐受冤屈等情节,不采取简单处罚而采取调解疏导的方法,就不至于矛盾激化。在这里要着重指出的是,当矛盾在不断架空的情况下,乐曾寄希望于县检察院,先后两次向县检察院书面申诉自己的冤屈,并控告派出所民警违法乱纪,而镇海县检察院没有引起足够的重视,只把申诉信转给公安局了事,是有愧职守的。在乐感到告状无门,有冤难伸,产生绝望情绪的情况下,派出所民警又加紧追缴赔偿款和执行拘留,终于使矛盾激化,酿成了杀人案件。鉴于上述情况,我们认为镇海县法院对乐裕良等人的处刑是过重的,对民警贺曙耀严重违法乱纪的行为也应当处理,县检察院应接受教训,改进今后的工作。(转载自浙江省《检察情况反映》第五十期)①

《简报》对乐裕良杀人案的前因后果作了全面的介绍,可以看出,检察机关对这起案件的发生负有不可推卸的责任,对其他地方的检察机关办案有很强的借鉴意义。对此,"编者按"中作了简明扼要的总结:"正确处理人民内部矛盾,防止矛盾激化,是预防和减少犯罪的一项重要措施。这个问题虽然一再强调,但是,在我们政法队伍中,至今仍然没有引起所有同志的重视。目前因案件处理不当或者因少数办案人员严重违法乱纪而导致矛盾激化的现象仍

① 参见《最高人民检察院简报》1982年第40期。

时有发生。这起杀人案在很大程度上就是‘官逼民反’造成的。应当从中吸取深刻的教训，对违法乱纪人员应作适当处理。乐裕良先后两次向检察院提出申诉，作为国家法律监督机关的检察院，却未予以重视，一转了之，也是有责任的，浙江省检察院对此案提出的处理意见是对的。现转各地参考。各级检察院要按照案件管辖范围，认真负责地处理好每一件控告、申诉案件，发现有矛盾激化可能的，要及时采取措施，妥善处理，防止发生类似案件。”

纵观全案教训不可谓不深刻，一个公民被权力所迫一步步走向犯罪的道路，虽然有其自身的原因，但国家权力，特别是负有监督职责的检察机关的不作为无疑是引爆炸弹的重要因素。国家权力，特别是公安在侦查中权力的滥用得不到有效制止，几乎是我国刑事司法领域长期以来根深蒂固的毒瘤，这与检察机关长期监督不力是有直接关系的。最高检察机关在20世纪80年代初期法治刚刚恢复不久就注意到这一问题，并借助一起典型案件要求各地检察机关吸取教训正确履行职责，这无疑是值得充分肯定的。

（四）注意用案例总结办案方法，对办案人员进行办案方法等技术化指导

《简报》登载的案例，除了一般经验介绍外，还注意介绍推广各地有效的办案方法，典型的如《新疆石河子市检察院和城区检察院查证李月英贪污案运用证据的经验》：

重大贪污犯李月英原是石河子市税务局税收内勤专管员。一九七五年至一九八一年期间，借开统一发票、完税证和收款之便，贪污国家税款四万余元。在检察机关即将对其进行审查时，李听到了风声，携带五千三百元的存款单，到新疆石河子市城区检察院“投案自首”，诈称自己只贪污八千至九千元，企图蒙混过关。城区检察院对此案进行了认真分析研究：李投案前，石河子税务局已发现了李月英的贪污问题，抽查了她开出的九十三份完税证，发现其中二十六份有问题，计贪污税款三千六百二十元五角六分。李在税务局任内勤专管员有六年多时间，经她手开出的完税证有八千八百多份，根据抽查情况判断，李的贪污问题远不止她交待的那些。果然李月英“自首”后不断制造假象。据此，城区检察院对李月英采取了逮捕措施。

侦查工作应从何处着手？他们认真研究了案情，发现李的贪污手段是将内容必须一致的两联税票（即完税证和存根），分两次书写，在经营额和完税额上制造差异，从中贪污。只要能从完税单位和完税人手里找回完税证，按照相同的标号与存根核对，就能看出她是否贪污及依法的金额。但李开出的八千八百多张完税证分开在十三个省、六十五个县、一百九十七个企事业单位，近千名完税人手里，取证工作遇到很大困难。石河子市检察院和城区检察院的领导同志及办案人员不畏艰苦，在石河子市各单位的密切配合下，走访了近二百个单位，查问了一千多人次。同时给内地曾在石河子市承包过工的二十个县、市发了函调，共调回完税证一千二百二十张，占李开出完税证的13.7%。其中一百八十张有问题。这一百八十张的税收额为二万三千零六十一元四角四分，李实际上交三百四十元零九角三分，从中贪污二万二千七百二十元五角一分，在确凿的直接证据面前，李月英对此贪污供认不讳。

在调取证据的同时，追赃工作也取得了很大进展，总计追缴财物四万一千九百零八元四

角六分。在这四万多元中,有直接证据证明属于贪污的只有二万二千七百二十六元五角一分,其余一万九千多元是否属于贪污赃款,还需要进一步查证。但是继续调取完税证这个直接证据已无希望。这是因为:(1) 李月英归案前已烧毁了大量发票和她私自从完税人手里调回的部分完税证;(2) 完税人多属临时经营,完税后一般不长期保存完税证,有的销毁,有的丢失;(3) 完税人分布广,流动性大,且时间长,很难找全完税人。面对这种情况,办案人员在搜集和运用间接证据上狠下功夫。他们认为在办案过程中,不仅要学会搜集和运用直接证据,而且还要学会运用大量的互相联系的并经过查证属实的间接证据。他们着重搜集和运用了以下经过查证属实的间接证据,证实了李月英的全部贪污问题。

第一,李月英贪污这笔款完全有可能。

他们通过对统一发票、完税证和完税证存根之间关系的研究,认识到,完税证上的完税额是由统一发票上的经营额和完税率决定的,那么统一发票就成为证明李月英是否还有贪污的重要间接证据。他们依靠党委,动员全市区三百五十余名财会人员,协助检察院调回一万多张统一发票。经过一一查证,发现有三百九十四张发票的完税额总数是二万三千二百二十七元四角,但在完税证存根上没有相应地反映出来,其中有一百四十八张发票的持有人一致证明他们都如数向李月英交纳了税款。李月英也承认上述三百九十四张统一发票是经她手开的,也承认其中一百四十八张确实如数完了税。但是这笔税款在完税证存根上却没有反映出来,究竟到哪里去了? 李月英本人无法解释这个问题,也提不出她没有贪污上述税款的任何证据。据此,认定李月英这笔一万九千元的存款是贪污所得。

第二,这笔款不是李月英家的正当收入。

李月英一九五九年参加工作,工资较低。一九六八年和陈世荣结婚后,生了三个孩子,两人每月工资收入一百三十多元,属于中等水平。李月英被捕后,在和丈夫没有串供的情况下,二人均交待家中只有一千余元的存款。其余款项查无正当来源。

第三,这笔款不是李月英继承的遗产。

李月英面对追出的大量赃款,坚持说她父亲在解放前曾贩卖过大烟,去世时曾遗留给她二万多元的存款。经查,李的说法是虚构的,骗人的。

第四,这笔款也不是他人赠予。

第五,李月英先后将这笔巨款用多种化名存入乌鲁木齐的十个银行,进行频繁的转款窝赃活动,正好说明这笔款是赃款,是不义之财。

石河子市检察院依据上述直接证据和间接证据,认定李月英贪污总金额达四万零七百二十九元九角,依法予以起诉。石河子市中级人民法院在审理此案中,认为事实清楚,证据充分确凿,依法判处李犯无期徒刑,剥夺政治权利终身。对窝赃犯陈世荣等分别不同情节予以法律制裁。①

---

① 参见《最高人民检察院简报》1982年第44期。

由于当时刑法中没有巨额财产来源不明罪，将无直接证据证明的犯罪嫌疑人财产直接认定为贪污所得有更高的证明要求。在八十年代初期，查处经济犯罪尚处于起步阶段，各地运用间接证据定案经验不足的情况下，《简报》通过这一案例比较全面地介绍了查处涉税类贪污犯罪的切入点、收集证据的着力点及如何运用间接证据定罪。这在当时各地执法人员法律素质普遍不高、经验严重匮乏的情况下，对于各地执法人员学习借鉴、迅速提高侦查能力提供了较好的素材。

（五）注意类案的总结分析，为执法提供一般性参考标准

所谓类案是指同类型案件。通过个案对执法人员进行指导是必要的，也是有效的，但个案指导也存在只见树木不见森林的问题，不易发现犯罪发展的规律并及时采取有效的司法应对措施。相对于个案研究，类案研究的层面更深，考虑的面也更广，能较系统地总结同一类型案件处理中遇到的共性问题，为寻找一般性司法应对措施提供基础。早期的《简报》已注意到地方类案研究的积极进展，并予以肯定和推广。《关于北城区法院审判盗窃案件情况和意见的调查报告》就体现了早期类案研究的成果。

我省（指山西省，本书作者注）各级法院在审判盗窃案件中，对盗窃价值多少可算作数额较大，按刑法第一百五十一条判处？盗窃价值多少才算作数额巨大，什么样的情况才是惯窃，什么样的情况才算情节特别严重，应分别按照刑法第一百五十二条判处？这是一年多来未能适当解决的难题（指1979年刑法实施以来，本书作者注）。不少地方由于认识不明确，掌握不一致，因而在对盗窃犯的量刑上，时轻时重的现象时有发生。为此，最近省高级法院和太原市中级人民法院联合调查组，对北城区法院一九八〇年审判盗窃案件的情况进行了调查。

根据一年来的发案情况和审判实践……参考人民群众的生活水平认真讨论了依照刑法第一百五十一条、一百五十二条的规定，制订了盗窃案件定罪量刑的初步意见。

一、把盗窃公私财物价值二百元（或者盗窃粮食四百斤，粮票八百斤，布票八百尺）作为“数额较大”的起点，按刑法第一百五十一条处刑。同时，又把盗窃价值三百五十元作为判处有期徒刑的起点，未满三百五十元的一般判处拘役或管制。例如：待业青年马国军（男，十九岁）曾因盗窃，两次被公安机关行政拘留和批评教育。后于一九八〇年一月二十八日，携带钎棍，撬门入室，先后盗窃两户居民的现款和各种文物等价值一百四十元、粮票五百一十七斤，布票一百二十二尺。销赃时，被查获追回。根据其盗窃财物和粮票、布票合并衡量，按刑法第一百五十一条判处马国军拘役六个月……

二、把盗窃公私财物价值二千元（或者盗窃粮食四千斤，粮票八千斤，布票八千尺）作为“数额巨大”的起点，按刑法第一百五十二条处刑。例如：太原劳改砖厂就业人员王补拴（男，三十岁），曾因盗窃被判刑四年。一九七八年刑满留厂后又继续行窃。一九七九年四月至十一月间，先后撬门入室等盗窃作案十三次，共盗窃自行车十辆、手表一块，各种衣物八十多件，共价值二千三百余元、粮票二百余斤、布票十尺，是累犯和惯犯。按刑法第一百五十二条

和第六十一条的规定,从重判处王补拴有期徒刑八年……

划分上述标准界限的依据,主要有以下两个方面:

(一)据调查,太原市……三个市区居民(包括住地各机关、厂矿、企事业单位的干部和职工)的生活费收入水平,一九八〇年第一季度人均二十元六角二分,第四季度(调整工资后)人均二十九元五角一分……在目前人民群众生活水平还比较低的情况下,把盗窃公私财物价值数额较大的起点定为二百元,即非法侵占一个城市居民七个月的生活费,其数额不能算小,应视为较大,构成了一般盗窃罪。……盗窃价值三百五十元,即非法侵占一个城市居民一年左右的生活费,对这样的盗窃犯判处有期徒刑,强迫劳动改造,也是必要的。同时,把盗窃价值数额巨大的起点定为二千元,即非法侵占一个城市居民五六年的生活费,这个是"数额"起点(二百元)的十倍,应视为巨大,构成了重大盗窃罪。……上述标准界限符合罪刑基本适应的原则,比较适当,也是理所当然的。

(二)据统计,一九八〇年太原市北城区共发生盗窃案件一千三百一十一起,其中由公安机关给予劳教、少管、行政拘留等处理的约占百分之七十,大都是盗窃价值二百元以下的案件;移送检察院起诉、法院审判的约占百分之三十。据北城区法院已审结的七十九案的统计,盗窃价值在二百元以下的四案,占百分之五;二百至二千元的六十二案,占百分之七十八点五,是大多数;二千元以上的十三案,占百分之十六点五,是少数。……实际情况表明三个"起点"的标准界限是符合从严打击少数(大、要、惯犯)和宽严适当的原则的①。

1979年刑法实施后,由于立法中存在的"宜粗不宜细"的指导思想,刑法中存在许多需要执法人员根据情况自行把握问题的立法规定,如侵财犯罪中的"数额较大""数额巨大"以及"情节特别严重"等。各地检察机关在依照刑法第一百五十一条、一百五十二条的规定处理盗窃、诈骗、抢夺财物等几类案件中,如何理解和认定"数额巨大""数额较大"及"情节特别严重"上存在标准把握不一的问题,案件处理中出现了大量的"同案不同处理"的现象,甚至同一个检察院在处理不同案件中把握的标准也不一致。解决这一问题的有效办法是对案件进行类型化研究,即对现有案件的涉案金额进行统计分析,视不同犯罪数额在同类犯罪所占的比例,并考虑不同涉案金额对人民群众生活的影响程度以确定其社会危害性,从而根据当时从严打击少数的刑事政策划定"数额较大""数额巨大"及"情节特别严重"等不同量刑情节的标准。山西省高级人民法院和太原市中级人民法院正确地运用了这一方法,采取"解剖麻雀"的方式,对北城区一九八〇年盗窃案的审判实践进行统计分析,提出初步意见,以省公、检、法、司法联合通知的形式,供内部把握试行。当然,在今天看来,此种处理在具体研究方法上的确存在着样本严重不足的问题:如仅以一九八〇年情况为分析对象显得时间范围过短;再如仅以太原市一个区为研究对象,区域范围过窄,这些均严重影响到标准设置的合理性。但在1979年刑法实施不久,实践经验严重不足而问题又亟待解决的大背景下,当地法

① 参见《最高人民检察院简报》1981年第11期。

院的做法也不失为一种“相对合理”的应急之策。质言之，这一调查报告的最大意义是其采用的方法。它突破了以往过分侧重个案研究的“惯用”方法，另辟蹊径地对某一类型案件进行综合研究分析，找出其共性的东西，为司法工作提供一般性指引。这可以看作是后来最高司法机关出台大量关于某一类型案件处理指导意见的先导，意义不可低估。“编者按”中对这一点也进行了充分的肯定：“由于各地的情况不同，他们提出的具体数额标准，不一定都能适用，但他们采用的方法则具有普遍的参考价值。”

虽然这份研究报告是法院系统所作，但在当时是以公、检、法、司法联合通知的形式下发的，这表明当地检察机关是赞同这一做法的。同时，最高人民检察院在《简报》中转载山西省法院的做法，并在“编者按”中明确要求：“希望各地检察机关依照这个方法，协同有关部门，对于盗窃案件和依法案件进行一些比较充分的调查研究，提出内部掌握的处理标准，报告党委批准试行。”这清楚地表明了最高人民检察院对这种类案研究方法的肯定和推广之意。

三、《简报》以案例指导检察工作的不足

总体来说，在20世纪80年代前期，政法工作刚刚恢复，各地检察人员普遍存在经验不足、法律知识匮乏的问题。《简报》以“现身说法”的方式，即通过选载通俗易懂、直观形象的案例为广大检察人员学习同行的有效经验、法律知识和办案技能起到了积极的作用。但就《简报》通过案例指导检察工作而言，也存在以下不足：

（一）由《简报》的定位所决定，以案例指导为主要内容的稿件在《简报》中分量偏轻，案例的指导价值未得到充分体现

《简报》是交流各地检察工作经验，反映工作动态的重要渠道。由于《简报》由最高人民检察院主办，各地检察机关普遍将其看作是反映领导意图的指导性文件，其主要作用是指导各地检察机关贯彻党的路线、方针和政策，正确执行法律，提高检察干部的思想水平和业务水平，互通情况，交流经验，推动各项检察业务的开展。典型案例虽然是反映检察工作的重要手段，但并不限于此，甚或在某些情况下典型案例由于形式所限，并不是反映检察工作的有效手段。因而，《简报》稿件的主要来源是各级人民检察院的总结、报告、简报和调查研究成果等文件材料。从总量上看，纯粹以案例或者以案例为主的稿件在整个《简报》稿件总量中的占比是很低的，案例对实践的指导价值未得到充分的发挥。质言之，鉴于《简报》对检察工作有较强的指导意义，倘若案例能刊载其上，在当时广大检察人员信息来源有限的情况下，其影响力无疑是巨大的。但如上所述，因案例性稿件数量少，案例对检察工作的指导作用还比较有限。

（二）《简报》所载案例以传达宏观政策为主，对技术化问题重视不足

虽然《简报》登载的案例中不乏检察人员办理个案的成功经验，闪烁着检察人员办理案件的细节智慧，如法律适用的困惑、证据收集的曲折、事实认定的逻辑推理过程等，为其他检

察人员学习借鉴提供了较好的样本。但总体而言,《简报》登载的案例主要还是为配合政策实施而定,或者以案例本身并加上“编者按”直接说明某种政策导向,或者在发布某种政策稿件前后,以某些地方处理的典型案例作为指导其他地方检察机关处理案件的指南,案件陈述主要服务于政策表达的需要,对事实认定和法律适用中的疑难问题关注甚少。

(三)“编者按”可操作性不强

以《一起由民警严重违法乱纪引起矛盾激化而行凶杀人的案件》的“编者按”为例:

正确处理人民内部矛盾,防止矛盾激化,是预防和减少犯罪的一项重要措施。这个问题虽然一再强调,但是,在我们政法队伍中,至今仍然没有引起所有同志的重视。目前因案件处理不当或者因少数办案人员严重违法乱纪而导致矛盾激化的现象仍时有发生。这起杀人案在很大程度上就是由“官逼民反”造成的。应当从中吸取深刻的教训,对违法乱纪人员应作适当处理。乐裕良先后两次向检察院提出申诉,作为国家法律监督机关的检察院,却未予以重视,一转了之,也是有责任的,浙江省检察院对此案提出的处理意见是对的。现转各地参考。各级检察院要按照案件管辖范围,认真负责地处理好每一件控告、申诉案件,发现有矛盾激化可能的,要及时采取措施,妥善处理,防止发生类似案件。

“编者按”代表着最高人民检察院就登载文章所发表的看法和意见,以上述“编者按”为例,可以看出其具有以下特点:

一是“编者按”表达的是一种意见,这种意见往往侧重宏观指引,没有提出有操作性的规则,显得大而空。如上述“各级检察院要按照案件管辖范围,认真负责地处理好每一件控告、申诉案件,发现有矛盾激化可能的,要及时采取措施,妥善处理,防止发生类似案件”,这一部分只是表达了一种要求,“要及时采取措施,妥善处理”,但并没有提出可供下级检察院人员参考的有效做法和指导原则。再如“应当从中吸取深刻的教训,对违法乱纪人员应作适当处理”,吸取什么教训,如何作适当处理,这些都没明确,下级检察人员可能仁者见仁,智者见智,难以获得明确的指导。

二是“编者按”往往充当“二传手”,对最高人民检察院的意见表达并不充分。“编者按”中虽然也会表达一些最高人民检察院的看法,如“乐裕良先后两次向检察院提出申诉,作为国家法律监督机关的检察院,却未予以重视,一转了之,也是有责任的”表达了最高人民检察院对下级检察机关怠于履行职责的批评,但对于如何处理,则仅表示“浙江省检察院对此案提出的处理意见是对的”。而浙江省检察院的意见是:“鉴于上述情况,我们认为镇海县法院对乐裕良等人的处刑是过重的,对民警贺曙耀严重违法乱纪的行为也应当处理,县检察院应接受教训,改进今后的工作。”最高人民检察院将浙江省检察院的意见直接作为自己的意见,有两点不足:第一,高度不足。作为最高人民检察院通过《简报》向全国检察系统传达借鉴的案件,最高人民检察院应立足于全局工作立场,提出有一般性指导意义的东西,而不宜将“我们认为镇海县法院对乐裕良等人的处刑是过重的”作为自己的意见。此类意见由浙江省检察院作为工作指导意见提出是比较合适的。第二，易受制于地方意见，难以充分表达最高人民检察院的立场。通览《简报》，可以看出，"编者按"在很多情况下是对下面情况反映的相对简单化的肯定或否定，虽然有时也会加上一些最高人民检察院的意见，但这种表述方式使最高人民检察院的意见缺乏系统化的陈述，对下级检察院理解学习造成一定不便，不利于登载案例目的的实现。

总的说来，《简报》作为最高人民检察院交流各地检察工作经验，反映工作动态的重要渠道，其立足点是法治恢复初期各地检察人员素质不足，各项工作的开展尚处于摸索进展阶段，需要将各地好的做法、好的经验及时推广借鉴。《简报》所登载案例均为当时各地在处理案件中的"创新性"做法，虽然有些做法现在看来未必适当，但在当时是符合主流政策要求的，如贯彻严打中的检察机关提前介入、联合办案等，在《简报》上登载后迅速被其他地方检察机关所借鉴，对全国检察工作产生了广泛的影响。因而，研究检察案例指导的历史发展，《简报》所起的作用是不宜忽略的。但正如前文所指出的，《简报》作为交流信息的渠道，其立场重在信息的及时交流和横向传播，起到互通有无的作用；其目的主要是通过案例传递政策信息和有效做法，而不在于对案例本身的深层挖掘和分析。因而，从严格意义上讲，它与严格、规范意义上的案例指导要求还有较大的差距，但从检察机关后来确立的案例指导制度观察，《简报》的身影还是有较明显的体现。这一点将在下文中进一步阐释。

第二节 1990至2010年检察机关运用案例指导检察工作的情况
——以《最高人民检察院公报》为主要分析对象

对案例指导在检察工作中的影响的分析应着眼于有指标意义的载体，在《中华人民共和国最高人民检察院公报》(此节简称《公报》)创立前，《简报》无疑是最权威的代表最高人民检察院的载体。《公报》创刊于1989年，从目前可查阅到的材料看，《简报》也编辑至1989年底，二者并存了一年。从分析对象角度界定看，在《公报》创立后，以《公报》作为分析对象更为合理。虽然同期还存在最高人民检察院与最高人民法院联合编纂的《中国案例指导》、最高人民检察院的内设业务部门出版发行的《刑事司法指南》《典型疑难案例评析》《刑事法理与案例评析》《人民检察院民事行政抗诉案例选》等检察案例指导与参考书籍，但《公报》的定位是公开介绍我国检察工作的重要官方文献，是对外公布司法解释、司法文件、典型案例和其他有关司法信息资料的法定刊物，是检察机关发布案例的重要载体。《公报》发布的案例是经过最高人民检察院反复推敲、字斟句酌，从众多案件中精选出来的，最具有权威性、典型性、真实性、公正性和广泛性。这一点在检察系统的相关研究文献中得到了广泛的认同。[①]

① 北京市人民检察院第二分院课题组.检察机关案例指导制度的构建[J].人民检察，2010(22):22-24.

从1990年第3号《公报》开始登载典型案例开始，至2010年正式建立案例指导制度，据最高人民检察院法律政策研究室统计，《公报》共登载了337个典型案例(最高人民检察院虽于2010年7月份发布了《关于案例指导工作的规定》，但第一批指导案例迟至2010年12月份方发布，其发挥作用也在新的一年了。因而，笔者在统计时，将2010年下半年的《公报》案例一并纳入研究)。笔者以这些案例为基础，对检察机关这一时期的案例指导工作进行分析。

一、案例编写的形式与局限

案例的形式影响着案例内容的表达和人们对案例的理解与使用，合适的形式可以使案例内容得到更恰当的表达，使之更易为读者所理解和接受；反之，则可能增加读者理解和借鉴案例的难度，难以起到登载案例的目的。从《公报》所载案例看，主要有两种形式：

(一) 法律程序上没有波折，法院已做生效判决，检察机关无异议的，主要叙述案件事实和处理结果

以《邹石炎受贿、巨额财产来源不明案》为例：

被告人邹石炎，男，45岁，大专文化，被捕前系广东省英德县公安局副局长。1989年9月2日，因受贿罪被依法逮捕。

被告人邹石炎自1983年以来，利用职务上的便利，在帮助办理农转非户口、出港居住和探亲手续以及其他事务的过程中，先后收受了17人及单位的贿赂，计人民币10450元、港币4900元，受贿物品价值5802.30元。

英德县人民检察院在查处邹石炎案件中，同时还发现邹石炎有现金及储蓄存款72270元人民币，6400元港币和住房一栋(价值30486元人民币)。据查实，被告人邹石炎夫妻1981年至1989年的收入：工资、奖金、补贴为30984.16元；邹的转业费620元；邹的亲戚赠送5600元；邹向他人借款6300元。支出的情况是：1981年至1989年，邹一家四口人的生活费等支出29732.30元。以上收入与支出相比较，邹夫妻还余存13771.86元。

从查获邹石英的财产来看，邹有现金及存款等共计人民币102756元(包括房屋的价值)，港币6400元。扣除1981年至1989年邹石炎夫妻的余存款13771.86元人民币，再扣除邹受贿款10450元人民和4900元港币及非法倒卖摩托车所得款5300元人民，尚余73234.14元人民币、1500元港币。而被告人邹石炎对此巨款又不能说明其来源是合法的。对此，英德县人民检察院根据刑法第一百八十五条和全国人大常委会《关于惩治贪污罪贿赂罪的补充规定》第五条第一款、第十一条第一款的规定，于1990年7月3日，以受贿罪、非法所得罪向英德县人民法院起诉。英德县人民法院于1990年9月14日开庭审理此案，认定邹石炎犯有受贿罪，判处有期徒刑6年；犯非法所得罪，判处有期徒刑2年，决定执行有期徒刑8年。没收其不能说明来源的73234.14元人民币和1500元港币。宣判后，被告人邹石

炎表示不上诉。[1]

（二）法律程序上有波折，除叙述案件事实外，重点阐述检察机关在处理过程中的职能行使及对案件处理的影响

以《宋锡生盗窃案》为例：

被告人宋锡生，男，24岁，汉族，上海市人，原系河南省第五建筑公司机电处工人。因盗窃罪于1987年6月13日被逮捕。

同案犯侯国伟、高英林，均系工人。

被告人宋锡生、侯国伟、高英林从1985年12月至1987年5月，乘职工上班家里无人之机，单独和结伙窜到郑州电缆厂……其中：被告人宋锡生单独和结伙盗窃55次，盗窃现金2万多元，各种有价证券1万多元，各种物品价值4000多元，共计34000余元，以及粮票19000多斤、食油票100多斤。被告人侯国伟单独和结伙盗窃27次，所盗钱物计1460余元，以及粮票13000多斤、食油票58斤。被告人高英林结伙盗窃8次，所盗钱物计5600余元，粮票4300斤。案发后，追回赃款赃物价值16000余元，发还失主。

事实有被盗失主证明、现场勘查笔录以及从被告人家等处搜缴出的证券、赃物为证，事实清楚，证据确实、充分，被告人亦供认不讳。

1987年11月28日，河南省郑州市人民检察院以被告人宋锡生、侯国伟、高英林犯有盗窃罪，向郑州市中级人民法院提起公诉。

1988年1月22日，郑州市中级人民法院以盗窃罪判处被告人宋锡生死刑、剥夺政治权利终身；判处被告人侯国伟无期徒刑，剥夺政治权利终身；因被告人高英林系本案从犯，且投案自首，依法从轻判处有期徒刑5年。

被告人宋锡生以坦白交待好，但没有得到从宽处理为由提出上诉。1988年2月1日，郑州市人民检察院向河南省高级人民法院提出抗诉……

1988年3月28日，河南省高级人民法院裁定驳回上诉、抗诉，维持原判。并指出："根据最高人民法院依法授权高级人民法院核准部分死刑案件的规定，本裁定即为核准死刑的裁定。"

郑州市人民检察院在接到郑州市中级人民法院关于派员参加对盗窃犯宋锡生执行死刑的通知后，立即致函中级人民法院，表明对高级人民法院维持原判、核准死刑的裁定仍有异议，要求中级人民法院暂缓对宋锡生执行死刑，同时并向最高人民检察院报告。最高人民检察院经研究，派员在最高人民法院审判委员会会议上提出了对宋锡生暂缓执行死刑的建议。最高人民法院通知河南省高级人民法院暂缓执行。

此后，最高人民检察院和最高人民法院的主管部门分别听取了河南省、郑州市两级检察

---

[1] 参见《最高人民检察院公报》1991年第1号。

院和法院的汇报，并调卷审查。最高人民检察院刑事检察厅审查认为：……因此，从有利于分化改造罪犯、有利于开展反盗窃的专项斗争、有利于促进社会治安稳定和加强社会主义法制的角度出发，对宋锡生这样一个坦白悔罪态度较好的罪犯，应当予以从轻处罚。对宋的处理以改判死缓为宜。

1988 年 9 月 8 日，最高人民检察院第七届第三次检察委员会会议讨论了宋锡生盗窃案件，同意刑事检察厅的审查意见，决定向最高人民法院提出改判宋锡生死缓的建议。

1988 年 10 月 18 日，最高人民法院审判委员会会议讨论了最高人民检察院的建议，同意对宋锡生改判死缓的意见，并做出决定。

1989 年 3 月 25 日，河南省高级人民法院重新作出判决，改判被告人宋锡生死刑，缓期二年执行，剥夺政治权利终身。①

这两种案例表述方式的基本特点是对案件事实处理的直观陈述，不涉及案件中的争议问题，即使案件处理中可能有不同意见，也只陈述最后被采纳的意见。同时，也不对登载该案例想说明什么样的问题进行阐述。（极少数案件采用了剖析不同意见，并对最后所采纳意见进行较详细论证的方式，如 1992 年第 3 号上刊载的《刘长太等人的行为不构成受贿罪》一案。）

与《最高人民检察院公报》登载案例方式不同的是，《中华人民共和国最高人民法院公报》（简称《最高人民法院公报》）对案例的登载于 2004 年后采取了一种新的方式，加上了“裁判摘要”。而在此之前，《最高人民法院公报》登载案例的表述方式与《最高人民检察院公报》基本上是一致的。这一改革在当时曾被认为是最高人民法院实行案例指导制度改革的重要举措之一。② 以《上海市静安区人民检察院诉张美华伪造居民身份证案》为例，其模式为：

【裁判摘要】

被告人在未能补办遗失居民身份证的情况下，雇佣他人以本人的真实身份资料伪造居民身份证，供自己在日常生活中使用的行为，虽然违反身份证管理的法律规定，但情节显著轻微，危害不大，根据刑法第十三条的规定，应认定不构成犯罪。

公诉机关：上海市静安区人民检察院。

被告人：张美华。

上海市静安区人民检察院以被告人张美华犯伪造居民身份证罪，向上海市静安区人民法院提起公诉。

起诉书指控：……

被告人张美华对起诉书指控的事实没有异议，但辩称：……

上海市静安区人民法院经审理查明：

---

① 参见《最高人民检察院公报》1991 年第 2 号。

② 北京市人民检察院第二分院课题组. 检察机关案例指导制度的构建[J]. 人民检察，2010(22)：22 - 24.

……

上述事实，有公诉机关提交的下列证据证实：

……

上述证据经质证、认证，被告人张美华没有异议，可以作为认定本案事实的根据。

上海市静安区人民法院认为：

……综上，张美华伪造居民身份证的行为情节显著轻微，危害不大，不能认为是犯罪。

据此，上海市静安区人民法院依照《中华人民共和国刑事诉讼法》第一百六十二条第(二)项的规定，于2004年4月29日判决：

被告人张美华无罪。

一审宣判后，上海市静安区人民检察院提出抗诉，理由是：……①

与《最高人民检察院公报》案例相比，《最高人民法院公报》案例多了“裁判摘要”部分。“裁判摘要”是对案例所涉问题的提炼总结，是对刊载案例意图的说明和供下级法院借鉴参考的主要部分。它增加了案例指导制度的可操作性，为指导性案例在实践中发挥作用提供了重要基础。

虽然《最高人民检察院公报》采用的是直观陈述式的表述方式，但并不意味着最高人民检察院在工作中以此为唯一形式。1992年最高人民检察院为做好向全国人大报送《反贪污贿赂法(草案)》的工作，向各省、自治区、直辖市人民检察院、军事检察院下发通知，要求按照所附征集案例提纲和参考案例报送一批有针对性的案例，以其所附参考案例之一《用境外当事人证言认定张新受贿案》为例：

被告人　张新，男，36岁，厦门磁带有限公司总经理。

案情　被告人因犯贪污罪、受贿罪，于1990年3月29日被厦门市人民检察院依法逮捕。在押期间，被告人交代：1986年初，其代表厦门磁带有限公司在与香港新发实业公司洽谈和签订外销合同时，接受港商梁杰送给的港币13 000元；于1988年，接受与厦门磁带有限公司有业务往来关系的荣利磁带有限公司卢文瑞送给的港币5 000元。

查处过程　为了证实被告人的供述，厦门市人民检察院指派3名办案人以商人身份前往香港调查取证。在港方有关单位的协助下，分别找到了梁杰和卢文瑞。二位行贿当事人都证实被告人的交代属实。办案人员将谈话笔录分别给梁、卢看后，他们都认为笔录记录正确。但办案人员要求他们在笔录上签字、盖章时，梁和卢均拒绝签字。

分歧　厦门市人民检察院经济检察部门认为，梁杰、卢文瑞的谈话记录可以作为证据使用，理由是，该笔录是检察人员在境外直接与外商谈话而获取的，程序上合法，其内容也与被告人的供述完全一致。厦门市人民检察院刑事检察部门则认为，梁杰、卢文瑞的谈话记录不能作为证据使用，理由是，该记录没有当事人签字盖章，不是有效证据。

---

① 参见《最高人民法院公报》2004年第12期。

处理结果　厦门人民检察院经济检察部门将该案移送刑事检察部门审查起诉，刑检部门对于被告人交代的接受港商梁、卢贿赂18 000元港币的事实，未予认定。在此案提起公诉之际，厦门市人民检察院经济检察部门发现港商卢文瑞入境，办案人员及时找到卢，并让其在笔录上补行签字。随即，厦门市人民检察院刑事检察部门认定了被告人接受卢文瑞贿赂5 000元港币的事实。对于被告人接受梁杰贿赂13 000元港币的事实，厦门市人民检察院刑事检察部门在向厦门人民法院提起公诉时未予认定。①

结合《最高人民检察院关于继续征集〈反贪污贿赂法〉案例的通知》（简称《通知》）其他参考案例可以发现，《通知》所附参考案例主体基本上采用了"案情、（查处过程）、分歧意见和处理结果"的形式，其中"查处过程"根据案情情况决定是否设置。与《最高人民检察院公报》案例体例相比，这种体例充分展示了在实际办理案件中办案人员的分歧意见，展示了不同的分析方法和分析结果。

这种形式上的差异可能源于案例用途上的差异。因《通知》要求下级检察院提交案例，意图通过实践一线的案例了解当时各地查处贪污贿赂案件中遇到的问题，其作用是材料性的，案例呈现分歧意见有利于最高人民检察院更充分地把握各地处理案件中遇到的问题，并达到兼听则明的效果。《最高人民检察院公报》登载案例的目的是为下级检察院处理案件提供参考意见，为避免引起歧义，只提供最高人民检察院认可的正确意见。《最高人民检察院公报》案例的作用是让下级检察院遵循参考，体现了最高检察院的意见和导向，下级检察院只能遵循参考而不能质疑和挑战，展示不同意见就明确提示阅读者有另一种意见的存在，并需要在案例中以合理的论证说明为何采纳此种意见而非彼种意见。就如我们在阅读美国联邦最高法院的判决时，经常会发现少数异议意见似乎比多数意见更为合理。倘若出现类似情况，可能削弱《最高人民检察院公报》案例的权威，这显然是最高人民检察院所不愿看到的。

至于《最高人民检察院公报》案例为何不借鉴《最高人民法院公报》案例，在案例之前加上"裁判摘要"之类的概括性指示，则颇令人费解。"裁判摘要"是对案例主旨的总结和提炼，有利于后案法官参考时准确把握案例的主旨，减少与最高法院意图不一致的解释和理解。如果从贯彻最高人民检察院意志，统一全国检察人员执法角度看，加上类似"裁判摘要"之类的"要旨"无疑更有利于实现《最高人民检察院公报》登载案例的目的。

总体来说，《最高人民检察院公报》所登载的案例更接近于对案件情况的一般介绍，缺乏对案例二级加工而生成的可以指导检察人员如何利用案例的要旨类辅助性设置，这可能影响到检察人员阅读案例的有效性。

同时，《最高人民检察院公报》案例对信息的传导是直观的，而不是说理的，是否能正确

① 参见：最高人民检察院关于继续征集《反贪污贿赂法》案例的通知[J]. 中华人民共和国最高人民检察院公报，1992(3).

领会或如何理解案例所蕴含的信息，主要取决于检察人员自己的把握。这与最高人民检察院公诉厅编写的《刑事司法指南》登载的案例形成较大反差。我们以《刑事司法指南》(第29集)所刊载的《口供补强证据规则及其具体应用——对李某抢劫案的证据分析》为例，对比二者的差别：

一、案情介绍

2005年12月10日22时许，被告人李某到曾某某位于佛山市顺德区大良府又大围祥宁路9号的士多店，提出向曾某某借钱，曾称没有钱。李某便对曾某某说："抽屉有钱。"并朝抽屉的方向走去，两人遂发生拉扯。其间，被告人李某将曾某某推倒在地上，左手压住曾某某的右手，右手卡住曾某某的脖子约两三分钟，致其死亡。后李某劫走抽屉里的人民币445元及诺基亚6100手机一部(价值人民币840元)逃离现场。经法医鉴定，被害人曾某某符合机械性窒息死亡。

此案在审理中，辩方并没有出示证据，公诉方出示了如下具体证据：

1. 被告人李某的供述：……

2. 证人证言

(1) ……

3. 鉴定结论：……

4. 勘验笔录：……

法院判决书认定，除了被告人的口供外，其他证据均不能印证被告人李某就是本案的作案人。本案事实不清，证据不足，判决被告人无罪。对于此案佛山市检察院已提出抗诉，广东省支抗。目前该案正在抗诉中。

二、口供补强证据规则的基本含义及适用范围

(一) 口供补强证据规则的基本含义

略(笔者注：此部分作者介绍了口供补强规则的含义并且介绍了各国适用证据补强规则的两种学说：防止违法说与防止误差说。)

(二) 口供补强证据规则的范围

略(笔者注：此部分介绍了国内外口供补强规则的适用对象。)

(三) 口供补强证据规则的适用范围及对本案的适用

略(笔者注：作者在介绍了司法实践中口供出现的类型后，指出该规则适用于既有口供又有其他证据，并且口供能够证明案件事实的全部、主要部分，其他证据能够对口供补强的情形。)

就本案而言，被告人在侦查机关连续作过9次供述。经审查，侦查人员的侦查活动合法，被告人李某所作的有罪供述并没有证据证明是侦查人员违法取得。侦查人员对审讯过程进行了录音录像，证实没有进行刑讯逼供或威胁引诱。公诉人在审查起诉阶段对其讯问时，李某仍作有罪供述。

在被告人的9次供述中，对自己卡死曾某某后，劫走抽屉里的钱及诺基亚6100型手机的主要犯罪事实自始至终都是供认的。在检察机关提讯时也对自己的主要犯罪事实作了清晰的交代。也就是说被告人的供述是完整的、充分的。被告人供述的真实性就成了认定本案的关键所在，如果运用本案中的其他证据能对被告人的供述进行补强的话就应该可以对被告人定罪处罚。因此，此案符合口供补强证据规则的适用范围，应该适用口供补强证据规则。

三、口供补强证据的补强范围以及在本案中的具体适用

（一）口供补强证据必须具备的条件

略（笔者注：作者认为口供补强证据必须具备以下条件：补强证据本身应有证据能力；补强证据与口供之间应具有补充与被补充的关系，具有担保口供真实的能力；补强证据应具有充分性。）

（二）口供补强证据的补强范围

略（笔者注：补强证据究竟需要对哪些方面进行补强？作者介绍了"罪体说"与"实质说"两种不同常说。）

（三）口供补强证据规则在本案中的具体适用

具体到本案中，公诉机关所出示的本案中的其他证据能够达到补强证据所要求的证明程度，证实被告人供述的真实性吗？细节的分析显得尤其重要，我们具体进行如下分析：

被告人李某供述：……

1. 现场勘查中从放烟的抽屉里面的香烟上提取的两枚指印经痕迹鉴定，其中一枚与李某的左手环指指纹捺印样本相同。……

2. 被劫走的手机从证人代某处起回，代某……所证实的捡手机的时间和指认的位置与李某供述所丢手机的时间和位置相互印证。……

3. 鲁光某（被告人之妻）证言……可以证明李某有作案时间和动机。……

4. 鲁某（被害人曾某某的丈夫）的证言……与鲁光某的证言相吻合。这些细节也从另一角度充分证实了李某供述的真实性。

5. 现场勘查笔录中对案发现场、拿赃款的位置、死者的衣着的勘查记录与李某的供述基本一致。……

6. 在12月12日李某就供述曾某某是被其卡死了。这与法医学鉴定结论……是完全吻合的。……

在本案中被告人口供稳定，当然也没有辩称自己的供述是因为听周围人所讲而致，但法院认为这种可能性存在，如果被告人可能从其他渠道（比如自己的妻子）获得有关犯罪事实的一些情况，如犯罪的地点、大概的时间、危害结果的相关信息，那么，就犯罪的地点、大概的时间、危害结果这方面的相关供述有可能受到污染。但我们仍然还需注意一些细节，如注意鉴定结论时间，李某在法医学鉴定结论出来之前就非常明确稳定地供述曾某某是被其卡死

的，而不是电死、打死。这一供述与法医学鉴定结论，曾某某符合机械性窒息死亡是完全吻合的。被告人还供述当时被害人已经关门，李某叫她开门。被害人的丈夫也证实，如果不是熟人，曾某某是不会开门的。被告人之妻鲁光某的证言可以证明李某有作案时间和动机。抽屉里面的烟盒上提取的被告人的指纹，与被告人的供述曾经翻过两个抽屉，一个是放钱的抽屉，另一个是下面放烟的抽屉，里面的烟是一包一包的，相互印证。代某证实的捡手机的时间和指认的位置与李某供述所丢手机的时间和位置相互印证。李某在与被害人拉扯中脸部被抓伤的照片能印证李某与被害人发生过拉扯。本案中除被告人的供述外，确实没有一个证据能直接证明检察机关指控的犯罪事实。但公诉方认为，本案除了被告人供述外，其他物证如指纹、手机，间接证据如证人证言，还有现场勘查笔录、法医鉴定书等均指向一致，相互吻合，证据之间没有矛盾。而且在本案中，一些只有犯罪人才可能明确知道的细节，能够印证被告人供述的真实性和被告人与犯罪行为人的同一性，本案不属于只有被告人供述，而没有其他证据印证的情形。被告人的供述真实可信，检察机关认定的犯罪事实可以成立。

四、结束语……①

通过此案例可以看出，相较于《公报》，《刑事司法指南》编写案例在体例上有以下特点：一是重视理论与案例相结合，以理论陈述作为分析案例的基础；二是重视分析论证，对案例的分析全面深入，不单纯是对案例情况及处理经过的介绍。

在笔者看来，《刑事司法指南》部分案例学理分析比重偏大，更接近学术讨论，可能不会被《公报》所完全借鉴。但与《公报》相比，《刑事司法指南》编写案例的体例更有利于凸显案例的争议点，并可以更深入地展开论证。从借鉴者的角度看，可以较完整地了解案例处理方案的缘由，并可藉此恰当地判断案例论证是否合理，推理过程是否得当，结论有无说服力。这使借鉴者对案例的“借鉴”更易建立在对案例合理性的认同上，而不仅是案例发布机关的权威性上。

研究者调研表明，虽然《刑事司法指南》的权威性明显不如《公报》，但就检察人员查阅典型案例的选择取向上，14.33%的检察人员选择了《刑事司法指南》，选择《公报》的则为11.67%。② 作为最高人民检察院最权威的案例载体，最高人民检察院《公报》得到如此低的认同度显然与其权威性是不相符的。其他原因下文将继续讨论，但《公报》案例编写体例所产生的负面影响显然难辞其咎。《公报》案例所采取的述而不议、不明确争点、回避争议的做法，不便于检察人员快速把握案例要点，也使案例的影响力主要依赖于最高人民检察院的机关地位的权威性上，而非以理服人的说服力上。在没有制度化因素强制检察人员必须遵循《公报》案例指导的情况下，《公报》案例的低查阅率也就不难理解了。《公报》案例的高权威性没有转化为高查阅率，这种权威性在一定程度上也就失去了意义。

《公报》案例为何不采用《刑事司法指南》的体例，可能出于以下原因。一是避免引起争

---

① 张仲芳. 刑事司法指南[M]. 北京：法律出版社，2007：76 - 87.

② 北京市人民检察院第二分院课题组. 检察机关建立案例指导制度的实践基础研究——基于B市人民检察院的实证分析[C]//南京大学中国案例研究中心. 案例指导制度理论与实践研讨会论文集. 南京，2011.

议。企图以对案件处理过程与结果的论证使案例具有强力的说服力可能引火烧身。详细的论证,一定程度上固然能增强案例的说服力,使案例为后案的检察官自觉遵守,但同时也可能暴露出更多的可供讨论之处,从而引发争议。而案例越简洁,越接近述而不议,其被批评的可能性也越低。二是论证的迫切性不强。由于《公报》本身的定位,刊载在《公报》上的案例被天然地认为代表着最高人民检察院的看法和意见,而在我国检察机关强调检察一体,强调上级检察机关对下级检察机关领导作用的大背景下,最高检察机关似乎并不担心《公报》案例的效力问题,似乎认为下级检察官"理解了要遵循,不理解也要遵循"。在各级、各地检察机关以各种形式不断编辑案例和出版案例的情况下,最高检察机关似乎并不认为其他案例会和《公报》案例形成竞争关系并影响到《公报》案例的适用率。可能正是这种无竞争压力的局面使《公报》案例的编写失去了改革的动力,最高人民检察院在《公报》案例的体例方面采取了一种最安全但又说服力不足的方式。

二、案例选取上的成功与不足

对于《公报》案例的选择标准,笔者尚未找到详细的官方权威性详细说明材料,但在1992年第3号《公报》刊登的"欢迎订阅1993年度《中华人民共和国最高人民检察院公报》"的启事中,对《公报》的定位有权威的说明:"《最高人民检察院公报》是最高人民检察院主办的国内外公开发行的刊物。主要刊登国家颁布的有关法律、决定和立法解释……;检察机关办理的有影响的重大案件等。""检察机关办理的有影响的重大案件"后变更为"检察机关查办的重大典型案件"。无论表述如何变化,最高人民检察院希望通过公布部分有代表性的案例,为检察人员办案提供指导的意图没有变化。但这种变化对最高人民检察院公布案例的选择仍有一定的影响。第一,案例收集范围收窄。"检察机关办理的有影响的重大案件"不但包含检察机关直接查办的案件,也包括公安机关查办然后移送检察机关办理的案件。而"检察机关查办的重大典型案件"则仅指检察机关查办的职务犯罪案件。第二,"有影响的重大案件"到"重大典型案件"表述的变化,则说明《公报》选择案例的考量点,从重视案件的影响力到重视案件的典型性,体现了《公报》对案例能否给检察人员办理案件提供启发与借鉴价值的重视。何为"有影响的重大案件",何为"重大典型案件",则缺乏细化的说明。对《公报》选取的案例作逆向分析,不失为分析上述标准的较好切入点。如果从其实际选取案例来看,《公报》选取案例有成功的经验,但也有一定的不足。

(一) 成功之处

1. 针对法律适用疑难问题选取案例

如《王惠明、徐宇舟受贿罪》案:

一九八七年末,吉林省对外贸易进出口总公司在为某公司代办进口钢材业务过程中,因为买方违约而使这项业务停滞。此时，长春国际经济技术合作公司（简称长春公司，下同）得知消息，便指派业务部经理高永江找到被告人徐宇舟，要求进口这批钢材，徐宇舟征得王惠明同意后，由省外贸公司代理长春公司进口这批钢材并按国家规定收取10%的代办费。

长春公司将这批钢材卖给吉林吉诺尔电冰箱厂，买方付给一批电冰箱顶替货款。冰箱销出后，长春公司获得一百多万元。长春公司对本单位超额完成任务的职工实行"特殊奖"。这时，高永江向市外贸公司总经理请求说："这项业务之所以能获得成功，全靠省外贸公司的支持和帮助，特别是徐宇舟和王惠明帮了大忙，应对他们表示感谢。"这样，高永江在征得领导同意后，从长春公司小金库中提出一万元现金并以自己的名义分两个活期存折存入银行。高永江在有病住院期间打电话将王、徐二人分别叫到医院，以个人奖金的名义将三千元存折交给王惠明，将七千元存折交给徐宇舟。王、徐二人当即表示谢绝，并说："这都是我们的正常工作，不能接收。"高说："这是我个人的奖金，是我本人表示的一点谢意。"高边说边把存折硬塞在王、徐二人的兜里。后来，王、徐二人将钱提出花掉。案发后将钱返还。

在本案应如何定性的讨论中，对王、徐二人的行为是否构成犯罪，应如何处置意见不一。

经反复讨论认为，根据本案的具体特殊情节，不应以犯罪论处，应撤销案件。其理由如下：

1. 王、徐在给下属公司代理钢材业务中，使长春公司获得巨额利润，长春公司对作出很大贡献的王、徐二人表示酬谢，而且在主观上，王、徐认为是高永江的个人馈赠，因而不符合受贿罪的主观要件。

2. 从经济效果来看，王、徐给下属公司创利百万余元，客观上起到了支持促进企业发展的作用。

3. 从社会效果看，王、徐的行为融洽了省、市之间的经济协作关系，对社会有益无害。

1992年6月，长春市朝阳区人民检察院报请长春市人民检察院批准，已将此案作撤销案件处理。[1]

90年代初期，正处于计划经济向市场经济的转型期，经济主体之间行为类型发生新的变化，一些行为能否认定为受贿引起了较大争议。一旦处理不当，不但伤及无辜，也会挫伤人们探索改革、发展生产的积极性。当时在实践中对类似问题存在较多争议，各地处理方法不一。这一案例抓住实践中的突出问题，并采用了特殊的体例，对处理理由进行了较全面的论证，为当时全国检察机关处理类似案件提供了样本。

2. 结合新法实施，以案例发挥引导功能

《中华人民共和国行政诉讼法》于1989年制定，1990年实施。它第一次将"民告官"这样一种法律制度固定下来，改变了长久以来人们固有的"官贵民贱"观念，使得老百姓和政府能够坐在同一个法庭的两端，接受法院的居中裁判。在法律实施之初，通过宣传发动，全国行政诉讼案件呈现较快增长之势，如1990年全国法院一审行政诉讼案件为13 006件，1991年

① 参见《最高人民检察院公报》1992年第3号。

上升 97.35%，达25 667件。[1] 但作为新事物，由于经验匮乏，行政诉讼法在实施之初难免出现一些问题，最高人民检察院《公报》也及时作出反应。《公报》1991 年第 3 号分别刊载了《桐梓县农资公司不服遵义地区中级法院行政判决案》和《富阳县公安局不服杭州市中级法院行政判决案》。这两个案件都是检察机关对行政诉讼判决的抗诉案件，但不同的是前一案件败诉方是作为原告的桐梓县农资公司，后案败诉方则是作为被告的富阳县公安局。在同一期上刊登两个行政诉讼案件，而败诉方分别为原告和被告，这一方面显示了最高人民检察院对行政诉讼法律监督的重视，另一方面也使下级检察机关明确检察机关在决定是否抗诉时，既不可因当时鼓动宣传"民告官"而偏向被告，也不可因行政权势力大而偏向被告，而应坚持客观化立场，以事实为依据，以法律为准绳，正确履行职责。应当说，在行政诉讼法实施后不久，全国检察机关就如何对行政诉讼案件进行监督尚处于探索之际，《公报》刊载这样的两个案例，对下级检察机关执法有着较好的指导功能。

3. 结合检察机关办案特点，案例较多地反映程序性问题，如抗诉、撤销案件等

检察机关的定位是法律监督，但就实际运作来讲，主要限于诉讼监督，监督对象主要是公安机关和法院。针对公安机关和法院的决定提出异议，要求纠正违法，这是检察机关的重要职责。同时，就诉讼程序运行而言，检察机关处于中间环节，实体性的决定权由法院享有，检察机关则可就某些程序环节作出具有终结效力的结论，如不批捕、不起诉、撤销案件等。从检察机关工作特点来看，其案例选择的重心，不应过度集中于法院已作出实体性决定的案件，否则易导致检法冲突。同时，即使检察机关对某些实体问题作出决定，但案件一旦起诉，最终决定权还是由法院享有，检察机关公布的案例对法院来说并无效力。因而，检察机关案例选择的重心，应集中于自己有独立决定权的程序问题上，这有利于保障案例效力落到实处。从另一方面来说，对实体性问题而言，即便检察机关执法中出现错误或瑕疵，法院还可通过审判程序对其进行审查和纠正。而不起诉、逮捕等程序性权力，检察机关享有独力决定权，一旦出错，在目前的诉讼体制下，法院则几无干预之力。而这正是需要通过案例加以规范和引导的地方。最高人民检察院显然认识到了此点，《公报》刊载案例之初，在案例的选择上已有较明显的体现。以 1991 年和 1992 年两年所刊载的案例为例，除 1992 年第 4 号没有刊载案例外，其余每期或多或少都有案例，共刊载了 24 个案例。其中检察机关提起抗诉的案件有 9 个，撤销案件的有 2 个，合计占全部刊载案例的 45.8%。应该说，这一比例虽与检察机关的工作量构成不完全符合，但也在相当程度上反映了检察工作的重心，可以为下级检察工作提供指引。

(二) 不足之处

1. 案例选择标准偏于模糊，案例指导性存疑

《公报》选取案例的基准经历了"有影响的重大案件"到"重大典型案件"表述的变化，但

---

[1] 最高人民法院行政审判庭.行政执法与行政审判参考:第 1 辑[M].北京:法律出版社,2000:294.

无论是“有影响的重大案件”还是“重大典型案件”，如何界定都是不甚明确的。这一标准的变化过程并不意味着《公报》在早期的案例选择中不重视案例的典型性，《公报》刊载案例的初衷之一就是为检察人员办理案件提供参考路径，而非仅为宣传。但从分析对象角度而言，选择以明确提出了“典型性”要求的后期案例为样本，显然比前期案例更为合适。并且本研究的主旨亦在“指导性问题”，所以笔者以《公报》2009 年、2010 年两年刊载案例为对象来分析公报选择案件的标准。此外，检察案例指导制度是 2010 年 7 月份由最高人民检察院发文建立的，从酝酿到创设需要一段时间，有理由相信在此之前和之后的一定时间内的案例选择，会受到这一制度创设的影响，比早前时间段的案例更能体现“典型性”。这两年的案例应是较恰当的分析样本。

最高人民检察院《公报》2009 至 2010 两年发布的刑事案例和民事案例如表 2.1、表 2.2 所示：

表 2.1　刑事案件

期号	案例名称(及程序特点)	被告人	当事人身份
2009 年第 1 号	《陈良宇受贿、滥用职权案》	陈良宇	原中共十六届中央委员会委员、中央政治局委员，上海市委书记
	《王武龙受贿案》	王武龙	曾任江苏省人大常委会副主任，南京市委书记
2009 年第 2 号	《王绍龙受贿、魏晓飞介绍贿赂案》	王绍龙 魏晓飞	王绍龙，曾任安徽省来安县看守所所长
2009 年第 3 号	《刘志华受贿案》	刘志华	曾任北京市副市长
	《陈利宏、李满林、熊兆奇、徐二喜、何义清故意伤害、刑讯逼供案》	陈利宏等五人	民警
2009 年第 4 号	《石家庄三鹿集团股份有限公司及相关责任人员生产、销售伪劣产品案》	三鹿集团、田文华等五人	三鹿集团董事长、总经理
	《施忠荣受贿案》(案件经云南省检察院两次抗诉后被改判)	施忠荣	曾任云南省泸水县国土资源局股长
2009 年第 5 号	《李培英贪污受贿案》	李培英	曾任北京首都国际机场副总经理、北京首都国际机场集团公司总裁
	《成都共软网络科技有限公司、孙显忠、张天平、洪磊、梁焯勇侵犯著作权案》	共软公司、孙显忠等四人	
2009 年第 6 期	《孙瑜贪污、受贿案》	孙瑜	曾任广西政府副主席
2010 年第 1 期	《何洪达受贿、巨额财产来源不明罪》	何洪达	曾任铁道部党组成员、政治部主任
	《忻元龙绑架案》(最高人民检察院向最高人民法院抗诉案件)	忻元龙	无业

续表

期号	案例名称(及程序特点)	被告人	当事人身份
2010年第2期	《陈少勇受贿案》	陈少勇	曾任福建省委常委、秘书长
	《孙伟铭以危险方法危害公共安全案》	孙伟铭	公司职员
2010年第3期	《田丰受贿案》	田丰	曾任浙江省监狱管理局局长
2010年第4期	《黄松有受贿、贪污案》	黄松有	曾任最高法院副院长
2010年第5期	《朱志刚受贿案》	朱志刚	曾任全国人大常委会预算工作委员会主任(正部级)
	《张治安、汪成受贿、报复陷害案》	张治安 汪成	张治安,曾任安徽省阜阳颍泉区区委书记;汪成,曾任颍泉区检察长
2010年第6期	《王益受贿案》	王益	曾任国家开发银行副行长
	《孙善武受贿案》	孙善武	曾任河南省政协副主席、洛阳市委书记

表2.2　民事案件

期号	案例名称	类型
2009年第6号	《王言峰诉山东栖霞市电业局等人身损害赔偿抗诉案》	最高人民检察院向最高人民法院抗诉
2010年第3号	《山东省昌邑华星矿业有限责任公司诉姜光先股东资格确认和公司赢余分配权纠纷抗诉案》	最高人民检察院向最高人民法院抗诉
2010年第4号	《桂林市基本建设领导小组旧城发行办公室诉中国工商银行桂林分行借款合同纠纷抗诉案》	最高人民检察院向最高人民法院抗诉

从上表所列情况分析,最高人民检察院《公报》在对“重大典型案件”的把握上有两个突出特点:

一是重视被告人的身份。2009至2010两年间,《公报》共刊载刑事案例20个,其中12个案件的被告人属厅级以上干部,绝大多数为部级干部。被告人行政级别越高,案件一般情况下越易引起社会关注,从这一点看,也符合“重大”案件的标准。但问题是,《公报》不是一般的媒体,不同于更侧重宣传的《检察日报》,案例的选择不应以宣传为首要目标,而应以为下级检察机关提供有参考意义的案例为首要任务。这些以高级干部为被告人的案件,虽可能有较大的社会影响,但案件本身在事实认定、法律运用等方面并不一定有疑难或其他特别值得借鉴的地方。如果以指导性价值来看,这些案例是否有指导性或者有多大的指导性都值得商榷。因而,其“典型性”是存疑的。

二是重视抗诉工作,并且侧重高层级检察机关抗诉的案件。从两年《公报》所载案例分析,最高人民检察院对法律监督职能的发挥,特别是审判监督的履行相当重视。所刊载的案例中,民事案例全部为检察机关抗诉的案例,刑事案例中也有两个是抗诉案例,抗诉案例占全部刊载案例的21.7%。而实际上全国检察机关抗诉案件少是众所周知的事实。以某省为例，2005 至 2009 年年均抗诉案件为 180 件左右，占同期起诉并审结案件的比率约为 0.8%，5 年的抗诉率（二审程序与审判监督程序提出抗诉件数之和，除以起诉并审结件数）分别为 0.81%、0.80%、0.78%、0.74%、0.88%。2009 年抗诉率最高为 0.88%，2008 年最低为 0.74%，仅相差 0.14%，总体变化幅度不是很大。[①] 而由于历史原因，民行检察工作发展相对滞后，在一些检察机关，民行检察人员大多是半路出家——而且人员配备不足，甚至长期是“一人科室”的状况。[②] 相对于海量的民事行政案件总量，检察机关办理的民行抗诉案件比例更低。此种情形下，《公报》案例中抗诉案例占如此大的比例，足以说明最高人民检察院对法律监督职能特别是对抗诉工作的重视。在抗诉案件中，以最高人民检察院抗诉案件为主，民事案例全部为最高人民检察院抗诉案例；刑事案例中有两个为最高人民检察院抗诉案例，一个为省级检察院抗诉案例。由最高人民检察院抗诉的几个案例，原审终审法院均为省高级人民法院，涉案标的额一般较大，并且高层级检法两家司法机关对处理结果出现意见分歧，说明案件呈疑难状态的可能性较大。当然，《公报》刊载的案例，大部分确属有一定代表性的案件。但相较于地方各级检察机关处理的大量疑难案件，这些案件是否都更具代表性，则不无疑问。就刑事案件而言，能进入最高人民检察院抗诉视野的，主要是由中级人民法院一审，省高级法院二审的案件。根据现行刑事诉讼法的规定，主要有两类：被告人可能被判处死刑、无期徒刑的案件；危害国家安全类案件。虽然此类案件犯罪性质严重，但是否属疑难、新型、有指导性则并不确定。就全国当前情况而言，80%以上的案件是由基层司法机关办理的，大量新型、疑难案例也出现在基层。《公报》案例来源渠道的有限性，严重影响案例的代表性，这自然会对所选案例的指导性有较大影响。

综上分析，最高人民检察院《公报》案例在对“重大典型案件”标准的把握上更重视“重大”，对“典型性”关注度似乎不足。

2.《公报》案例类型过于单一，不利于全面指导检察工作

检察业务工作涉及多个方面，在各项工作开展中或多或少均会遇到问题，学习借鉴典型案例无疑是处理问题的有效方法。最高人民检察院《公报》案例作为表达最高人民检察院案例工作的最高平台，应尽可能关注各个方面工作和检察工作的不同侧面，并尽可能提供高质量的案例进行指导，而不宜出现过分偏重某些工作或某些侧面的现象。但遗憾的是，最高人民检察院《公报》案例确实存在这方面的问题。

（1）重实体，轻程序

重实体，轻程序是我国司法工作的传统特点，但近年来，随着正当程序理念对理论界与实务界的渗透，程序正当性问题无论在立法中还是在官方宣传中都得到了空前的重视。1996 年和 2012 年两次刑事诉讼法修改的重要着力点之一就是强化程序保障，如在上诉程序

---

① 张华. 检察机关刑事抗诉实证分析[D]. 北京：中国政法大学，2010：5 - 6.

② 李光明. 检察机关办理抗诉多为一审案 被指浪费司法资源[N]. 法制日报，2010 - 12 - 31(06).

中发现一审程序存在违背程序法定情形发回重审的规定。可以说,强化程序保障是司法工作的时代趋势。作为反映最高人民检察院意图,并对下级检察院办案工作有指导价值的《公报》案例,理应在此方面有所体现。但遗憾的是,在最高人民检察院《公报》上却难觅此类案例。如2009、2010年两年《公报》所刊载的案例,没有一件是因典型的程序问题而被选中的。即便是抗诉案件,亦是因为检法两家在定罪或量刑等实体问题上不一致而提起的,并非因程序正当性问题而提起。《陈利宏、李满林、熊兆奇、徐二喜、何义清故意伤害、刑讯逼供案》,是唯一可能与程序正当有密切联系的案件。但该案是在造成受害人死亡的情况下发生的,代表的依然是我国刑事司法中的传统做法,即只有当违法取证造成严重后果时才追究相关人员的责任。其更多反映的是在违法取证造成何种后果时,才会在法律上被惩罚的政策把握问题,而非程序正当应受到何种尊重的问题。这种案例并无多少程序指导价值。因为我们的司法实务中过去也大体就是这样做的,并没有给执法者带来新的知识增量。甚至可以说,其作用是反面的。因其告诉执法者:我们对程序违法的追究仍停留在二十年前的水平,我们重视的仍是实体结果。如果违法取证没有造成受害人死亡等严重后果,恐怕也不会有什么法律上的不利程序性后果。主流声音对程序正当的宣传,仍处于"口惠而实不至"的阶段。如前所述,由于最高人民检察院《公报》的权威地位,其一定程度上起着导向性作用,体现着最高人民检察院对程序正当性问题的态度,在我国当前程序违法问题相当普遍的情况下,最高人民检察院《公报》案例工作对此问题的忽视是不妥当的,没有起到应有的以案例积极引导实践的作用。

(2) 重视对法院的监督,侦查监督分量不足

法律监督工作是多方面的,包括侦查监督、刑事审判监督、民行监督、狱所监督等多个方面。对法院审判工作的监督当然是检察工作的重要方面,但就我国当前司法现状而言,对侦查工作的监督应是重中之重。近年来暴露出来的刑事重大冤错案件,基本上都根源于刑事侦查工作的不规范和违法操作。无论是作为法定的法律监督机关,还是从刑事流程上的审查职责看,检察机关都应对侦查工作负起应有的监督职责。这些重大冤错案件的发生,一定程度上说明我国检察机关在这方面工作不力,需要进一步加强。但最高人民检察院《公报》案例在这方面的引导作用显然是不足的。从1990年至2010年,《公报》共刊载案例337个,通过抗诉反映检察机关对法院审判工作进行监督的案例有90个,约占案例总数的26.7%;通过查办侦查人员在立案和侦查过程中的违法行为,反映检察机关对公安机关侦查工作进行监督的案例有4个,约占案件总数的1%;反映检察机关对自侦工作监督的案例则一个都没有。这一比例显然不足以反映侦查实务中存在的突出问题,也不利于为下级检察机关法律监督工作提供正确的指引。

(3) 重职务犯罪,轻普通犯罪

在职务犯罪调查权转隶监察委之前,查办职务犯罪是检察机关的重要职责,但从检察机关办理的案件总量来看,其所占比例显然是少数。如2009年,全国检察机关提起公诉1 134 380

人，而当年全国检察机关共立案侦查各类职务犯罪案件41 531人。[①] 姑且不论当年检察机关立案侦查的职务犯罪中，部分人员还有可能被不起诉或撤案处理，就现有人数而言，其与公诉人数之比也仅为3.66%。一般来说，案件总量越多，遇到的疑难问题也会越多，办案检察人员也需要更多的指导，反映此类案件的案例也应越多。但从2009、2010年两年《公报》所刊载的案例情况来看，共刊载刑事案例20个，其中职务犯罪案件为16个，比例为80%。而从1990年到2008年，《公报》共刊登职务犯罪类案例144件，占总数(313件)的46%。由此看来，《公报》案例中职务犯罪案件所占比例是偏高的，并且这一比例呈上扬之势。这显然会使《公报》案例对全国检察机关办案的指导意义受到较大影响，会出现供给与需求不协调的问题，检察人员想看的找不到，无需看的却大量出现。

(4) 重打击，轻保护

检察机关在司法中的重要作用主要体现为对犯罪分子进行追诉。事实上，检察机关追诉的被告人绝大多数被法院确定有罪，如2010年检察机关提起公诉案件的有罪率为99.8%[②]，但这样的高定罪率也易使部分检察人员形成重打击、轻保护的倾向。在办案过程中，不利于犯罪嫌疑人、被告人的事实和法律比较容易受到关注，而有利于犯罪嫌疑人、被告人的事实和法律则易被忽视。客观讲，无论是作为职业对手，还是捍卫自己的职业荣誉，这种倾向都显得顺理成章。但不可忘记的是，检察机关并不纯粹作为追诉机关而设，其同时是司法公正的守护者。检察官客观义务要求其秉持公正立场，对有利、不利于犯罪嫌疑人、被告人的事实和法律均予以关注，为犯罪嫌疑人、被告人利益该终止程序时应及时采取行动。检察官的自律是平衡检察官所代表的国家与个体的公民之间力量的重要方法。但不可否认的是，由于各种繁杂的原因，理论上颇为完善的检察官客观义务在司法实践中并没有得到良好的体现，一些检察官为追求胜诉不惜故意曲解证据和法律；一些该作不起诉处理的案件被诉至法院。检察官为犯罪嫌疑人、被告人利益行动的案例，在最高人民检察院《公报》上也出现过，如前文引用的宋锡生盗窃案，但数量极少。如2009、2010年两年，《公报》上没有登载过一起这样的案例，且这两年间抗诉的刑事案件均为要求加重处罚被告人而提起，没有为被告人利益而提起抗诉的案件。而在1990至2010年间，《公报》上亦没有出现过一起将不起诉的案例作为典型案例予以登载的情况。从《公报》十年间刊载的案例看，为犯罪嫌疑人、被告人利益而行动的案例总体数量偏少，并且呈衰减之势。这显然不利于引导检察机关坚守客观义务，公正执法。

三、案例内容表述的处理与案例的参考价值

我们以《孙伟铭以危险方法危害公共安全案》为例来说明这一问题。最高人民检察院

① 参见《最高人民检察院工作报告(2010年)》。

② 同①。

《公报》刊载该案例的全文如下：

被告人孙伟铭。2008年12月15日，因涉嫌交通肇事罪被刑事拘留，2008年12月25日，以涉嫌以危险方法危害公共安全罪被逮捕。

被告人孙伟铭涉嫌以危险方法危害公共安全罪一案，由四川省成都市公安局于2008年12月15日立案侦查……2009年4月1日，成都市人民检察院向成都市中级人民法院提起公诉。起诉书认定孙伟铭犯罪事实如下：……

2009年7月22日，四川省成都市中级人民法院依法组成合议庭，公开审理了此案。法庭审理认为：

孙伟铭作为受过一定教育、具有完全刑事责任能力的人，明知必须经过相关培训并经考试合格，取得驾驶执照后才能驾驶机动车辆，但其无视国家交通安全法规和公共安全，在未领取驾驶执照的情况下，长期无证驾驶机动车辆并多次违反交通法规。且在醉酒后，驾车行驶于车辆、人群密集之处，对公共安全构成直接威胁，在发生追尾交通事故后，仍置不特定多数人的生命财产安全于不顾，继续驾车超速行驶，跨越禁止超越的道路中心黄色双实线，与对方正常行驶的多辆车辆相撞，造成四人死亡一人重伤、公私财产损失达数万元的严重后果，其行为已构成以危险方法危害公共安全罪，且其情节特别恶劣，后果特别严重，应依法予以严惩。公诉机关指控孙伟铭的犯罪事实和罪名成立，法院予以支持。

2009年7月23日，四川省成都市中级人民法院……作出如下判决：

被告人孙伟铭犯以危险方法危害公共安全罪，判处死刑，剥夺政治权利终身。

一审宣判后，被告人孙伟铭当庭提出不服判决，向四川省高级人民法院提出上诉。

2009年9月4日，四川省高级人民法院依法组成合议庭公开审理了此案，四川省人民检察院派员出席二审法庭履行职务。法庭审理认为：

本案事实清楚，证据确实、充分。上诉人（原审被告人）孙伟铭应以以危险方法危害公共安全罪定罪处罚。孙伟铭所提不是故意犯罪的辩解及其辩护人所提孙伟铭的行为应构成交通肇事罪的辩护意见，与查明的事实及相关法律规定不符，不予采纳。辩护人提出的原判存在重大事实遗漏的辩护意见，因证据不足且所提情节与本案事实及定性没有关联，不予采纳。孙伟铭及其辩护人所提的有真诚悔罪表现、原判量刑过重的意见成立，予以采纳。原判认定事实和定罪正确，审判程序合法，但量刑不当。

2009年9月8日，四川省高级人民法院……作出如下判决：……①

"孙伟铭案"可谓影响中国法治进程的个案之一，其与同时期的"南京张明宝案"一起，使民众对酒后驾驶机动车问题的关注达到了高峰，对随后刑法关于饮酒驾驶机动车犯罪化立法有较大影响。"孙伟铭案"对后来类似案件的借鉴意义主要集中于两点：一是罪名的认定，是以"以危险方法危害公共安全罪"还是"交通肇事罪"来定罪；二是积极赔偿损失，并取得被

① 参见《最高人民检察院公报》2010年第2号。

害人方谅解，从而影响量刑。

在本案审理中，控辩双方对罪名的确定分歧严重，判决最后以“以危险方法危害公共安全罪”定性。对罪名的确定，最高人民检察院《公报》作了一定的解释：“被告人孙伟铭作为受过一定教育、具有完全刑事责任能力的人，明知必须经过相关培训并经考试合格，取得驾驶执照后才能驾驶机动车辆，但其无视国家交通安全法规和公共安全，在未领取驾驶执照的情况下，长期无证驾驶机动车辆并多次违反交通法规。且在醉酒后，驾车行驶于车辆、人群密集之处，对公共安全构成直接威胁，在发生追尾交通事故后，仍置不特定多数人的生命财产安全于不顾，继续驾车超速行驶，跨越禁止超越的道路中心黄色双实线，与对方正常行驶的多辆车辆相撞，造成四人死亡一人重伤、公私财产损失达数万元的严重后果，其行为已构成以危险方法危害公共安全罪，且其情节特别恶劣，后果特别严重，应依法予以严惩。公诉机关指控孙伟铭的犯罪事实和罪名成立，法院予以支持。”但这种对罪名确定的论证没有涉及不同分歧意见，读者不了解对立意见是什么，难以在不同观点的比较论证中得出合理的判断。并且，论证意见也偏简略。

四川省高院二审判决书则在这两方面做得更好些。其论证如下：“关于孙伟铭行为的性质，检方主张构成以危险方法危害公共安全罪，辩方主张构成交通肇事罪。经审查，以危险方法危害公共安全罪和交通肇事罪均属于危害公共安全罪，二者的主要区别在于行为人对危害公共安全的后果所持的主观心态不同。前者为故意犯罪，行为人对危害后果持积极追求或放任的心态；后者为过失犯罪，行为人应当预见到自己的行为可能造成危害后果，因疏忽大意没有预见，或者已经预见而轻信能够避免，以致发生危害后果。从本案事实及证据证明的情况看，上诉人孙伟铭购置汽车以后，未经正规驾驶培训及考核获得驾驶资格证，长期无证驾驶车辆，并多次交通违法。众所周知，汽车作为现代交通运输工具，使社会受益的同时，由于其高速行驶的特性又易给社会造成危害，因此，国家历来对车辆上路行驶有严格的管理规定。孙伟铭作为受过一定教育、具有完全刑事责任能力的人，在明知国家规定的情况下，仍漠视社会公众和重大财产的安全，藐视法律、法规，长期、持续违法驾车行驶于车辆、人群密集的公共道路，威胁公众安全。尤其是在本次醉酒驾车发生追尾交通事故后，孙伟铭不计后果，以超过限速二倍以上的速度驾车在车辆、人流密集的道路上穿行逃逸，最终跨越道路黄色双实线，冲撞多辆车辆，造成四死一伤、公私财产损失数万元的严重后果。事实表明，孙伟铭对本次行为可能造成严重危害公共安全的后果完全能够预见，虽不是积极追求这种结果发生，但完全放任这种结果的发生，未采取任何避免的措施，其行为完全符合刑法关于以危险方法危害公共安全罪的构成规定，已构成以危险方法危害公共安全罪。辩护人提出的孙伟铭在犯罪主观上属于过于自信的过失的意见，不能成立。过于自信的过失是一种有认识的过失，即应当避免而没有避免。应当避免是避免义务与避免能力的统一。虽有避免义务，但没有避免能力，仍属于缺乏应当避免这一要件。在过于自信的过失中，行为人认为凭借自己熟练的技术、敏捷的动作、高超的技能、丰富的经验、有效的防范，完全可以避免发生危害结果,但实际上过高地估计了自己的力量,因而未能防止危害结果的发生。在本案中,孙伟铭既没有经过专业培训,也没有通过国家专门部门考核取得机动车驾驶资格,更没有长期丰富的经验取得熟练的技术及意外处置能力,其酒后高速驾车之行为不仅完全丧失对危害的有效防范,而且大大降低其驾驭危险交通工具的能力。因此,孙伟铭对危害结果的发生没有避免能力,其无证、醉酒、高速驾车发生交通事故,造成重大损害结果的发生是必然的,其主观心理状态上的自信没有客观根据。"四川高院的判决书针对辩方提出的辩护意见,根据交通肇事罪与以危险方法危害公共安全的区别,结合本案情况详细论证了孙伟铭何以构成以危险方法危害公共安全罪,而不是交通肇事罪。

对比最高人民检察院《公报》的论述,四川省高院的判决书更有说服力,其对判决理由的充分阐述也更有利于后案执法者学习借鉴。

对被告人及其家属积极赔偿,取得被害人一方谅解,从而影响量刑的情节,最高人民检察院《公报》仅以"孙伟铭及其辩护人所提的有真诚悔罪表现、原判量刑过重的意见成立,予以采纳"一笔带过,至于有什么真诚悔罪表现,从《公报》中根本无法了解。事实上,"孙伟铭案"当时引起社会关注的重要一点,就是被告人及其家属尽力加以赔偿,以求取得被害人一方的谅解。其中引起热议的包括孙伟铭父亲在身患癌症急需医疗费的情况下,将自己的住房变卖代替孙伟铭赔偿被害人。可以说,被告人一方积极赔偿取得被害人一方谅解的刑事和解行为,是影响被告人最后量刑的重要因素之一。这一点对于以后的案件处理,也有较大的借鉴意义,而《公报》对此情节一笔带过,使读者无法了解和借鉴。对比之下,四川省高院二审判决书则对此有较完整的表述,在庭审认定的事实部分表述为:"另查明,案发后,上诉人(原审被告人)孙伟铭委托其父变卖名下财产筹款,其父亲亦全力筹款,倾力赔偿被害人的经济损失,被害人及其亲属已出具谅解书。"在法庭意见部分,对该部分事实表述为:"归案后,其真诚悔罪,并通过亲属尽其所能积极赔偿被害人的经济损失,被害人及其亲属因此出具了谅解书,依法可从轻处罚。"最后,在综述意见中作出总结:"孙伟铭及其辩护人所提的有真诚悔罪表现、原判量刑过重的意见成立,予以采纳。"如果再加上判决书中证据部分,读者可以比较清楚地了解到,被告人一方积极赔偿以取得被害人一方谅解,是如何影响案件处理结果的。

可能是受制于篇幅,最高人民检察院《公报》在案例内容处理上明显偏于简单,为后案司法人员学习和借鉴增加了难度。因为司法人员在学习借鉴先前案例时,很多情况下要通过细节对比来判断前后案的异同点,这直接影响到后案是否能或多大程度上能借鉴前案的经验。过于简单的论证也削弱了案例自身的说服力,从而影响到对处理后案的司法人员的吸引力,减少了后案人员借鉴先前案例处理后案的可能性,案例指导意义的发挥自然受限。相对于最高人民检察院《公报》而言,四川省高院的判决书提供了更全面、更详细的论证,这显然更有利于后案的执法者比较借鉴,能更好地实现指导后案司法人员正确处理案件的功能。

除了最高人民检察院《公报》外,最高人民检察院也在积极探索参考案例的编纂出版,主要出版了《刑事司法指南》《典型疑难案例评析》《刑事法理与案例评析》《人民检察院民事行政抗诉案例选》等案例集，为全国检察机关的办案工作提供指导。最高人民检察院与最高人民法院还联合编辑出版《中国案例指导》丛书。这些刊物都体现了最高人民检察院对各级检察机关执法进行指导的努力，也是“案例指导制度改革过程的重要尝试和成果”。从形式上来说，这些案例与《公报》案例体例也不尽相同。但无论如何，这些出版物的存在只能说明，最高人民检察院意识到了借助案例对各级检察机关办案进行指导的必要性，并试图通过具体的步骤取得实际的成效。然而，由于我国缺乏判例法的传统及理论上对判例法的争议，这些案例的实际影响力并不确定，尽管其为检察案例指导制度的生成和运作提供了一定的经验基础，但这种基础长期以来显得有些放任和无序。

由于最高人民检察院在很长时间内并无将案例指导制度化的规划和意图，无论是最高人民检察院《公报》还是其他相关案例集，其最主要的功能就是提供一些案例供各级检察人员办案时加以参考。由于缺乏制度上的支持，相关人员在多大程度上参考、如何参考都缺乏系统的研究。笔者在此处的研究也主要是文本化的分析，这些案例在实践中的实际作用如何，检察人员在实务中如何使用案例，笔者将在下文中的实证调研中一并阐述，此章不再赘述。

第三节　地方检察机关以案例指导工作的探索

最高人民检察院借助案例来指导检察工作，一定程度上是有意识进行的。除通过《公报》刊载案例予以潜移默化的影响外，2003 年 5 月 27 日最高人民检察院第十届检察委员会第四次会议通过的《最高人民检察院关于加强案件管理的规定》指出：“要进一步加强案例编纂工作。最高人民检察院和省级人民检察院每年要组织业务交流和案例研讨，对带有普遍意义的案件进行深入分析，及时编纂和印发对办案工作具有指导意义的案例。各级人民检察院对本院办结的刑事案件，要按照有关规定和要求，及时录入《中国刑事案件数据库》。”明确肯定了典型案例对检察机关办案的积极借鉴意义。2005 年 7 月，最高人民检察院针对一个时期以来一系列典型刑事错案引发社会强烈反响的实际情况，下发了《关于认真组织学习讨论佘祥林等五个典型案件剖析材料的通知》，希望通过对典型案例的学习提高检察执法水平。然而，最高人民检察院利用典型案例指导检察工作的意图虽然非常明显，但并没有形成一项系统性的案例指导制度。相对而言，法院系统的制度化探索则明显快得多。2005 年最高人民法院《“二五”改革纲要》发布，第一次以文件的形式提出建立和完善案例指导制度，并为此专门进行了课题研究，各地方法院也相继推出了案例指导试点工作。虽然各地试点工作的名称不尽相同，但其核心则是共通的，即通过筛选发布一些典型案例，供所在法院及所属下级法院在处理类似案件时参考借鉴，并为此确立了一些相对系统的制度，如发布机制、效力机制、检查机制等。法院在案例指导方面的实践也引起了检察机关的关注，一些地方检察机关试图学习借鉴法院系统的做法，发挥典型案例在司法工作中的积极作用。这些检察机关在借鉴学习的同时，也注意结合检察工作的特点及当地执法工作的需要，进行一定程度的创新，推进了检察机关的案例指导试点工作。这种试点主要体现为三种类型：

一是汇编案例集。我国的成文法规范虽然已较为系统，但不可能一一列举犯罪活动的复杂变化，多以概括式条文出现。概括式条文的含义在解释时或多或少有一定的腾挪空间，需要检察官根据个案情况分析说理，运用到具体案件中去。法律与社会生活的耦合总有不妥帖之处，疑难案件的发生不可避免。地方检察机关在办理案件的过程中，积累了不少有效的实践经验。如何将这种经验传承下去，避免后来者从零起步，浪费不必要的成本，提高司法效率，这是各地检察机关在长期工作中不断思考的问题。一些地方检察机关有意识地通过“精品案例评选”等活动，将一些典型案件筛选出来，期待这些典型案件所凝结的办案经验能为其他检察官所学习借鉴。这些典型案件有的被印成供内部参考的小册子，有的由出版社正式出版，有的则在检察内部网上公布。就笔者所见，正式汇编出版的不下十余种，非正式出版的则更多。汇编这些册子的目的一般都很明确，首要的即为“满足检察干警办案和研究的需要”①。就正式出版的案例集而言，不免有展示工作成果，扩大宣传效果之意，但这些案例不乏实践中的疑难、新型案件，客观上也为研究者了解司法实务提供了很好的素材。在案例内容编写上，一般遵循“基本案情、分歧意见、法律分析”等步骤，对案情、争议点和处理理由都有说明。在案例体系的编辑上，有些检察案例集采用了与刑法章节相对应的方式编排，方便读者在遇到问题时有针对性地快速查找到相关案例。

当然，由于每个检察院人员素质、所处社会环境等不尽相同，在案例的选择上侧重点亦有所不同。有的案例是否确属法律疑难问题尚有疑问，有的处理意见和理由也有值得商榷之处，但案例编写者以案例指导后来者、统一司法、提高效果的意图是确定的，其对所属区域检察执法活动的指导意义也是确定的。就效力而言，这种案例一般没有强制性。其在个案中是否为办案人员所遵循，主要取决于办案人员是否为典型案例所说服。对拒绝参阅者也往往没有明确的惩戒措施。

二是开展类案研究，汇编类案，指导实践。一般的典型案例研究着眼于个案，但如何正确把握个案的特殊性，往往需要放在更宏观的背景下去观察，个案的特殊性在与同类型案件的比较中更容易得到充分的体现。同时，一个案例被确立为典型案例的必要性，还在于类似案件发生的频率。一个案件虽然具有新颖性、疑难性等特殊标志，但如果该案件是独一无二的，类似案件发生的概率极低，该案件确立为典型案件的必要性就不大。因为确立典型案件的目的是让其他办理后案的检察官学习和借鉴，而不是纯粹的标新立异。此外，一类案件可能具有多个特征，这些特征可能在一个案例中不会全部体现出来，如果将多个案例放在一

① 李乔.2011疑案探析·序[M].北京：中国政法大学出版社，2011：1.

起，这些特征会有更系统、更全面、更充分的表达。实践中，一些地方检察机关正是认识到了此点，从而积极开展了类案研究。如某市检察院从2006年开始，将一年内全市两级检察院办理的典型案件汇编成册，在内部出版了《检察类案研究》一书，并定期将办理的案件汇编公开出版，对办案实践提供了积极的参考。①

类案研究和汇编是以个案为基础的。往往是在个案的典型性引起相关人员的关注后，再拓展开来，对类似案件进行类型化研究。但相对于纯粹的个案研究，其广度和深度都有不同程度的发展。有些地方检察院通过案例前的提示文字对类案特征进行总结，意图提炼出更具一般性的规律，供后案办案人员学习和借鉴。

三是建立案例指导制度。从各地探索案例作用机制的实践情况看，采取第一种做法的检察机关数量最多，第二种次之，建立系统化的案例指导制度的检察机关则相对稀少。泰州市检察机关在这方面走在了全国检察机关的前列，我们以泰州市检察机关的实践为例分析第三种模式。泰州检察院制定了《泰州市人民检察院案例指导的实施办法（试行）》，在检察机关中第一个建立了系统化的案例指导制度。这一文件明确了案例指导制度的目的是“为充分发挥检察委员会的业务指导作用，正确适用法律，促进司法统一，提高办案质量，推进检察官职业化建设，努力培养和造就具备现代司法理念、深厚法学功底的职业化检察官队伍，规范检察工作”。其对指导性案例的界定是“全市检察院办理且已经发生法律效力的，在事实认定、法律适用和法律监督技巧等方面具有典型性和指导性，对同类案件具有指导和参考作用，对提升法律监督能力等方面具有推进作用的案件”。文件明确了指导性案例产生的原则、条件和办法、评审机构及其组成、评审程序、配套制度、指导性案例的效力及背离机制等。应该说，泰州检察院的案例指导制度是较为系统和完备的，为后来最高人民检察院制定相关制度提供了较好的基础。同时，这一制度在实践中也产生了积极的影响。如2008年上半年，泰州市检察院把在全国产生重大影响的“兴化流浪汉维权案”“朱某交通肇事案”确定为指导性的案例，确定了在涉及公益的刑事附带民事诉讼中检察机关支持起诉的原则，在实践中取得了良好的社会效果与法律效果。

相对于最高人民检察院《公报》及相关案例集而言，地方检察机关进行的案例作用机制的相关探索更为具体，并且由于适用范围具体，在当地检察机关领导的重视下，短期内一般都可取得一定的效果。但除了泰州检察机关关于案例指导制度的实践探索外，其他探索系统性相对弱一些，持久些也差一些。同时，作为地方性的改革，往往与时任领导人员的重视程度有关，甚至不乏创新博政绩的冲动。一旦目的实现或领导人员变更，就可能难以为继。因而，这些改革创新虽然有其本身的价值，但如果不能取得更高层次检察机关的支持，其赖以持久延续的基础还是不足的。

---

① 张毅.创新类案研究机制，为案件法律适用提供积极参考[G]//江苏省刑事诉讼法学研究会2010年年会暨案例指导制度研讨会会议材料汇编.2010.

总的来说，对于案例指导制度确立前检察机关以典型案例指导检察工作的情况，孙谦副检察长的总结和评价是比较准确的：以案例来指导执法办案，不仅古已有之，也是新中国建立后我国司法机关一直坚持的行之有效的做法。《最高人民检察院公报》自创刊以来，发布了一大批典型案例。最高人民检察院的一些业务部门也通过编选下发典型案例的方式指导工作。可以说，以案例指导执法办案早已成为司法工作实践的重要内容。建立司法机关案例指导制度，已经具备了比较充实的实践基础。同时也要看到，由于缺乏明确的制度规范和相关工作机制，司法机关的案例指导工作不可避免地存在一些问题，如：各级司法机关均可选编案例，选择案例的标准模糊、不明确，已公布的案例数量不能满足司法工作实践的需要，案例的遴选发布程序不完善，缺乏统一的清理与变更程序，缺乏相应的监督保障机制，等等。更重要的是，由于缺乏明确的约束机制，案例是否具有指导作用，在很大程度上取决于执法者个体的取舍。这就使得司法机关案例指导工作长期停留在随机的、偶发的层面，在很大程度上影响了典型案例指导作用的发挥，未能有效解决司法实践中执法标准不统一等问题。及时把握、适应司法工作实践的客观需要，逐步探索建立案例指导制度，有利于以科学的制度规范和引导丰富多彩的司法活动。

第三章　检察案例指导基本理论问题研究

检察案例指导作为一种制度运行，必然要以一定的理论为基础。当然，以制度作为分析对象，理论基础与具体的制度建构多少有一定的关联。因而，将理论与制度融合分析不失为一种方法，但这也可能导致逻辑上的不清晰。因为某些理论并非与单一的制度关联，而涉及数项制度，甚至与整个检察案例指导制度关联，如果强行将其与某一制度放在一起分析，可能引起理解上的混乱。因而，本书尝试将基本理论部分与具体的制度分析分开，将与具体制度关系不太紧密的理论作为独立的一部分进行研究。在整体架构上，将基本理论放在具体制度分析之前，可为具体的制度分析提供基础和铺垫，也可使本书的结构更为合理。

我国的检察案例指导制度是一种相当独特的案例作用机制。纵观世界各国，鲜有关于检察案例作用机制的研究，各国的案例作用机制普遍以判例制度面目出现。暂且搁置名称的思辨，以一种相对简洁的方式，可将英美法系国家判例法和大陆法系国家实际发挥作用的判例机制统称为判例制度。① 这种判例制度都是以法院为中心的，判例生成以法院为唯一主体，判例运行以审级制度为基本依托，检察机关在判例生成与运行中的角色被隐蔽。当然，检察机关可以通过向法官提供判例、对判例进行解读来影响法官，使之接受自己的见解，但无论如何，检察机关在判例形成与运行的“最后一里路”中，没有扮演决定性的角色。西方判例制度的最基础性条件是三权分立的制度架构和司法（法院）在诉讼中的中心地位。我国殊异的政治制度安排，决定了我国检察机关独特的地位和权力配置，这是检察案例指导制度生成的基本前提条件。但作为一种案例作用机制，其与国外判例制度存在共通之处。同时，我国检察机关与法院在组织、运行机制上的类同性，及案例指导制度由中央政法委统一部署所形成的目标上的统一性，也使检察机关案例指导与法院案例指导高度接近。因而，我们在研究检察案例指导问题上，不可能不从国外的判例制度中汲取灵感，也不可能否认国内有关法院案例指导研究成果的借鉴意义。在研究主题上也会涉及一些与法院案例指导制度的共通性问题，只要这些问题是为构建和运行检察案例指导制度所必需且当前尚未得到深入探究的，本书认为也应纳入研究范畴，而不应自我设限将其留给研究法院系统案例指导的研究者。

---

① 两大法系之间的借鉴与融合已是现实，英美法系国家出现了大量的成文法，而大陆法系事实上也确立了判例制度（虽然理论上并不承认法官造法），所以本处以判例制度统称两大法系国家现存的案例作用机制。关于两大法系国家之间的借鉴与融合可参见 J H Merryman. On the Convergence (and Divergence) of Civil Law and Common Law[J]. Stanford Journal of International Law, 1981(17)；也可参见 R Schlesinger, H Baade, M Damaska, et al. Comparative Law——Cases, Text and Materials[M]. Westbury NY: Foundation Press, 1991: 690.

第一节 检察案例指导制度的性质

对一个制度进行深入研究的必要前提，是对其进行准确的定位。找准这一原点，就可以以此为支撑进一步对该制度进行全方位的讨论和研究。检察案例指导制度的性质，也可称之为检察案例指导的定位，是研究检察案例指导制度的原点。

一、检察案例指导制度的核心属性——司法管理手段

检察案例指导制度建立的过程其实颇为突兀。在2010年最高人民检察院发布《规定》之前，检察案例指导这一论题并没有引起研究者和公众的广泛关注。与之形成鲜明对比的就是法院案例指导制度。

20世纪80年代，学术界就开始对判例问题予以关注，形成了一批有价值、有分量的成果。这一问题讨论的起点是对西方判例制度和中国古代律例的比较和借鉴。随着司法实践中"同案不同判"问题引起广泛关注，对这一问题的讨论也取得了现实的强力支撑。但在纵向层面上，由于当前中国社会政治经济情况与封建帝制的巨大差异，本土资源的"例"在论证案例指导正当性与必要性上的说服力差强人意，至多可以说明中国社会并不缺乏案例发挥作用的传统土壤而已，并不能为当下中国社会案例指导制度的生成提供有力的论据。借助改革开放向西方学习的风潮，在比较研究成为当时主流的情况下，西方法治国家判例制度的成功实践，似乎为中国判例制度的前进指明了方向。但由于我国人大制度与西方三权分立体制的巨大鸿沟，在判例被赋予司法造法的既定意义之下，引进判例制度面临困难，很难通过"政治正确"的检验。然而，先前案例对司法经验的固化功能，及判例相对于抽象司法解释所能提供的更具体的参考价值，使司法实务部门对之无法视而不见。

由于法院在司法中的最终裁决地位，法院的判决结果更易引起公众的重视；同时与检察机关比较而言，法院处理案件的过程和结果更具公开性，也更容易受到公共舆论的关注和检验。因而，相对于检察机关的处理结果，法院的"同案不同判"问题受到社会公众更多的关注。特别是在网络时代的大背景下，以往空间和时间给案件对比造成的障碍被消除，相距千里的不同法院案件的处理结果，得以在同一网络空间被公众检视。一些案情类似结果迥异的案件引起社会的广泛关注，使法院工作陷入被动局面。面对这种新形势，向后退，依靠封闭信息来逃避社会监督的鸵鸟政策，显然是行不通的。积极寻找统一办案标准的有效办法，解决"同案不同判"问题，成为法院系统不能回避的任务。西方判例的成功实践和一些地方法院挖掘案例指导功能的有益探索，为最高人民法院提供了一定的灵感。但为了回避"判例制度"已被附加的过多的政治符号，减少争论，最高人民法院采取了"案例指导制度"这一新

提法，并在2005年的《人民法院第二个五年改革纲要（2004—2008）》（简称《“二五”改革纲要》）中加以明确，正式拉开了探索中国式案例作用机制的改革大幕。

相对于法院系统对案例指导制度的火热探索，在一段时间里，检察系统显得颇为冷清。除少数检察院积极探索外，大部分检察机关基本上呈按兵不动的状态。基层对检察案例指导的探索和实践，还没有达到足以酝酿促成检察案例指导制度的程度。如果说法院系统案例指导制度的生成，各级法院已有较充分的探索经验，只是限于各种顾忌难以破壳而出，中央政法委的决定更多意义上只是充当了临门一脚的话，对检察案例指导制度而言，中央政法委的决定并非仅起到临门一脚之效，而几乎是推动制度生成的关键力量。因而，检察案例指导是一种自上而下以行政化方式建立的案例作用机制。检察案例指导制度的行政化生成过程，也基本上奠定了检察案例指导制度的角色定位，即检察案例指导是上下级检察机关之间的管理手段。

对这一点，孙谦副检察长有清晰的表述。在论及检察案例指导制度与西方判例制度之间的区别时，孙谦认为其中重要一点是：“有无司法管理功能的区别……我国的案例指导制度是一种司法管理制度的创新。指导性案例在诉讼外程序中自下而上报送然后又自上而下发布，其中反映了最高司法机关对办理某类案件的意见和政策倾向，因而具有普遍指导意义和宏观业务指导功能，发布指导性案例也就成为司法管理的重要手段。在西方国家的判例制度下，先例形成于诉讼程序之中，不存在最高司法机关主动发现典型案例并发布的机制，因此，其作用发挥是随机的，不具有司法管理的意向和功能。”①笔者认为，承担司法管理职能是检察案例指导制度最核心的制度内核，其他制度特征都是由这一内核所决定的，是溢出性的，是为这一内核服务的。

考察一种案例的作用机制，可以主要从两个方面进行观察，即具有指导作用的案例如何生成，指导性案例的作用如何得到落实。这两方面的情况大体可以反映一种案例机制的基本特征。

二、从指导性案例的生成看检察案例指导制度的性质

在案例生成上，由最高司法机关在司法程序外另行筛选或指定具有指导性效力的案例，在两大法系国家都是不存在的。② 无论是英美法系还是大陆法系国家，判例都是司法过程的自然结果。判例的效力主要体现在约束力和说服力两方面。约束力主要体现为对作出判决

① 孙谦.建立刑事司法案例指导制度的探讨[J].中国法学，2010(5)：76-87.

② 在美国，某个案件是否构成先例要以其被官方案例公报公开出版为前提。在美国，不是所有的法院判决都必须、能够出版的，如联邦巡回法院只有不到20%的案件得以出版。但案例是否出版不是由最高法院决定，法官个人是否同意出版是首要环节。参见：T Mauro. Judicial Conference Group Backs Citing of Unpublished Opinion[N]. Legal Times, 2004-04-15. 也可参见：E S Welsgerber. Unpublished Opinion: A Convenient Means to an Unconstitutional End[J]. Georgetown Law Journal, 2009(97)：621-622.

的法院及下级法院处理类似案件时的效力；说服力则主要体现为对不具有管辖关系的法院处理类似案件时的参考效力。就约束力而言，只要判决生效并以既定的形式公布，就即时具有效力。它是司法过程的自然结果，不存在事后的外力介入审查挑选案例的过程。

当然，随着社会的发展，每年进入司法程序的案例越来越多，如果每个案例都可作为先例，无疑会给后案的法官在查找案例上带来巨大的工作量。后案法官可能不得不为寻找、比对合适的先例而挥汗如雨，最终可能造成判例系统的崩溃。通过一定的手段对案例进行筛选，减少先例的供应量，就成为必要的选择。如美国联邦法院系统的判例制度正经历一场重大变革，而这场重大变革就是围绕着判例生成制度展开的。1972 年，美国司法会议督促联邦各巡回上诉法院提出和发展各自的“判决书有限公布计划”，遴选公布联邦上诉法院的判决书，作为有先例拘束力的判例，而之前联邦上诉法院绝大多数的判决书都经公布并有先例约束力。于是联邦上诉法院纷纷发展了大同小异的判决书有限公布规则。这一计划虽然引起巨大的争议，但到目前为止尚无落幕的迹象。各联邦上诉法院制定判决书有限公布规则之后，如今超过四分之三的判决书是未公布的。公布的判决才有先例约束力，而未公布的判决没有先例约束力。在美国联邦上诉法院判例遴选的实践中，各上诉法院虽制定了判例遴选标准，但个案是否应公布成为判例，是由个案法官在撰写司法意见时决定的。[①]

也就是说，即使存在对案例进行筛选机制的国家，这一机制也主要服务于其他目的。如美国有法官直言不讳地说道：联邦上诉法院遴选公布判例，最主要的理由就是“一种效率的正当性”[②]。这种筛选机制的司法内部化，特别是由个案法官自己决定的方式，也就杜绝了高层司法人士介入的空间，使之不可能为某种特定目的树立某一案例的权威而摒弃其他案例，案例自然很难成为贯彻最高司法机关意志的手段。

而在先例的说服力方面，由于没有审级制度的约束，一个案例是否被其他没有司法管辖关系的法官作为先例适用，则完全取决于先前案件的判决理由是否足以说服后案的法官。“一个判决对某一待决判决可能因为案情相同或者相似而成为判例，但对于其他案情不相同也不相似的案件来说，则不是判例。这种判例并非天生的，也非事先确定的，而是被选择的，所以，德国不存在固定的判例”[③]。这种事后的选择性更不可能成为落实最高司法机关意志的方法。

对比之下，检察案例指导则采取了截然不同的另一种路径。根据最高人民检察院 2010 年发布的《规定》，检察机关指导性案例的生成机制大体如下：最高人民检察院成立案例指导工作委员会，负责指导性案例的审查、编选和发布等工作；最高人民检察院各业务部门和省级检察院负责向案例指导工作委员会选送认为符合指导性案例条件的案例；最高人民检察院可以向下级检察院征集有关案例，社会人士可向案例指导工作委员会推荐案例；明确了选

---

① 宋晓. 判例生成与中国案例指导制度[J]. 法学研究，2011(4)：58－73.

② D J Boggs，B P Brooks. Unpublished Opinions and the Nature of Precedent[J]. Green Bagd 2ed，2000(4)：17－19.

③ 最高人民法院课题组. 关于德国判例考察情况的报告[J]. 人民司法，2006(7)：10－12.

送、推荐和征集的案例应当符合的条件；案例指导工作委员会对案例初步审查后，征求有关业务部门意见，然后集体讨论，对认为应当作为指导性案例的，提请检察委员会审议决定；对审议通过的案例，由最高人民检察院公开发布。这种由下级检察机关层层报送，经最高人民检察院审核把关而遴选出来的案件，不可避免地体现了“最高司法机关对办理某类案件的意见和政策倾向”，成为最高人民检察院指导下级工作的工具。

三、从指导性案例的适用保障看检察案例指导制度的性质

在先例的适用上，两大法系国家都主要依赖于司法内部的约束机制，及这一机制的外溢力量，鲜有下级法院有意识拒绝上级法院生效判决的情形。著名比较法学家梅利曼教授认为主要基于以下原因：“第一，法官深受先前法院判例权威的影响；第二，法官不愿独立思考问题；第三，不愿冒自己所作的判决被上诉审撤销的风险。可能还有其他许多原因。这些同时也是普通法系中法官援引判例的原因。”[①]除了上述三种原因外，两大法系国家判决书公开制度所形成的社会监督，司法人员的同质性所形成的职业共同体内部压力也有重要影响。也就是说，两大法系国家对判例的遵守，依赖于司法程序自然产生的规制力量和程序外的柔性约束机制。如司法人员违背判例，其承担“事”的柔性责任，如判决被撤销，个人声誉受到影响；但不存在组织上的“人”的硬性风险，如被减扣收入、免职、调离岗位等。

而检察案例指导制度的实施机制则充满了行政化的色彩。最高人民检察院《规则》第十五条规定：“指导性案例发布后，各级人民检察院在办理同类案件、处理同类问题时，可以参照执行。”第十六条规定：“在办理同类案件、处理同类问题时，承办案件的检察官认为不应当适用指导性案例的，应当书面提出意见，报经检察长或者检察委员会决定。”而《J省人民检察院关于实施〈最高人民检察院关于案例指导工作的规定〉的办法》对案例指导制度的实施作了进一步的细化规定。其中第十六条规定：“最高人民检察院发布的指导性案例，全省各级检察机关在办理同类案件、处理同类问题时，应当参照办理。省人民检察院发布的典型案例，全省各级检察机关应当结合本地实际学习借鉴。”第十七条规定：“全省各级人民检察院的案件承办人在办理案件时，如果所办类型案件有指导性案例的，应当将指导性案例随同法律文书一并报领导审批，并应当将指导性案例归入检察内卷。”第十八条规定：“全省各级人民检察院在办理同类案件、处理同类问题时，如果案件承办人认为不应当适用指导性案例的，应当提出书面理由，报经本院检察长决定，召开检察委员会审议决定。下级人民检察院办理同类案件决定不适用指导性案例的，应当层报省人民检察院案例指导工作委员会审查。省人民检察院案例指导工作委员会经集体审议，同意下级人民检察院意见的，报检察长决定，召开检察委员会审议决定，并报最高人民检察院备案；不同意下级人民检察院意见的，提

① 梅利曼．大陆法系[M]．2版．顾培东，禄正平，译．北京：法律出版社，2004：47．

请检察长或者检察委员会决定。”从上述规定看，检察案例指导制度将依赖于上下级检察人员之间的行政领导关系来推动实施。

检察机关选择这种行政审批式的实施机制，固然有检察机关不具备法院那样的审级制度的原因，但这恐怕不是根本性的原因。对于检察机关的性质，在世纪交替之际国内学术界曾有激烈的争论，主流意见倾向认为，检察机关兼具行政性与司法性的双重色彩。如果考虑检察权司法性因素，即使没有法院内部完备的审级制可以利用，仍然可以考虑构建更具司法性的实施推动机制。在指导性案例的实施方式上采取这样的行政化审批式，则无疑全然未顾及检察权司法性的一面。

检察案例指导在案例生成和实施机制上之所以采用行政化的模式，是将检察案例指导定位于司法管理手段所必然带来的后果。既然检察案例指导整体上是最高人民检察院对检察系统进行管理的工具，其内部也当然要求以行政化的方式去运行，否则将造成任务与体制的矛盾性冲突。但这种定位仅反映了检察权行政性的一面，而没有回应检察机关司法性的要求，在实施中不可避免会带来相应的矛盾与冲突。

第二节　检察案例指导制度的特点

从一定意义上说，检察案例指导制度是法院案例指导制度的衍生物。因为世界范围内鲜有关于在检察工作中运用案例机制的研究，国内关于案例指导制度的研究和探索，也首先发源于法院系统，地方检察机关对检察案例指导的探索，也源于对法院案例指导的借鉴与模仿。由于我国特殊的政治与司法组织制度，检察案例指导制度得以生成。因而，与检察案例指导制度最具可比性的，既非国外的判例制度，也非中国古代曾存在的“例”，而是法院案例指导制度。同时，由于研究者过去对案例指导制度的研究，多以西方判例制度为比较、借鉴对象，而西方判例制度是以法院为唯一主体形成和发展起来的，因而，一些研究者对检察案例指导制度潜意识地持否定态度，认为检察案例指导制度根本没有存在的必要。

这从当前关于案例指导的研究成果中可略窥一二。关于案例指导的研究成果中，与检察案例指导相关者占比很低。如至 2011 年底，在期刊网上以篇名“案例指导”“典型案例”为检索条件，与案例指导实质相关的 185 篇论文中，仅有 9 篇是研究检察案例指导的。当然，这种比例没有绝对性的说明意义，但它也在相当大的程度上揭示出当前人们对法院案例指导和检察案例指导的不同态度。

正如笔者在前文中所分析的，检察案例指导制度之所以在中国得以生成，有其内在的合理逻辑，主观武断地加以否定或漠视回避，对司法实践都无助益。对案例指导制度的特点，现有研究成果已有较多阐述。① 虽然这些成果多以法院案例指导制度为研究对象，但这些制度特点大多也是检察案例制度所共有的。如果笼统地研究检察案例指导制度的特点，很容易出现重复现象。如前所述，检察案例指导制度是否需要发展，关键就在于能否找到检察案例指导与法院案例指导的分界线。如果找不到，检察案例指导制度就无发展的必要。对发展检察案例指导制度的必要性，前文已有较充分的阐述。本部分在此基础上，试就法院案例指导与检察案例指导制度进行比较分析，通过厘清检察案例指导与法院案例指导的共性与差异，明晰检察案例指导制度的特点，为检察案例指导制度研究提供基础性条件。

一、检察案例指导制度与法院案例指导制度的共性

（一）制度生成的直接知识来源和直接推动力相同

对于案例指导工作，法院系统探索较早。先有基层法院的探索，如郑州市中原区法院的一鸣惊人，后继更高级别法院，如四川省高院、江苏省高院、天津市高院等省级法院的跟进，最后得到最高人民法院的肯定。2005 年最高人民法院在《"二五"改革纲要》中明确提出："建立和完善案例指导工作，重视指导性案例在统一法律适用标准、指导下级法院审判工作、丰富和发展法学理论方面的作用。"这是最高人民法院以正式文件的形式，宣布了建立案例指导工作制度的意图。此后，最高人民法院在推动案例指导制度方面作了持续性的努力，如在 2006 年、2007 年，最高人民法院原院长肖扬代表最高人民法院向全国人民代表大会所作的工作汇报中，提出要"完善案例指导制度""为统一裁判标准、继续加强和改进司法解释工作、着力探索案例指导制度、规范法官自由裁量行为"。同时，作为案例指导工作的探索，《中华人民共和国最高人民法院公报》（简称《公报》）从 2004 年开始，在结构上增加了"裁判摘要"；在类型上以复述法条为主转向以漏洞填补和法律解释为主。从 2004 到 2007 年最高人民法院通过《公报》发布的 243 件案例中，复述性案例从 61%减少到 38%，解释性案例从 32%增加到 49%，填补性案例从 7%增加到 13%②。

但最高人民法院似乎遇到了一定的阻力，对案例指导工作的热度并没有持续太久。如《"二五"改革纲要》中所提出的关于指导性案例的编选标准、编选程序、发布方式、指导规则的规范性文件，很长时间里都没有出台；《"三五"改革纲要（2009—2013）》中则对指导性案例只字未提。从最高人民法院提出案例指导的构想开始，就有一种意见认为，案例指导就是判

① 参见：吴英姿．谨防案例指导制度可能的"瓶颈"[J]．法学，2011(9)；秦宗文．案例指导制度的特色、难题与前景[J]．法制与社会发展，2012(1)；蒋安杰．最高人民检察院研究室主任陈国庆——检察机关案例指导制度的构建[N]．法制日报，2011-01-05；蒋安杰．最高人民法院研究室主任胡云腾——人民法院案例指导制度的构建[N]．法制日报，2011-01-05．

② 邓志伟，陈健．指导性案例裁判要旨的价值及其实现——以最高人民法院公报案例为研究对象[J]．法律适用，2009(6)：40-43．

例法的中国体现,会侵害立法机关的权力。这可能是最高人民法院虽然不断在内部做准备,却不能正式向社会推出案例指导制度的重要原因。如2007年,为保证案例指导相关规定起草工作的质量和效率,最高人民法院专门成立了起草小组,由相关领导牵头组织调研。起草小组汇编整理了大量翔实的研究资料,总结了地方各级法院开展案例指导工作的实践经验,为探索建立中国特色的案例指导制度提供理论与实证研究基础。但2008年8月5日,最高人民法院院长王胜俊在有关案例指导工作的报告上批示:"充分听取意见,确保'指导意见'符合法律的规定。"①这一批示透露了最高人民法院领导对推动案例指导制度可能引起争议的顾虑。

中央政法委的推动是案例指导制度加快出台的直接动因。2008年全国政法工作会议提出:要选择具有教育意义的典型案件,宣传法律,教育群众,在全社会形成自觉守法、诚实守信的社会主义商业道德风尚。如果说这一提法还没有提及利用典型案例作为统一执法的手段,还不足以作为指导性案例生成的直接推动力,那么,2009年2月中央政法委出台《关于深入学习实践科学发展观解决政法工作突出问题的意见》,则明确提出要求:"要建立和完善法律统一适用机制,进一步规范自由裁量权。中央政法机关要加快构建具有地域性、层级性、程序性的符合中国国情的案例指导制度,充分发挥指导性案例在规范自由裁量权、协调法制统一性和地区差别性中的作用,减少裁量过程中的随意性。"②这使已经准备数年,但一直处于研究阶段的法院案例指导制度,获得了出台的良好时机,各种反对意见似乎因为中央政法委的支持而得以化解。③ 最高人民法院"将《规定》的征求意见稿送全国人大常委会法制工作委员会、中央政法委、最高人民检察院和公安部征求意见,各有关方面对建立人民法院案例指导制度表示赞成和支持"④。

而最高人民检察院出台检察案例指导的动力似乎更为单纯。不同于法院系统,在最高人民法院积极尝试探索案例指导制度的一段时间里,检察系统似乎完全置身事外,以事不关己的姿态保持着旁观者的角色。除了少数地方检察机关自发性地借鉴法院系统进行探索外,最高检察机关没有任何制定实施案例指导制度的公开迹象。虽然在检察案例指导制度公布时,最高人民检察院相关人员对检察机关运用案例指导检察工作的历史进行了深层挖掘⑤,似乎想证明检察机关早有建立案例指导制度之意。但不可否认的是,这最多仅可证明检察机关有朦胧的想法,还难以证明最高人民检察院有明确的计划系统性地做这方面的工

---

① 胡云腾,罗东川,王艳彬,等.《关于案例指导工作的规定》的理解与适用[J].人民司法,2011(3):33-37.

② 中央政法委.关于深入学习实践科学发展观解决政法工作突出问题的意见[N].法制日报,2009-02-12.

③ 张骐教授"作为长期参与最高人民法院有关文件讨论的学者",对此有较明确的说法,他认为中国案例指导制度之所以最终能够生成,正是中央政法委的意见起到了直接作用,政治是推动案例指导制度出台的关键因素。中央政法委提出意见后,"中国的案例指导制度才在调研、论证若干年后,被有关机关放行,于2010年夏秋揭开面纱问世。"参见:张骐.再论指导性案例效力的性质与保证[J].法制与社会发展,2013(1).这与笔者虽无法直接参与相关规范制定进程,但分析相关情况后得出的判断结论是一致的。

④ 胡云腾,罗东川,王艳彬,等.《关于案例指导工作的规定》的理解与适用[J].人民司法,2011(3):33-37.

⑤ 张建升,王军,黄海龙,等.检察机关案例指导制度的建立与完善[J].人民检察,2010(9):41-48.

作。从现有材料看，检察机关最早明确涉及案例指导制度的论述，出现在曹建明检察长2010年代表最高人民检察院向全国人民代表大会所作的报告中。检察机关“要建立健全案例指导制度”。从时间点讲，可以视为对中央政法委布置任务的落实。在短短的几个月之后，2010年7月最高人民检察院即发布了《关于案例指导工作的规定》，正式宣布建立检察案例指导制度。从准备情况看，最高人民检察院几乎是在空白的基础上迅速地建立起检察案例指导制度，更体现了完成任务的心态。当然，基于法检两家的接近性，法院系统推进案例指导制度引发的理论探讨同样可为检察机关所借鉴和使用，这也为检察机关较短时间内出台制度化的规则提供了有利条件。

比较来看，法院系统案例指导的生成更多地来源于内部力量的推动，政治性的决策主要充当了放行者的角色，甚至可以说法院系统的长期准备为政治性决策提供了基础。如果没有法院系统对案例指导的长期研究和准备，案例指导这个名词能否为政治决策者所知晓都未可知。但无论前面准备基础如何，这种政治性决定是最高人民法院和最高人民检察院正式建立案例指导制度的共同发令枪，是两高案例指导制度落地生根的最直接动力，它所提出的案例指导的大框架是两高案例指导制度建设都必须遵守的。最高人民检察院和最高人民法院所建立的案例指导制度，都是完成中央政法委布置的司法改革任务之一。此外，虽然检察系统有较丰富的运用案例指导检察工作的历史经验，但就案例指导的制度化知识来源，其受到了法院案例指导实践探索和理论界关于法院案例指导制度研究成果的诸多影响，这是不能否认的。为最高人民检察院制定《规定》提供直接样本的地方检察院的探索，也是在学习和借鉴法院案例指导工作的基础上进行的。正因为这些共同因素的影响，两高案例指导制度呈现趋同性就不可避免了。

（二）制度设计的出发点相同

对于案例指导的功能，研究者有多种论述，如弥补成文法的局限性、限制司法裁量权、提高司法效率、积累和传承司法经验、统一司法防止同案不同判等。如果梳理案例指导制度建立前后的权威代表性材料，可以发现制度设计的出发点相对比较集中，上述列举的一些功能是制度可能带来的，但并非制度设计之初所刻意追求的。最高人民法院2005年《“二五”改革纲要》对案例指导制度的定位是：“建立和完善案例指导工作，重视指导性案例在统一法律适用标准、指导下级法院审判工作、丰富和发展法学理论方面的作用。”在这里，最高人民法院对指导性案例的期待有三点：作为具体办案的基准，统一法律适用标准；发挥指导功能，促进下级法院审判工作的发展；促进实践与理论的互动，为法学理论发展贡献力量。这反映了最高人民法院对案例指导的最初功能期待。这三个目标中，最高人民法院能把握的主要是前两点，至少第三点并不完全取决于最高人民法院的决心，还取决于法官的能力和学界的认可度。无论这三个目标设定是否妥当，能在多大程度上实现，还是可以看出，最高人民法院对上下级法院之间的关系把握，还是坚守了法律已确定的定位：监督与被监督的关系。无论是统一法律适用标准还是指导下级法院审判工作，都没有直接以限制法官裁量权为目标，至少从字面分析，它希望以相对柔性的机制，为法官处理案件提供“指导”而非“管制”。

2009年中央政法委出台《关于深入学习实践科学发展观解决政法工作突出问题的意见》，要求：“要建立和完善法律统一适用机制，进一步规范自由裁量权。中央政法机关要加快构建……案例指导制度，充分发挥指导性案例在规范自由裁量权、协调法制统一性和地区差别性中的作用，减少裁量过程中的随意性。”①2009年全国政法工作会议指出：对容易发生执法偏差、群众反映比较强烈的几类案件，要建立案例指导制度，规范自由裁量权的行使。从上述可以看出，中央政法委对案例指导的功能预期明显不同于最高人民法院，它的着眼点是限制司法人员的自由裁量权。如果考虑当时强调社会矛盾化解的政法工作主旨，中央政法委似乎将司法人员自由裁量权行使不当，视为案件不能案结事了，群众涉诉上访增加的重要原因。作为回应，意图在法律的框架之下通过指导性案例为执法人员提供更精准的执法标准，压缩执法人员的裁量空间，防止执法人员不当司法。比较中央政法委与最高人民法院对案例指导制度的功能期待，不难看出，最高人民法院更倾向于将案例指导制度融入现行司法运行中去，通过案例作用机制的引入，弥补现行办案机制的不足；而中央政法委对案例指导的定位基本是一种管理手段，通过案例指导制度弥补原有司法管理手段的不足，防止司法人员可能的滥权。

显然，中央政法委对案例指导制度的定位，直接影响了最高人民法院和最高人民检察院的制度设计思路。2010年，时任最高人民法院院长王胜俊在向全国人大所作的报告中提出：“严格规范法官裁量权，推进量刑制度改革，促进量刑公平公正。探索建立案例指导制度，统一案件裁判标准。”对比最高人民法院的《“二五”改革纲要》，最高人民法院的表态有了明显变化，转向了中央政法委的思路。在介绍法院案例指导制度的出台背景时，最高人民法院政策研究室有关人员认为：“制定《规定》是统一法律适用、规范法官自由裁量权的客观需要。”②

相对于最高人民法院的立场变化，最高人民检察院是根据中央政法委的布置行动的，中央政法委的思路一开始就是最高人民检察院设计检察案例指导制度的出发点。曹建明检察长代表最高人民检察院向全国人大所作的报告中，将“制定统一的执法规范，按照全国人大常委会要求做好司法解释集中清理工作，建立健全案例指导制度和案件管理、执法监督、执法考评机制”这一论述，放在该报告的“深化检察改革，着力加强自身监督制约机制建设”部分。从逻辑安排上说，最高人民检察院一开始就是将案例指导制度作为强化自身监督制约机制来建设的。它与“制定统一的执法规范”分进合击，共同指向检察执法人员的自由裁量权。这一点显然与中央政法委的思路是一致的。在最高人民检察院《规定》通过后，最高人民检察院研究室主任陈国庆代表最高人民检察院接受记者访谈时认为：“最高人民检察院在

① 中央政法委负责人.关于深入学习实践科学发展观解决政法工作突出问题的意见[N].法制日报，2009-02-12.

② 胡云腾，罗东川，王艳彬，等.《关于案例指导工作的规定》的理解与适用[J].人民司法，2011(3)：33-37.

全国检察机关推行案例指导制度，就是要通过形成全国检察机关统一运转、沟通顺畅、权威高效的案例指导工作机制和平台，提升案例指导工作的水平，充分挖掘和发挥典型案例的作用，统一执法尺度，维护司法公正和司法权威。"[①]其核心要点仍是"统一执法尺度"。

从以上相关文献可以看出，在中央政法委的指导下，无论最高人民法院还是最高人民检察院，对案例指导制度设计的出发点是一致的，即都将其作为司法管理手段，以约束司法人员自由裁量权、统一执法尺度为要务。

（三）效力相同

对于案例指导制度的建设，其核心要点是指导性案例具有什么样的效力，这关系到制度的实际成效，在这个方面，法院案例指导与检察案例指导采取了一致的立场。

最高人民法院《规定》第 7 条明确规定："最高人民法院发布的指导性案例，各级人民法院审判类似案例时应当参照。"其核心要义集中于两点："应当"和"参照"。对这一问题，最高人民法院直接负责案例指导工作的研究室同志有比较清楚的解释："如何理解'参照'。我的理解是，参照就是参考、遵照的意思，即法官在审判案件时，处理不相类似的案件时，可以参考指导性案例所运用的裁判方法、裁判规则、法律思维、司法理念和法治精神。处理与指导性案例相类似案件时，要遵照、遵循指导性案例的裁判尺度和裁判标准。如何理解'应当参照'。应当就是必须。当法官在审理类似案件时，应当参照指导性案例而未参照的，必须有能够令人信服的理由；否则，既不参照指导性案例又不说明理由，导致裁判与指导性案例大相径庭，显失司法公正的，就可能是一个不公正的判决，当事人有权利提出上诉、申诉。"[②]但指导性案例仍不能作为裁判依据使用，其效力是一种事实上的拘束力。"在我国法律体系中，'参照'具有特定的内容，如行政诉讼法中的参照意指当没有法律规定时可以参照规章进行判决。法官如果认为所参照的规章可以作为裁判依据时，就可以在判决中援引并将其作为判决的依据和理由。最高人民法院《规定》中对于指导性案例的参照与行政诉讼法中的参照意思不同。案例指导制度就是指导下级法院的审判工作、统一司法裁判尺度的一种工作机制，指导性案例本身具有的正确的决定性判决理由和经最高审判组织确定认可的程序安排，共同构成了指导性案例在司法运用中的说服力和指导作用，其拘束力是内在的、事实上的作用，而不能直接作为裁判依据适用。所以，指导性案例在司法运用中只能定位为指导，体现在法官履行审判职责，形成内心确认时，对法官裁判同类或类似个案产生影响。案例指导旨在'指导'，这表明指导性案例同大量的普通案例有所不同，指导的内含非常丰富，包括参照、示范、引导、启发、规范、监督等多重含义，需要进行全面理解和把握。"[③]

最高人民检察院的《规定》对指导性案例的效力也有明确规定，第 15 条规定："指导性案

---

① 蒋安杰.最高人民检察院研究室主任陈国庆———检察机关案例指导制度的构建[N].法制日报，2011-01-05.

② 蒋安杰.最高人民法院研究室主任胡云腾———人民法院案例指导制度的构建[N].法制日报，2011-01-05.

③ 胡云腾，罗东川，王艳彬，等.《关于案例指导工作的规定》的理解与适用[J].人民司法，2011(3)：33-37.

例发布后，各级人民检察院在办理同类案件、处理同类问题时，可以参照执行。”对此处的“参照”所标示的案例指导制度的效力如何理解，孙谦副检察长有较明确的论述：“构建案例指导制度最根本的一个问题在于如何定位指导性案例的效力……从名称的表述上看，我们要研究建立的是‘案例’‘指导’制度，绝非判例制度，指导性案例也不具有法律效力或者强制拘束力……我们认为，应当将指导性案例的效力定位为‘事实上的指导’而非‘规范意义上的指导’……指导性案例事实上的指导或者说影响力主要是依靠其自身的说服力发挥作用。”①

也就是说，最高人民法院和最高人民检察院在指导性案例的效力问题上，态度高度一致，其最基本的原因是一种基于现实司法制度上的政治性考量。“借鉴西方国家判例法制度，建立具有中国特色的判例制度的观点，只看到判例法制度下判例的‘硬约束’‘硬指导’的一面，在欲将指导性案例的约束力‘做实’的同时，没有看到我国宪政体制、法律体制和文化传统中，均不存在‘司法造法’的空间。”②

这种事实拘束力的定位解除了案例指导制度冲击原有立法关系的顾虑，其拒绝了借鉴英美法系判例法使指导性案例具有法源地位的可能性，指导性案例不能通过强制性的法源地位而获得尊重，而是期待指导性案例能像在大陆法系国家一样通过自身的“硬实力”取得事实上的“硬效力”。但这种期待一定程度回避了我国与大陆法系国家不同的特殊司法环境，希望能在不同的司法环境下取得同样的功效，这能在多大程度上实现是不确定的。

（四）案例选择具有应时性

从两大法系国家对待判例的立场看，其对判例的稳定性相当看重，理由在于：判例对于下级法院和本院后继案件处理有约束力，如果判例创设不当，将导致后面类似案件系列性的错误；如果在仓促之下生成案例因思虑不周而导致随后不得不更改判例，也会损害判例的权威性和法律秩序的稳定性。因而，两大法系国家在判例的创设上均持相对谨慎的立场。如果一种社会现象刚刚出现，由此引发的纠纷还相对较少，其内部矛盾和外在影响还没有充分展示，法官亦没有机会对其进行深入的观察和思考，高级法院往往选择回避表态，静观其继续发展。如法国，“当法律的发展显然尚在十分动荡的时候，最高人民法院就采取观望的立场，通常对当前的问题不作裁决”③，以免影响判例的稳定性。普通法国家的法官虽然是判例法形成的制作者（其正式的官方说法是“发现法律”，而非“制定法律”），但他们在制作判例的过程中则采用极为“审慎的态度”，即上级法院对新的现象一般不会在它所遇到的第一个案件中就作出新的判决，而是采用观望的态度，利用下级法院作为实验室。类似的事例积累多了，情况也更为清楚的时候才作出具有判例性的判决。如美国联邦最高人民法院在受理案件时会进行挑选，对于尚把握不准的案件，它会不予受理，让下级法院先行处理，也就是让下

① 孙谦．建立刑事司法案例指导制度的探讨[J]．中国法学，2010(5)：76－87．

② 同①。

③ 茨威格特，克茨．比较法总论[M]．潘汉典，等译．北京：法律出版社，2003：187．

级法院先行“试验”,等问题清楚了,它再受理该案件。例如,美国著名的具有里程碑意义的“布朗诉教育局”案并非一个孤立的单一案件,而是在“民权组织”不断发动的众多案件所形成的浪潮的冲击下,在众多同类已经发生或正在发生的案件的基础上,最后由联邦最高人民法院作出推翻1896年该院在“普莱西诉佛格森(Plessy v. Ferguson)”案中所提出的“隔离就是平等”的原则,确立了在教育领域废除种族隔离的具有里程碑意义的新判例。在该案件判决中,仅仅为了分析普莱西案所提出的“隔离但平等”的原则并不适用于公共教育领域,该院就举出了普莱西案以后出现的六个判决,用以论证该原则不适用于公共教育领域,提出了隔离教育“具有固有的不平等性”[①]。但是,一旦作出决定,这种判决又是相当稳定的,没有特殊理由,先例不会轻易变动。在有些国家的某些时期甚至发展到了有点偏执的地步,如英国上议院曾长期坚持自己的判决是不可更改的。[②] 这种对判例生成的谨慎态度和生成后的坚守,无疑增加了判例的权威性,为下级法院审理案件提供了稳定的参考依据,也为社会提供了稳定的预期。

其背景是司法对其保守性的认知和基于独立而产生的自信。司法不必基于社会压力而仓促对社会呼声作出回应,而社会由于对司法特性的认知也不会对司法产生不切实际的期待并尊重司法的结论。

比较来看,我国案例指导制度明显更倾向于及时对社会问题进行表态,这在最高人民法院和最高人民检察院指导性案例的选择上都有明确规定。最高人民检察院《规定》第8条所规定的案例选择对象包括四类:“1. 涉及的法律适用问题在现行法律规定中比较原则、不够明确具体的案件;2. 可能多发的新类型案件或者容易发生执法偏差的案件;3. 群众反映强烈、社会关注的热点案件;4. 在法律适用上具有指导意义的其他案件。”其中“可能多发的新类型案件”“群众反映强烈、社会关注的热点案件”,都反映了最高人民检察院对指导性案例及时回应社会现象的要求。最高人民法院《规定》第2条设定了指导性案例的选择范围:“(一)社会广泛关注的;(二)法律规定比较原则的;(三)具有典型性的;(四)疑难复杂或者新类型的;(五)其他具有指导作用的案例。”其中明确指向应时性的有“社会广泛关注的”“新类型的”。另外,符合其他条件的也并不拒绝应时性要求的案件。由此可见,最高人民法院和最高人民检察院选择案例相当程度上是一致的,都比较注重案例对现时社会问题的及时回应和指导。相应地,这也在一定程度上可能会削弱指导性案例的稳定性,从而影响案例的权威性和稳定社会秩序的功能。

二、检察案例指导制度与法院案例指导制度的差异

检察案例指导制度与法院案例指导制度具有较多的共通性,这种共通性是由我国特殊

---

① 王晨光. 制度构建与技术创新——我国案例指导制度面临的挑战[J]. 国家检察官学院学报,2012(1):3-12.

② 博登海默. 法理学、法律哲学与法律方法[M]. 邓正来,译. 北京:中国政法大学出版社,1999:542.

的政治司法格局所决定的，但检察系统与法院系统具体工作方式和在司法流程中的位置不同，也使检察案例指导与法院案例指导在多个方面呈现出不同之处。如果说二者的共性使我们在研究检察案例指导时可以借鉴法院案例指导的研究成果和实践经验，分析二者的不同之处则有利于准确把握检察案例指导工作的特性，有助于有的放矢地建设符合检察工作需要的案例指导制度。

（一）波及力不同

侦查与审查起诉的成果要在审判程序中接受审查，作为诉讼活动的最终裁决者，法院的意见对侦查和起诉机关有一定的约束力，这是世界性的通例。刑事诉讼中的审判中心主义，一定程度上体现为审判机关对审前程序的控制力。这种控制力可以通过直接的审批权来行使，如西方法治国家未经法官许可普遍不得进行羁押；也可以通过审判活动确立规则，间接约束审前的诉讼行为，如美国联邦最高法院在米兰达案中确立了权利告知规则，有效地约束了警察的侦查行为，同时也构成了检察官的起诉裁量基准。我国刑事诉讼是流水作业的三段式构造，公、检、法分管侦查、起诉和审判。在法律定位上，公检法三机关独立行使职权，相互配合，相互制约，法院对公安、检察机关没有直接控制力，但这并不意味着法院对公安、检察机关的行为没有影响力。有一种比较形象的说法，在刑事司法中，公安机关是做饭的，检察机关是端饭的，法院是吃饭的，其本意是指我国刑事司法结果实际上是取决于公安机关的侦查成效，公安机关做饭成功与否对刑事结果起着决定性影响，检察院、法院工作不过是对公安工作的流程性进行检验而已。但换一种角度看，无论做饭过程付出多少努力，端饭无论多么殷勤，如果吃饭者拒绝食用，前面的工作都将是无效益的。如果说早期法院很难拒绝吃饭，即使饭是夹生的，但近些年来随着程序正义和司法应有终局性效力等观念的深入人心，法院拒绝吃饭的可能性越来越大。根据吃饭者的“品味”来调整做饭、端饭方法的观念，正日益影响公安机关和检察机关的行为方式。法院对审前程序的影响已显著增加。类似的，检察机关居于诉讼流程的后位，公安机关做的饭如果检察机关拒绝端送，那无论如何也是送不到法官面前的。检察官在诉讼流程中自然拥有对公安机关进行检视的权力。这种逆推的方式使诉讼流程的后位机构拥有了对前位机关评价的机会和权力，前位机关在工作中不得不考虑后位机关可能对自己的评价，不得不参考后位机关办案的基准。这种考虑在当前公安、检察绩效考核体系设计方面有明显的体现。

目前公安、检察机关的考核机制，都相当重视后一级程序机关对本级机关工作的评价问题。如在检察机关的考核中，起诉的案件如被法院判决无罪，则有关机构和人员都要承担责任。假若一位公诉人在公诉生涯中有一起案件被法院宣告无罪，其公诉人生涯即便不能说就此终结，也至少是前途暗淡。这迫使检察官不得不关注法院的指导性案例，法院的指导性案例对检察机关办案也产生了事实上的约束力。类似的，公安机关考核也相当重视移送起诉后的处理，如果案件被检察机关参考法院指导性案例作不起诉处理，公安机关办案人员也得不到相关的绩效分数，前面的工作基本算是白忙了。如此，法院的指导性案例通过检察机关的传递，对公安机关办案产生了影响力。同样，检察机关指导性案例对公安机关亦有一定的约束力。从司法流程上讲，指导性案例的影响力在很大程度上是单向的，处于程序后位的机关对前位机关的办案结果有评价权，后位机关的指导性案例对前位机关就发生影响力，而前位机关的指导性案例则难以对后位机关产生影响力。因而，法院指导性案例的波及力大于检察指导性案例的波及力，法院指导性案例除了对自身具有约束力外，对检察官和警察办案也都有一定的参考作用；而检察指导性案例对法官的影响力则相对弱小。因此，检察机关指导性案例的波及力不及法院的广泛。

这种波及力范围的差异，影响到最高人民法院、最高人民检察院生成指导性案例时所应考虑的影响因素范围大小。两机关在推出指导性案例时，不但要考虑指导性案例对本系统执法可能造成的影响，还要考虑其在波及力范围内对其他系统执法可能造成的影响，受影响的执法机关是否能接受这样的指导性案例。如醉驾入刑之初，最高人民法院和公安部对醉驾是否一律入刑有不同意见。最高人民法院曾一度要求各省将适用新法律处理的前几起案件上报，欲以指导性案例统一执法标准。[①] 此动议后不了了之。如果最高人民法院果真试图以指导性案例统一执法标准，恐怕也不得不考虑公安机关甚至检察机关的立场。而若检察机关发布相关案例以明确起诉标准，则应重点考虑其对公安机关的影响。

（二）具体实施保障机制不同

指导性案例实施机制的大方向上，法院指导性案例与检察机关指导性案例有共通之处，即二者都依赖于最高司法机关的推动。这不但体现在指导性案例的权威性都来源于最高司法机关的地位，也体现在指导性案例实施的原动力来自最高司法机关自上而下的直接推动。但最高司法机关的原动力如何通过具体的机制加以传递，法院系统和检察系统则出现了较大的差异。

对于法院系统而言，这一问题相对简单。审级制度使上级司法机关有日常性的机会审查下级法院有无或是否适当地遵循指导性案例。"当法官在审理类似案件时，应当参照指导性案例而未参照的，必须有能够令人信服的理由；否则，既不参照指导性案例又不说明理由，导致裁判与指导性案例大相径庭，显失司法公正的，就可能是一个不公正的判决，当事人有权利提出上诉、申诉。"[②]当然，法院系统这种审查机制存在一定的隐患，即案例指导制度的实施成效很大程度上依赖于上级法院推动该制度的意识和决心。在我国当前两审终审的制度下，并非所有的案件都能获得由最高人民法院审查的机会。如果法院系统缺乏实施指导性案例的整体氛围，指导性案例制度的实际效果如何将不无疑问。囿于主题所限，本书对此不

---

① 央视网.最高法官员：将会同最高检公安部统一醉驾入刑标准[EB/OL].[2013-11-20]. http://www.nhaidu.com/news/91/n—313091—3.html.

② 蒋安杰.最高人民法院研究室主任胡云腾——人民法院案例指导制度的构建[N].法制日报，2011-01-05.

展开讨论。

对于检察机关而言，则无已存的常规办案程序可以利用。最高人民检察院《规定》第16条规定："在办理同类案件、处理同类问题时，承办案件的检察官认为不应当适用指导性案例的，应当书面提出意见，报经检察长或者检察委员会决定。"《J省人民检察院关于实施〈最高人民检察院关于案例指导工作的规定〉的办法》对J省检察机关实施检察案例指导规定如下："第十六条　最高人民检察院发布的指导性案例，全省各级检察机关在办理同类案件、处理同类问题时，应当参照办理。省人民检察院发布的典型案例，全省各级检察机关应当结合本地实际学习借鉴。第十七条　全省各级人民检察院的案件承办人在办理案件时，如果所办类型案件有指导性案例的，应当将指导性案例随同法律文书一并报领导审批，并应当将指导性案例归入检察内卷。第十八条　全省各级人民检察院在办理同类案件、处理同类问题时，如果案件承办人认为不应当适用指导性案例的，应当提出书面理由，报经本院检察长决定，召开检察委员会审议决定。下级人民检察院办理同类案件决定不适用指导性案例的，应当层报省人民检察院案例指导工作委员会审查。省人民检察院案例指导工作委员会经集体审议，同意下级人民检察院意见的，报检察长决定，召开检察委员会审议决定，并报最高人民检察院备案；不同意下级人民检察院意见的，提请检察长或者检察委员会决定。"由此可以看出，检察机关是在常规办案程序之外另辟蹊径，以行政化的力量督促和约束检察官遵循指导性案例。这种常规程序之外的控制方法，可能面临启动难的问题。在法院指导性案例适用中，对自身利益倍加关注的当事人将会是监督法官是否遵行指导性案例的主要力量，且法庭审理过程的公开性及处理结果的强制公开与说理，也为当事人监督提供了比较有利的条件。而检察机关处理案件的过程公开性不足，处理结果也往往缺乏说理性与公开性，这将直接影响当事人寻求救济的机会。缺乏当事人的有效监督，如何发现有关办案人员是否切实遵循检察指导性案例，无疑面临不少难题。

（三）案例选择的侧重点不同

在刑事司法体系中，法院居于程序流程的终端，对案件事实认定和法律适用有最终的决定性权力。法院处理案件的意见和做法，对检察机关和公安机关都有一定的指导意义，法院指导性案例的波及力可溯及整个刑事司法流程。反过来，检察机关和公安机关的案例则较难影响法官的决策。虽然如前文所述，法院在发布指导性案例时要考虑公安与检察机关的接受性，但案例发布后如何适用，处于程序终极地位的法院在案例选择上基本可以独立自主作出判断。从最高人民法院的职能和指导性案例的功能定位看，法院指导性案例的指向应主要是法律适用问题。最高人民法院已公布的案例也集中于法律适用，特别是实体法的理解与适用问题。

检察机关的案例选择则应集中于两方面。一是检察机关有终止性决策权的环节，如不起诉、批准逮捕等。这方面检察机关确立指导性案例不但可以指导内部办案，对公安人员办案也有一定的参考价值。二是可体现检察机关法律监督职能的案例。虽然案件的实体处理法院有最终决定权，但法院的决定不可能全部正确，检察机关对法院处理不当的案件有权进行监督，予以抗诉。因而，最高检察机关可将抗诉成功、维护法律正确实施的案件作为指导性案例，以统一检察机关的执法标准，维护法律尊严。类似的，对于公安机关执法不当，检察机关基于法律监督职能进行监督也是检察机关的基本职能，这方面的成功案例也可为其他检察执法人员提供有益借鉴。总的来说，对于基于监督职能所选择的案例，涉及公安机关的，由于检察机关处于程序流程的后位并基于法律监督者的定位，检察机关在选择指导性案例上有相当的决断权。但对于涉及审判监督的案件，案例选择上则应避开最高人民法院已公开的指导性案例，以防造成检法不必要的冲突，引起执法混乱。若以一句话来概括检察机关指导性案例选择导向，笔者认为可用“服务于检察工作，重点在程序环节”来浓缩。

刑事司法指导性案例的整体框架中，未来的趋势应是以法院指导性案例为主，检察指导性案例为辅。这在当前两高公布指导性案例的频率和数量上已有体现。至 2020 年 10 月，最高人民法院发布了 25 批 143 个指导性案例，最高人民检察院发布了 21 批 80 个指导性案例，法院指导性案例的数量遥遥领先于检察指导性案例。笔者认为，这也实属正常，检察机关完全没有必要与法院系统就指导性案例的数量一争高下，要勇于承认检察指导性案例在整个刑事法案例中的辅助地位。但辅助不等于无关紧要，只要能正确认识和定位检察案例指导性的独特价值，选好指导性案例，检察指导案例自有其价值发挥的空间。

第三节　指导性案例的效力

指导性案例的效力，即指导性案例对后案处理的约束力问题。这一问题是指导性案例研究中争议最多的问题之一，因为指导性案例的效力强弱涉及指导性案例对实务人员的约束程度，进而关系到指导性案例能否得到遵守的问题。对于指导性案例效力的论点颇多，但核心分歧在于指导性案例应否具有法律效力。由于我国特殊的政治司法制度，我国检察案例指导的效力问题与法院指导性案例的效力问题属于同一问题。鉴于当前检察案例指导的研究相对薄弱，对这一问题的讨论将不可避免地借鉴关于法院指导性案例效力的研究成果。

一、两大法系国家判例的效力

对于指导性案例效力论争的不同观点，可以在两大法系国家找到源头。在英美法系判例法制度下，判例法具有法源地位是人所共知的事实。所谓的判例法是由具有约束力的各法院判决所组成的。根据法院判决所建立起来的法律规则通常只是隐含于该判决之中，所以判例法有时又被称为“不成文法”。判例法包括两类：一是普通法中的判例法，二是阐释制定法的判例法。前者指由司法判决发展并加以表述的一整套法律制度或规则,后者指阐释制定法的判例。前者作为法律渊源自不必多说。对于后者,由于遵循先例原则,法庭在判决中对适用的制定法所作的解释,也被视为法律的正式渊源之一,对随后的案件在适用该制定法处理类似问题时具有约束力。将阐释制定法的判例视为独立于制定法的另一法律渊源,表达了英美法系对法律的这样一种理解:一项适用和解释某一制定法的判决,已不仅仅是简单的对该制定法的执行,而意味着新的法律的产生。在这一司法判决过程中所产生的新的法律的数量,取决于该制定法所需解释的程度。不过这只是个度的问题。其实质是,某种立法活动已经发生。①

在大陆法系国家,基于立法权与司法权的分离,司法判例的法源地位一直受到限制。理论上对于司法判例是否为一种严格意义上的渊源一直有较大分歧,多数意见仍是否定的。如意大利学者普遍认为,根据意大利宪法第 55 条以下以及第 101 条以下诸条款所确定的区分立法权和司法权的宪政框架,法官不享有一般性的立法权,司法判例不属于具有形式上的法律拘束力的法源,这是意大利法的一个基本原则。② 在最高人民法院课题组对德国法官的访问中,"联邦法院的法官根本不承认存在规范性的判例制度,并谨慎地一再强调法官的自由裁量权必须得到尊重和保障"③,但一些学者则对司法判例的法源地位加以肯定④,这种肯定意见主要基于司法判例在实践中的实际作用。如意大利虽然在一般法源的层面上不承认判例的形式上的法律拘束,但这并不表明判例在意大利法的实践中未占据着重要的地位。根据意大利宪法第 111 条第 6 款的规定,法官在作出司法判决的时候,必须说明理由。那么究竟在什么情况下可以认为法官已经履行了说明判决理由的义务?对此,意大利最高法院 1983 年 5 月 13 日发布的第 3275 号判决明确指出:"下级法院在处理一个明确表达出来的问题的时候,即使只参考了最高法院判例,就视为已经履行了说明理由的义务。"在另外一个方面,虽然意大利下级法院的法官在形式上不受任何其他法官(包括最高法院的法官)所表达的观点的约束(根据意大利宪法第 101 条的规定,法官只从属于法律),但如果下级法院的法官要拒绝最高法院通过判例所表达出来的解释方案,那么必须提出特别妥当的、充分的理由来论证自己的做法。对此意大利最高法院 1983 年 12 月 3 日发布的第 7248 号判决说得非常清楚:"背离最高法院先例的下级法院法官,有义务准确地说明其理由,并且要提出协调一致、令人信服的理由来反驳并且推翻受到其批评的解释方案的可靠性。"⑤再如德国,"联邦宪法法院之外的其他法院的判例并不具有正式的约束力,但事实上,联邦法院公布的判决中引用有关判例的占了多数,下级法院绝少不遵循上级法院的判例,律师和其他部门对法院的判

① 余高能,代水平. 美国判例法的运作机制[J]. 西安电子科技大学学报(社会科学版),2007(4):104-110.
② 薛军. 意大利的判例制度[J]. 华东政法大学学报,2009(1):84-91.
③ 最高人民法院课题组. 关于德国判例考察情况的报告[J]. 人民司法,2006(7):10-12.
④ 茨威格特,克茨. 比较法总论[M]. 潘汉典,等译. 北京:法律出版社,2003:147.
⑤ 同②。

例的重视程度也很高。对于律师来说，代理一个案件，如果不寻求判例的支持是不可理解的。如果先前的判决已经明确当事人的诉讼请求不会得到法院的支持，律师仍然代理此类案，将因此承担败诉的责任”①。正是基于司法判例在实践中的效力，有学者认为：“倘若一项规则的标准是其在社会现实中的效力和其于事实上的生存力，那么毫无疑问，完全会有那些由法院创制的、复审判决确认的、具备全部法律规则要件的法律规则。”②但在理论上坚持将司法判例的效力作“形式上的拘束力”与“事实上的拘束力”，或“法律上的权威”与“道德或事实上的权威”清晰划分的学者，则认为司法判例的这种实际效力是因为其他制度因素或非制度因素所导致的，是一种事实上的拘束力，并不能以其实际效力倒推其具有法源地位。

二、我国关于指导性案例效力的争议

与大陆法系国家理论上的争议非常相似，我国对指导性案例的效力也存在“法律上的约束力”与“事实上的约束力”的争议，并且也以“事实上的约束力”为主流。

与大陆法系国家对法院抽象规则制定权的否定不同，我国对最高人民法院和最高人民检察院抽象规则制定权并不否定。事实上，全国人大或人大常委会通过比较重要的法律后，最高人民法院、最高人民检察院通常都会跟进制定相关司法解释，这种解释的条文通常都会多于法律本身，其抽象性也不逊色于作为解释对象的法律，只是趋向于细节和操作性而已。并且作为司法解释的一种，批复就是针对个案并具有普遍约束力的。因而，对指导性案例作为法源的定位，一种代表性的观点认为，其应作为解释司法的一种形式。最高人民法院应用法律研究所的郎贵梅法官认为：如果不规定指导性案例的强制约束力，则最高人民法院没有必要出台相关规范性文件，这是简单地从作为一项改革措施的实质性影响和能否取得成效出发所作的考虑。之所以规定指导性案例的强制约束力，目的是为了保证司法人员在审判实践中能够自觉遵循指导性案例，从而发挥指导性案例的作用。如果不规定指导性案例的强制约束力，是否能够实现上述目的呢？应当说，司法实践中越来越多的司法人员开始具有案例意识，对与其所处理的当前案件相类似的案例（其中包括当事人提供的案例）会作认真考虑，但这取决于司法人员的职业素养和职业道德。而目前我国司法人员尚未形成职业共同体，不能寄希望于司法人员对于指导性案例的自觉遵守。因此，我们应当赋予指导性案例以强制约束力，以保证法官在司法工作中适用指导性案例，从而实现案例指导制度统一法律适用的目的。在明确指导性案例的效力即其应当具有强制约束力后，我们首先要解决指导性案例的效力基础问题。一个简单而现实可行的解决渠道是，将指导性案例作为司法解释的一种形式，其自然具有了强制约束力。根据《关于司法解释工作的规定》，指导性案例似乎

① 最高人民法院课题组.关于德国判例考察情况的报告[J].人民司法，2006(7)：10-12.

② 茨威格特，克茨.比较法总论[M].潘汉典，等译.北京：法律出版社，2003：147.

并不能归入其所规定的任何一种司法解释形式中。然而，如果从前述一般意义的法律解释的角度来看，指导性案例是最原本意义上的司法解释形式。因此，我们不能以指导性案例不能纳入最高人民法院《关于司法解释工作的规定》中的四种司法解释形式为由，而认为指导性案例不属于司法解释。指导性案例应当属于司法解释的一种新形式。[①]

但更多的学者主张指导性案例仅具有事实约束力，这种观点是当前理论界的主流观点，并为最高人民法院和最高人民检察院所支持。正如前文所述，最高人民法院和最高人民检察院关于案例指导的相关规定均以事实约束力为出发点，否定了指导性案例的法源地位。

三、从大陆法系判例效力的生成机制看我国指导性案例的效力

两高虽然将指导性案例效力定位于事实上的约束力，但如何使指导性案例具有事实上的约束力，其具体机制则与大陆法系国家不同。总体来说，大陆法系国家判例的事实约束力的形成主要依赖于以下机制。

（一）判例自身的说服力

以德国为例，在没有明确的政策要求遵守判例的情况下，德国判例之所以得到事实上的遵守，首要因素就是判例自身的说服力。判决首先是正确的，然后才具有说服力，这样才能够被认可并遵循。即使最高法院作出的裁判，也不能因为其审级高而违背这一原则。德国判例没有制度化但却能在事实上发挥着作用，这是内在的决定性因素。能够为其他案件裁判所引用的判例，最主要的是判决中关于法律的解释部分，因而，事实上起着判例作用的判决，主要是高等法院和联邦法院的判决。在这些判决中，法官们为作出判决提供了详细的分析、推论，甚至还有辩论，最后基于有说服力的优势理由得出结论。裁判结论的得出，是经过严密论证和收集了全面支持包括反对的资料与理由的，要想推翻其正确性，必须具有更为优势的说服理由。通常情况是，先前的判决对待决案件的法官而言，是应当信服并接受的。[②]

（二）审级制度的潜在压力

在判例具有高度信服力的情况下，除非下级司法人员有相当自信的理由，一般情况下不会挑战已生成的判例。在遵行先例已成共识的情况下，违背先例的判决极有可能被对抗双方所上诉，进而被上级司法人员所审查。除非有特别的理由，如社会情势变迁等，违背先例的判决将因“遵循先例原则”被推翻。而在任何司法体系下，判决被上级法院改判都意味着自己的判断被同行所否定，这会损害法官的职业荣誉。因而，理性的法官都倾向于避免这样

---

① 郎贵梅. 中国案例指导制度的若干基本理论问题研究[J]. 上海交通大学学报(哲学社会科学版)，2009(2)：24－31.

② 最高人民法院课题组. 关于德国判例考察情况的报告[J]. 人民司法，2006(7)：10－12.

做。同时,即使出现社会情势变迁等重大事由,这种变迁也并非能迅速形成司法人员的共识,不遵循先例也可能引起重大意见分歧,下级法院尝试变更的行动并不一定能获得上级司法人员的认可。德国"联邦法院的法官曾特意讲过一个事例,有数个高等法院的法官多次作出与最高法院的先前判决不一致的裁判,结果都被最高法院在上诉审中改判了,但各高等法院仍然坚持不懈地如此努力,最后经过近100次努力之后,联邦最高法院才予以认可。可见改变上级法院的确定判决绝非易事"①。因而,虽然大陆法系国家并不禁止下级法官不遵循先例,但真正敢于尝试者少之又少。②

(三)司法人员内部思考方式的趋同性

在大陆法系国家,司法人员都是经过正规大学法律教育后参加司法资格考试。考试通过后,相关人员尚需经过一定时间的职业操作技能训练方可取得从业资格。这一点与我国情况有较大差别。如在法国,经过第一次司法资格考试者还要到不同的法院和检察官署接受细致的指导以深化专门的法律知识。③ 这种训练主要是法律职业思维方法与操作技能的训练,使新来者接受并同化于业已形成的职业群体。此类职业训练的目的,是确保司法人员在解释法律、处理争议时,能够遵从职业共同体认可的价值判断和法律解释方法。这有助于减少因法律意见的分歧所导致的认识和判断的差异性,从而有利于促进下级司法人员对上级法院判例的认同和遵循。此外,在大陆法系国家,上级法院司法人员往往是从下级司法人员中选拔出来的,在此过程中,一些常有奇思妙想而显得不合群者将被过滤,而只有认可并遵循职业群体共同价值和办案方法的人员才可能得到提拔。"如果一个具有极端独立观点的人不容易获得升迁的话,这也并非法官制度独有的过错,只要'下级'法官与'上级'法官之间桥梁的通过是以上级对下级工作成绩的评估为尺度,这样的缺点就肯定会存在。"④这种方式一方面保持了具有作出判例资格的上级法院人员的价值观念和思维方式的稳定性,保障先例不经常被质疑;另一方面,这种方式也可达到一定程度的规训效果,对职业成功的追求和被提拔的愿望,也使下级法官不会轻易挑战上级法院的既成判断。

(四)法律职业共同体的良性互动

从大陆法系国家的实践看,法官虽然是形成判例的主体,但判例的生成和良好运作之功并非为法官所独占。在大陆法系国家判例形成过程中,其他法律职业者,如法学研究人员,也起到了积极的作用。相对于法官群体而言,法学研究人员群体在理论体系研究的深度和广度方面更有优势,这使法学学者在判例生成和运作方面都有着不可替代的作用。

---

① 薛军.意大利的判例制度[J].华东政法大学学报,2009(1):84-91.

② 参见:大木雅夫.比较法[M].范愉,译.北京:法律出版社,2006:145.

③ 茨威格特,克茨.比较法总论[M].潘汉典,等译.北京:法律出版社,2003:192.

④ 同③。

对于判例生成,学者的推动作用至少体现在三个方面:第一,在法官难以构建新的理论,并从正面阐明该理论进而藉此作出判决的情形下,需要学者跟进,构筑新的法理;第二,有时法律理论深深地隐藏在判决理由当中,需要学说去"发现"并赋予涵义;第三,在由若干个判决的累积形成一个新的法理的过程中,需要学者作理论上的支撑。[①] 这种作用的发挥,主要是基于法学学者相对于法官而言具有更深厚的理论功底并更擅长理论分析,他们或者从个案中发现新的理论生长点并加以深入阐述,或者在个案中提炼理论并之使明晰化,或者将不同的案件中呈现的断裂的亮点串连起来使之形成完整的规范性理论,从而使后案法官更易把握和遵循先例。

学者对判例生成的另一个作用是对法官判决形成潜在压力,从而使判例质量更有保障。在大陆法系国家,判例都是公开的,特别是像德国的判例,法官往往要作详细周到的论证。其论证理由是否合理,结论是否能够成立,可以被学者们所检验。大陆法系国家学者也普遍注重对判例的研究,一些有名的学术刊物也经常刊载判例研究的文章。意大利法学研究者非常关注判例研究,出版有专门的判例研究杂志。《意大利判例》(*Giurisprudenza italiana*)、《意大利法庭》(*Foro italiano*)、《民事司法》(*Giustizia civile*)等著名的判例研究杂志都是月刊。另外还有年刊、判例索引工具书等。在意大利,即使以发表理论色彩比较浓厚的学术论文为主的法学杂志,也往往留出大量篇幅登载判例评论文章。[②] 在这种情况下,法官,特别是高级法院的法官在作出判决时必须有充分的理由、论证和根据,要能经受住学者的批评和质疑,这对于保障判例的质量无疑能起到至关重要的作用。

在判例的良好运作方面,学者同样发挥着重要的作用。如前文所述,大陆法系国家的判例制度下,由于判例公开制度、审级制度的控制、当事人及其律师对法官是否遵循判例的监督、共通的思维方法等各种因素的影响,法官在实践中违背判例的概率极低。这虽是判例制度运行成功的重要体现,但这也可能带来一种影响,即判例的僵化与停滞。相较立法而言,判例往往是对立法的补充或再解释,能从更细微的方面给法官处理案件提供指引,对法官的自由裁量形成更强有力的约束。如果判例僵化,发展停滞,其对司法的负面影响可能更甚于立法。因而,判例也需要与时俱进,跟上社会情势的变化。但由法院及时推翻自己判例的难度,可能更甚于立法修改。立法机构是政治场所,由于定期的选举,议员的构成会定期发生变动,其所代表的利益集团的利益诉求也会发生变化,这为立法修改提供了可能。但相对于立法机构而言,法治国家的法官都是长期任职,有良好的职业保障,他们及时感知社会需求的要求亦更低,司法的保守性几乎是各国司法的共同特征。这种情况下,由司法机构纠正自己判例的难度很多情况下高于立法的修改。而不修改已不合时宜的判例,则可能妨碍司法正义的实现。在启动判例变化方面,外部力量,特别是学者发挥了重要作用。"在意大利的

① 解亘.论学者在案例指导制度中的作用[J].南京大学学报(哲学·人文科学·社会科学),2012(4):76-84.
② 薛军.意大利的判例制度[J].华东政法大学学报,2009(1):84-91.

判例制度中，这种推动判例发展的力量主要就来自理论学说上对包括最高法院在内的各级法院判例的持续的关注、批判。可以说，学界的批评是推动判例制度发展的最重要的力量之一。"①

但如果没有合适的互动机制，学者的批评并不一定能影响法官的判决。就如我国当前情况，学者对司法判决的评论很多情况下并不被法官所重视。一些法官私下抱怨学者纸上谈兵，对实务不了解，乱放炮，经常出现"你批你的，我判我的"的局面。大陆法系国家保障外部力量对判例发展影响的重要机制，是否认高级法院判例的天然权威与影响力，下级法官有权选择是否遵循判例。虽然因各种因素的影响，这种判例一般能得到遵循，但如果判例受到学者的强烈批判和质疑，其有效性就大打折扣，最终可能被放弃或被推翻。这方面，意大利的做法在大陆法系颇有代表性。"意大利的做法是：不赋予最高法院的判例以某种形式上的权威和影响力，而是通过理论学说对具体判例的批评和支持，来消解或者强化其权威和影响力。这样，在意大利的实践中，最高法院个别的、偶然的判例并不必然对下级法院具有强大的、压倒的影响力，而只有那些通过了学界判例评论反复的'锤炼'，得到某种程度的公认，并且判例中所表达的思想，在最高法院的实践中得到持续贯彻的'稳固的判例'，才对下级法院具有一种强大的，事实上的影响力。"②正是通过此种外部力量的冲击，大陆法系的判例才避免了僵化与停滞的可能性。

如此看来，大陆法系国家判例事实上的约束力源于多种因素的影响，但基本点是其不具有法律上的强制约束力，而是通过一种可质疑、可讨论但一旦形成共识后又能得到良好遵循的方式形成的。这种方式一方面保障了判例的有效性，充分发挥了判例在司法中的优势，另一方面亦避免了法律的不可质疑性，使判例因时而进，保障了判例制度的活力。

因此，如果深究大陆法系国家判例事实上的约束力的含义，实际上包含两个方面：一是这种约束力不具法源地位，其效力没有以法律规范为后盾；二是其在实践中真实有效，可以对后继案件的处理事实上起到约束作用。如果以这两个标准来比对我国指导性案例的效力，我国指导性案例是否可称得上有事实上的约束力则有待商榷。

就第一个方面而言，毫无疑问，最高人民法院和最高人民检察院代表性声音已一再声明，指导性案例不是司法解释，不具有法律效力。"从名称表述上看，我们建立的是'案例'指导制度，绝非判例制度。虽然判例与案例仅仅是一字之差，判例二字并不当然意味着遵循判例或遵循先例，但在我国的语境下以及人们的认知习惯中，判例二字更倾向于特指英美判例法国家的判例。在英美法系国家，'判例'是以法律渊源的地位而存在的，故而被称为'判例法'，是一种创制、借鉴以及遵循先例的一整套的法律制度或者法律体系，其根本原则是遵循先例。我们要建立的不是英美法意义上的判例制度，使用'案例'的表述，就是表明，我国实

---

①　薛军.意大利的判例制度[J].华东政法大学学报，2009(1)：84-91.

②　同①。

行案例指导制度，其目的是为了在保持成文法的法律体制下，以成文法为主，结合司法解释，以案例指导为辅，运用典型案例对法律规则的准确理解和适用进行指导，以弥补成文法之不足，而不是一种新的‘造法’制度，不是‘司法造法’。”①“西方法制国家实施的判例法与我国的基本法律制度不符。”②在最高人民法院和最高人民检察院已直接否认指导性案例具有法律效力的情况下，无论如何都不可能认为指导性案例具有法源地位。这一点与大陆法系国家是相同的。

就第二个方面而言，指导性案例是否在实务中真正具有约束力，从目前情况来看，形势并不乐观。除笔者参与的课题组得出当前指导性案例在实务中效果不佳的结论外（详细内容将在后文展开），其他研究成果也得出类似的结论。如四川高院和四川大学组成的课题组以法官为调查对象的研究发现：“近五成（47.37%）的调查对象认为‘我国不是判例法国家，没有必要适用，且不便适用’，32.74%的调查对象表示‘实践中没有参照使用案例的习惯，周围同事也不参照使用案例’。”③孙国祥教授也发现，“最高人民检察院发布的指导性案例‘施某某等17人聚众斗殴案’（检例第1号），对目前司法机关办理群体性事件，立足于化解矛盾，促进和谐，实现办案的法律效果与社会效果的统一，具有指导意义。尽管实务中类似案件并不鲜见，但一年多来，笔者却没有发现参照该案例进行裁判的实例”④。

如果以有效性为基准，大陆法系判例制度事实约束力的说法，是基于判例在实务中的有效性而得其名，是名副其实的；而我国案例指导制度事实约束力之说法则源于官方的定义，并非基于对实务情况的实事评价。就目前而言，它只能算是一种理想，是需要追求的目标。

这种目标能否实现，指导性案例何时能具有名副其实的事实上的约束力，在目前的机制下，笔者并不乐观。如前文所述，大陆法系国家是由柔性的机制实现了刚性的效果，而我国无论法院案例指导还是检察案例指导，都是企图借助自上而下的刚性的行政化压力机制实现“刚性”的效果。这种刚性压力的效果是可疑的。有学者对此问题进行了较为深入的阐述：我国司法机关采用的是行政化（官僚制）管理体制，案例指导制度在实施措施上沿袭了行政化的控制方式。行政化方式的优势是具有较强的“硬性”，能将最高司法机关的意图迅速贯彻至最基层，但此种依赖于上级推行某种政策的力度，只有在上级高度关注某项工作时才能达到最佳效果。作为常态的管理方式，案例指导的内部行政化实施方式则展现出显而易见的“脆性”——上级的要求在实践中经常被打折执行，甚至得不到执行，即所谓的“上有政策下有对策”，而上级却难以有效纠正。这已为我们过去的实践所充分证明。

其原因在于：第一，内部人员的同情式理解。相较于繁杂的生活，指导性案例具有一般

① 蒋安杰.最高人民检察院研究室主任陈国庆——检察机关案例指导制度的构建[N].法制日报，2011-01-05.

② 苏泽林.案例指导制度与司法统一[J].中国法律，2009(3):44.

③ 陈明国，左卫民.中国特色案例指导制度的发展与完善[J].中国法学，2013(3):34-45.

④ 孙国祥.从柔性参考到刚性参照的嬗变——以“两高”指导性案例拘束力的规定为视角[J].南京大学学报(哲学·人文科学·社会科学)，2012(3):133-140.

性，个案的特殊性经常会对指导性案例提出修正或调整适用的要求，由于负监督职责的司法人员与办案人员有共同的职业经验，与外部人员相比，监督人员往往更能理解并认可办案人员的裁量行为。第二，角色互换的可能性。司法机构内部人员流动是经常性的，一些地方还有强制性的轮岗要求，监督者与被监督者存在角色互换的可能性，今天的监督者明天即有可能成为被监督者。这使监督者产生忽视背离指导性案例的行为——特别是不那么严重的或相对模糊的背离指导性案例的行为——动机，希望当他们作为被监督者的时候能得到相同的对待。第三，内部人员的友情。像其他职业一样，司法人员间存在特定的友情，这使得严格执行内部监督颇为困难。此外，“面子”文化和人情社会的干扰因素也困扰着监督者。第四，领导人员缺乏监督的愿望。首先，组织理论研究表明，如果所有组织行为都按规则行事，则机构的运作将趋于僵化，注定效率是不高的，机构目标的实现很多情况下依赖于未成文的“行为规则”。为实现司法目标，一些领导者对类似于潜规则的行为规则持默许的态度，在不直接冲撞法律的情况下甚至持支持态度。“搞定就是稳定，摆平就是水平，没事就是本事”之类的口号就潜含着这种意思。在追求实效的司法文化下，当适用指导性案例效果不理想时，部分领导者缺乏严格约束下级司法人员的动力。其次，在行政化管理体制下，领导者对下属的不当行为负事实上的连带责任，下属不当行为因查禁过严而被大量揭发有损于领导者的声望。这是上级领导所不乐意见到的。再次，对下级约束过严会损害下级司法人员的权力和自主性，从而损害下级主动行为的积极性，下级人员可能消极依赖正式规则，不愿作规则要求之外的事项，这将导致组织整体效能低下，领导者能力受到质疑。因而，“有效的内部纪律措施在最好的情况下是尴尬而麻烦的，在最不好的情况下则是无效的”①。

因而，如果不从根本上调整我国当前案例指导制度实施保障机制的思路，所谓指导性案例的效力问题一定程度上是一个伪命题。仅有官方定义或追求的效力而无实践层面的支持，我们恐怕不太好说指导性案例具有货真价实的“事实上的约束力”。

总的来说，在现行的政治司法制度下，英美法式的判例法在我国没有生长的空间，检察指导性案例要想取得像英美判例法那样的法源地位，基本是不太可能的。如果将指导性案例的效力作法律约束力与事实约束力二元划分，检察指导性案例要想取得法律上的约束力至少在目前是不现实的。因而，事实上的约束力可能是检察案例指导比较可行的定位。但即便如此，它也不是进行时，而是将来时，它依赖于检察案例指导制度和更大范围司法体制改革的进一步推进。只有当指导性案例在实践中真实有效时，我们才能理直气壮地称之为有事实上的约束力，在此之前，它还只是我们追求的目标而已。

---

①　秦宗文.案例指导制度的特色、难题与前景[J].法制与社会发展，2012(1):98-110.

第四节　指导性案例适用方法论

虽然司法人员在处理个案中适用指导性案例的方法可能会有各种微妙的差别，但探讨适用指导性案例的一般方法论仍是可行的。明确指导性案例的一般适用方法，将为司法人员在个案中参考指导性案例提供大的方向，但又不妨碍他们根据个案情况灵活运用各种有效方法解决问题。

一、明确指导性案例适用方法的意义

从目前效果看，案例指导制度的实际效果与当初的预期效果有不小的差距。其他原因暂且不论，适用指导性案例的方法不明确，也是重要原因之一。如何适用指导性案例，事关指导性案例从制度到现实的转换。

明确指导性案例的适用方法，至少有以下意义：

（一）鼓励司法人员适用指导性案例

在我国司法实务中，司法人员有借鉴典型案例助力处理案件的积极性，这在前文已有较充分的论述，但这并不等于他们期待的是案例指导制度。指导性案例虽然可以为其办案提供更具权威性的参考依据，可以借此强化自己决定的说服力，屏蔽一些不当的压力与干预；但同时要看到，对于一线司法人员而言，指导性案例同时也是“紧箍咒”，司法人员在享受指导性案例好处的同时也受到附之而来的各种约束。与之前司法人员适用典型案例的随意性比较，案例指导制度设定的各种框框限制了司法人员的自由裁量权。并且从“两高”指导性案例的相关规定及有关负责人的相关论述来看，两高案例指导制度都希望以一定的方式监督指导性案例的使用，适用指导性案例不当的，会带来一定的不利后果，如决定被推翻，个人考核方面的不利评价等。这种约束性后果可能使司法人员设法回避适用指导性案例，在实际参考的情况下亦可能故意不明示，以回避可能带来的被监督麻烦。从起始点上来讲，案例指导制度是一种自上而下推行的案例适用机制，但从长远观点看，使案例指导制度真正有效的最大动力在于调动司法人员适用指导性案例的积极性，从“要我用”变成“我要用”。而要实现这一转变，就要设法消除指导性案例监督对司法人员可能带来的不当压力。

这种压力部分来源于司法人员群体对适用指导性案例的方法缺乏共识。至于如何适用指导性案例，国内对于这一问题的研究还处于起步阶段，两高文件对此问题也没有明确。倘若法律职业共同体内能就指导性案例的适用方法形成共识，显然有利于提振下级司法人员的信心，使之相信只要自己遵循该类方法适用指导性案例，上级司法人员将不会推翻自己的判断；另一方面，也可约束上级司法人员的裁量权力，防止其改变下级判断的随意性。上级司法决定的权威应通过其在共识性方法基础上的有说服力的决定来实现，而不应仅以其级别高而取得。

（二）减少对指导性案例可能的滥用

建立案例指导制度的目的是限制司法裁量权，统一司法。一般观点认为，指导性案例通过对抽象性法律规范的细化，借助具体案件的事实细节使法律规范取得更确定的含义，这有助于限缩法律解释的任意性，从而取得对法律更稳定、更明确的理解。但这一目的能否达成，并没有完全的保证。后案司法人员在适用指导性案例时，关键问题是对前后案件是否“类似”进行合理判断。从英美法系判例法的适用经验看，这种通过前后案件的比对，以沿袭前案处理方法而求得法律秩序稳定的做法受到了不少的质疑。美国法学家威格莫尔写道：“据说，在法律适用过程中，遵循先例原则对于捍卫确定性来讲是必不可少的……但是从总体情况看，遵循先例原则事实上没有保证确定性。我们国家司法意义上的法律，与任何可能不明确的法律一样不明确。我们经受着所有不确定性所带来的困苦，而这些困苦本来应当由遵循先例原则来加以避免。”狄龙说：“在现代背景下，从相对广阔的范围内，以及我们已经赋予判例规则强制性的角度看，判例规则是否更多的是法律确定性的根源，而不是法律不确定性的根源，有些人对此表示怀疑……什么是相同的案件？判例是否存在重大错误？这些问题通常只能在产生这些问题的各个案件由法院作出判决之后才能知晓。”①但更多的意见认为，判例法还是相对明确的，对于法律秩序的稳定性可以提供有力的支持。这一点就连对司法稳定性持负面看法的法律现实主义学者也予以肯定。如其领军人物弗兰克认为：“经过对规则的不确定性、模糊性、不稳定性以及灵活性进行合理地折扣后，即使规则涉及的方方面面非常之多，但是不管是在任何场合，应当说规则还是准确的。基于这一理由，绝大多数法律专业人士赞同卡多佐的观点，认为他们所称之为‘法律’的东西，其中的大部分是非常明确的。”②客观来说，单就英美普通法中的判例而言，其与成文法比较，明确性方面显然不占优势，判例法为后案法官留下了更多的裁量空间，埋下了法官裁量权滥用的可能性。这种可能性之所以没有成为现实，最重要的因素在于英美法系国家职业共同体内普遍遵循历经岁月沉淀而形成的一套判例适用方法。“英国法官所受牵制主要不是来自不自由，而是来自为使其职业禁则不被违反的那种‘杂乱的、零星的、有时是拐弯抹角的工作方式’。”③在个案裁判中，即使法官并不认可遵循先例而得到的结论，也往往会遵循先例。“事实上，极端的现实主义者的观点只有通过假定我们的法官能够做到最大的伪善才能被支持”“当一个法官审理案件时，对他构成约束的判决理由支持相反的观点时，他就应该准备改变任何暂定的判决，而

① 弗兰克. 初审法院[M]. 赵承寿，译. 北京：中国政法大学出版社，2007：310.

② 弗兰克. 初审法院[M]. 赵承寿，译. 北京：中国政法大学出版社，2007：347.

③ 埃尔曼. 比较法律文化[M]. 贺卫方，高鸿均，译. 北京：清华大学出版社，2002：183.

且没有证据证明这不是目前英国的司法惯例”①。

我国案例指导制度虽然与国外判例法有诸多不同,但作为案例作用机制,其通过前后案的比对,对办理后案的司法人员进行指引和约束,这一点与判例法原理上是共通的。两高的《规定》虽然建立了一定的约束机制,但从国外经验看,司法人员内部的自我监督和约束在保障指导性案例的正确适用方面,仍发挥着不可替代的作用,其核心就是形成一套共识性的指导性案例适用规则。这种共识性的指导性案例适用规则可达到两种效果:一是相对明确的适用规则对司法人员有潜在的约束力,意图违背司法公正者不能以解释多样化的理由,为自己的决定给出正当化的辩解理由。这将迫使其约束自己的行为,防止借参考指导性案例为名滥用自由裁量权。二是共识性的适用规则也为诉讼参与者审查司法人员的决定提供了依据。诉讼参与者,特别是律师,如果认为司法人员适用指导性案例方法不当,可以此为依据提起救济程序。

(三)激发司法人员创造性地适用法律

正如前文所指出的,我国案例指导制度采用的是行政化的约束机制,企图以最高司法机关从上到下的行政化监督来促使下级司法人员遵循指导性案例。这种行政化监督机制虽然可以承担一时的动员性工作,在案例指导制度建立初期迅速实现从无到有的转变,然而作为常态化的监督机制则存在不可避免的弱点,即由于执行者各种利益关系的考虑会使其逐渐失去实施动力,这可能导致指导性案例被不正当的适用或弃置不用。即便假定这种方式能够有效地推行,由于这种方式是最高司法机关钦定指导性案例而下级司法人员只有遵循的义务,难以有效地因地、因时制宜地对指导性案例进行发展,可能影响个案处理的公正性与正当性。下级司法人员处于实践一线,社会发展的新情况在诉讼中的反映会第一时间被其感知到,对当下案件与指导性案例的不兼容也往往有最深体会。从西方判例运用历史看,其往往通过相对柔性的约束机制,赋予司法人员一定的灵活处理权,在保障先例得到遵循的同时,为先例的发展开一扇门,以保证判例制度的活力。“他不需要‘盲目地’接受判例。如其确信,判决先例中的解释不正确,其中的法的续造之理由不够充分,或者当初正确的解决方式,今日因规范情境变更或整个法秩序的演变,须为他种决定时,则其不仅有权利,亦且有义务摒弃判决先例的见解”“在某种程度上,判决先例可主张其享有正确性推定;但法官不可不假思索地信赖它,如其发现判决先例有可疑之处,即须自为判断。”②两大法系国家通过这种鼓励司法人员挑战判例的机制来保障其活力,防止判例陷入僵化。当然,正如我们所观察到的,无论是大陆法系国家还是英美法系国家,司法人员并没有因存在这种背离机制而大规模地违背判例,而是取得了遵循判例与发展判例的较好平衡,这一问题的核心即在于以适用方

① 克罗斯,哈里斯.英国法中的先例:第四版[M].苗文龙,译.北京:北京大学出版社,2011:59.

② 拉伦茨.法学方法论[M].陈爱娥,译.北京:商务印书馆,2004:301-302.

法为共识的柔性约束机制。因为存在共识，一般情况下司法人员都会遵循先例，这保障了判例制度的有效性，但共识与行政化约束比较，有更大的弹性空间，可以使司法人员在必要的时候突破旧规。在英美法系下，一些法官常因成功的先例而名垂青史，这无疑不时鼓动着那些有足够理由的法官，争取在判例史上添上自己的一笔。如果我们能通过适用方法的共识来发展相对柔性的约束机制，再通过其他相应的配套措施来调动司法人员的积极性，将调动司法人员在必要的时候发展指导性案例的积极性，这对于保持案例指导制度的活力至关重要。

二、两大法系国家判例的一般适用方法

（一）英美法系判例的适用方法

在英美法系国家，当一个判决是以判例法为基础而没有参照任何制定法时，采用的是类推的方法。就一个单独的先例而言，这种类推大体可以分为三个阶段，当然这并不说明在实践中它们总是分离的。首先是对先前判例和法官面前的案件之间相关类似性的理解，接下来是要确定先前判例的判决理由，最后决定将该判决理由适用至当下这个案件中。当涉及几个判决时，推理就会有四个阶段：对当下案件和大量先前案件的类推（可能经常是冲突的）的把握，确定先前案件的判决理由，从那些判决理由中建构一项规则或几项规则，以及确定将该项规则或几项规则中的一项适用至当下案件中。①

可以肯定的是，法官在处理案件时，并不会在先例的汪洋中漫无目标地寻找案例。基于已有的法律教育和职业经验，法官往往会确定大体搜寻方向，甚至会根据自己的职业经验直观地确定结论，后面的寻找先例只是为了论证和支持自己的观点而已。“几乎没有人怀疑，结论经常是在反对它们的权威被考虑之前作出的。……有时一个法官似乎本能地抓住了问题的核心并找到了解决办法，尽管对这个问题是什么和这个解决办法的正当性如何被证明的详细解释和证明可能需要某些详尽的推理和引用权威。”②除了法官主动寻找先例之外，诉讼中的对立双方也会积极地向法官提供自认为对己方有利的先例，并且这通常是法官得到判例的最主要方法。因为站在兼听则明的立场上，利益对立双方会竭尽所能提供对自己最有利的判例，法官对这些判例审视后，往往可以找到最为适用的判例。

法官这种类似于直觉达至的结论，如果没有合理的论证并找到据以支持的先例，不能成为判决的基础。通过类推的方法确定当下案件与先例之间的类似性，就成为适用先例的重要一步。这涉及两个步骤：“（1）确认系争案件与先例案件之间事实的相似处及相异处，

① 克罗斯，哈里斯.英国法中的先例：第四版[M].苗文龙，译.北京：北京大学出版社，2011:209,213.

② 克罗斯，哈里斯.英国法中的先例：第四版[M].苗文龙，译.北京：北京大学出版社，2011:58.

(2)在与系争争议有关之重大事项上,决定系争案件与先例是否相似或相异。如果在与系争争议有关之重大事项上,系争事件与先例相似,则'依循'先例。如果在与系争争议有关之重大事项上,系争案件与先例相异,则'区别'(不依循)先例。……这个评估系争案件与先例之间相似与相异的重要性,不能概括地决定,必须视情况和系争争议而定。"[①]"对先前案件和法院面前的案件之间的相关类似或区别的感知,在很大程度上取决于情境。与注定存在大量的任何律师都马上会确认为非实质的不同这个事实不同,当下案件被论证和辩护的方式经常具有极端重要性。"[②]概括而言,英美法系判例法中,判断前后案件是否类似,是以争议问题为中心,考察前后案中与之相关的重要事实(实质事实)是否相似。先例中哪些事实是重要事实,哪些不是,并不是自然确定的。只有在后案中争议问题出现时,在与后案比对中才能确定,即所谓"不能概括地决定",其具体确定受对立双方的论证和争辩影响很大。

先例确定后,下一步工作就是确定先例的判决理由。所谓判决理由,就是法官判决一个案件所根据的理由,即法官在判决书中所表达的法律论点。但英美法判例中判决理由的确定并不总是简单和清晰的。这是因为,"相对而言,很少有法官直截了当地指出他用来作出判决理由的法律论点,但是法律理论要求在所有的判例中,都应该有一项判决理由……在后来的案件中,不止一个法官想要知道前一个判决中的什么法律论点应该被看作判决理由。同样的问题困扰着给其客户提出建议的律师和被要求详述既存法律的法学家"[③]。曾经有意见认为,判决理由与附随意见[④]的区分具有很大的随意性,主要取决于后案法官处理当前案件的需要。英国法理学教科书的诸多作者曾经认为,判决理由和附随意见的区别,仅是后来的法院按照自己的偏好接受或拒绝先前判例中的表达的原则所使用的一种工具[⑤]。这种观点显然受到了法律现实主义思潮的影响。但更主流的观点认为判决理由与案件事实是关联的,是可以相对确定的。"一个判例的判决理由要通过查明法官认为属于实质的事实来确定。要根据这些事实,从法官的判决里得出原则。任何受该判例约束的法院必须得出类似的结论,除非它面前的案件另有其认为属于实质的事实,或者除非某些在前面判例中被认为属于实质的事实在该案件中是缺乏的"。通过这种方法,"在案件的日常运作中,说出判决理由是什么并没有那么困难"[⑥]。

当先例有多个时,法官要从多个先例中析取出一项规则来裁判当下的案件,这一过程适用的是归纳的方法。"要想知道法律是什么,我们需要把相关的案件集合在一起,即'整合'

① William Bumham. 英美法导论[M]. 林利芝,译. 北京:中国政法大学出版社,2003:51.

② 克罗斯,哈里斯. 英国法中的先例:第四版[M]. 苗文龙,译. 北京:北京大学出版社,2011:212.

③ 克罗斯,哈里斯. 英国法中的先例:第四版[M]. 苗文龙,译. 北京:北京大学出版社,2011:55-56.

④ 法官对于法律原则的所有陈述,并不全是案件的裁定。无关案件判决的陈述对未来的案件没有约束力,且不应在陈述案件的裁定中提及。无关案件判决的陈述被称为法官的"附带意见"或"附随意见"。参见:William Bumham. 英美法导论[M]. 林利芝,译. 北京:中国政法大学出版社,2003:50.

⑤ 克罗斯,哈里斯. 英国法中的先例:第四版[M]. 苗文龙,译. 北京:北京大学出版社,2011:57.

⑥ 克罗斯,哈里斯. 英国法中的先例:第四版[M]. 苗文龙,译. 北京:北京大学出版社,2011:72,83.

它们。”[①]

当规则呈现后，法官下一步的工作就与适用制定法基本一致了，就是用已经抽象化的规则来涵摄当下案件的事实，从而作出判决。这时适用的方法是演绎推理。[②]

以上几个步骤只是为分析需要而作出的划分，在实际处理案件过程中法官可能并不会清晰地加以区分。对当下案件与先例类似性的比较，确定先例的判决理由，及确定当下案件的处理结果，这三个过程往往是一体的，难以清晰界分。“规则所由来的那个过程，是在比较事实的同时创造规则然后再适用规则。”[③]

判例法的适用逻辑结构看似清晰，但这并不能保障后案法官在适用先例时，都能得出相同的结果。其关键点就在于前后案件类似性的确定上。先例与当下案件的类似取决于重要事实是否相似，但何谓“重要事实”往往受到当下审理法官价值判断的影响。“‘重要要素’或‘重要性质’为何，亦颇耐人寻味，有谓二事件之事实间具有相同价值之性质属之，有主张依归纳方法就各种生活关系予以类型化，其属同类型者属之，不一而足。何谓相同性质？是否属同类型？在涉及价值判断之问题，殊难有一客观之标准……‘重要要素’或‘重要性质’之认识，本质上涉及人的价值判断，故法律之容许性与目的论之妥当性，为判断二个案例是否类似之不可或缺的要素，此不仅涉及法官个人之法律哲学修养及对法律目的之了解而已，甚至与其对社会之人生观亦有关连。”[④]更有学者认为，法官的“主要任务并不在逻辑领域，而是目的实现的领域，即目的论”“形式逻辑在法律实践中是目的论的仆人”[⑤]。在实践中的表现，就是英美法系法官在认为适用先例可能导致结果不正当时，适用区别技术[⑥]来避开先例的约束。“英美法国家，辨别两事件之事实是否类似，恒运用‘辨别异同的技术’以避免受‘先例拘束原则’之拘束。换言之，彼等就具体案件是否应予类推，恒先从目的论上考量，若认援用判例所获结论合乎法律目的，即强调二案件事实之‘重要要素’相同，反之，则不然。故该等国家法官于援用判例与创造判例间，具有高度之技术性。”[⑦]不过这并非全然为可批判之处，因为任何人都无法摆脱历史、社会与文化的约束，任何人都无法绝对地预测性地为后世立下不可作二解的规则。“无论大法官多么强烈地认为其判决正确且经得起时代的考验，他们都无法支配继任大法官和其他公共机构在其发挥职能的背景下对其判决的理解。”[⑧]一定程度上

① J Ginsburg. Introduction to Law and Legal Reasoning[M]. Westbury N Y: Foundation Press, 2004:158.

② 对判例规则概括和抽取方法的介绍也可参阅：R B Cappalli. The American Common Law Method[M]. Leiden-Boston: Brill Academic Pnblishers, 1997:116.

③ 列维. 法律推理引论[M]. 庄重，译. 北京：中国政法大学出版社，2002:8.

④ 杨仁寿. 法学方法论[M]. 北京：中国政法大学出版社，1999:287.

⑤ 魏德士. 法理学[M]. 丁小春，吴越，译. 北京：法律出版社，2003:305.

⑥ “区别技术”主要是指“区分先例”，目的是找到应当遵循的先例，同时避免遵循一个不令人满意的先例。区别技术所要解决的实际问题是：由于先例是存在于一定的判决中的，那么，法院对这种内含着先例的先前判决要遵从到什么程度。法恩兹沃思. 美国法律制度概论[M]. 马清文，译. 北京：群众出版社，1986:70－71.

⑦ 杨仁寿. 法学方法论[M]. 北京：中国政法大学出版社，1999:288.

⑧ 格哈特. 先例的力量[M]. 杨飞，等译. 北京：中国法制出版社，2013:287.

说，正是处理当下案件的法官以目的论来衡量适用先例所可能造成的后果是否正当，才避免了纯粹适用逻辑所可能造成的先例僵化的陷阱，保障了判例的与时俱进，以发挥维系法治公正性的功能。

（二）大陆法系国家判例的适用方法

大陆法系国家对判例有约束力部分的界定与英美法系大体一致，都认为对后案构成约束力的是先例中所表达的法律见解而非判决本身。“有约束力的不是判例本身，而是在其中被正确理解或具体化的规范”。但是与英美法系不同的是，这些规范不是由审理当下案件的法官来归纳提炼，而是先例已自带的，与法院审定的案件事实一起公布。在大陆法系国家，高级法院在判决中常以要旨的形式将判决所表达的法律见解条文化，一定程度上与制定法无异。“判决理由陈述非常简洁……任何具有一般叙述性的话语都是被禁止的。”[①]“诸最高审级法院常以法条的形式表现其所发现之法规则，因此常造成此等规则不当的一般化。”[②]因此，大陆法系司法人员在适用判例时，就省却了英美法系国家司法人员区分判决理由和附随意见的苦恼。这是英美法系与大陆法系司法人员适用判例的重要区别。

如何找到合适的判例，在这一点上大陆法系国家与英美法系国家有所不同。大陆法系国家中，判例被视为对规范的澄清、发展乃至精确化。“法院对于法律、法秩序诸原则及补充性法条，通常是以它们在司法裁判中（借判决先例为媒介）所表现的形态来认识它们。不是判决先例本身，毋宁是裁判中宣示的标准始具‘拘束力’，后者须以‘适切的’规范解释或补充为基础，或以范例性的方式具体化法律原则乃可。”[③]要旨不但以条文形式出现，而且在编辑时往往以条文为中心，将相关判例附于后，为后案法官查找相关判例提供方便。以台湾地区为例，“编辑判例时，又煞费苦心，将有关判例编列于相关法条之后，同一判例涉及数法条时，并同时分列于各有关法条内，检阅至为方便”[④]。因而，只要法官能确定可能涉及的法律规范，找到相关判例并非难事。

由于要旨的条文化，大陆法系国家对判例的使用也接近成文法的方法。成文法的规范是对日常生活行为的提炼和简化，为司法人员提供了判断案件事实的基本框架。在成文法体制下，司法人员在法律教育过程中对成文法的内容已经熟悉。当案件进入司法程序后，一般情况下，司法人员借助已学习的法律知识，可以迅速地判断该案件应涵摄于哪一规范之下。这些规范的构成要件包含了一系列以一般的方式描绘出来的、个案情况可以为其涵盖的情境。即便案件属疑难案件，也大体可以确定其应当向哪一规范靠拢。个案的事实使规范所表达的类型化构成要件得以具体化，而法官以规范所展示的构成要件为依据，对个案事

---

① 克罗斯，哈里斯．英国法中的先例：第四版[M]．苗文龙，译．北京：北京大学出版社，2011：56.
② 拉伦茨．法学方法论[M]．陈爱娥，译．北京：商务印书馆，2003：301.
③ 拉伦茨．法学方法论[M]．陈爱娥，译．北京：商务印书馆，2003：302－303.
④ 杨仁寿．法学方法论[M]．北京：中国政法大学出版社，1999：284.

实进行组合，使之符合规范的要求。这一过程是双向互动的，直到司法人员找到满意的裁决结果为止。德国法学家依菲切尔将这种规范与案件事实间的相互接近、交互澄清的程序称为“诠释的程序”，中断此程序的时点则为“诠释的转折点。”“以事实及平等的正义为标准，假使进一步的凝聚不能再使规范更特殊化，表达案件事实的概念也不能再细分，我们就达到前述的转折点了”。通过这个程序最后达到的凝聚作用，它“既提供了个案规范，也确定了待判的个案事实，并因此能对此事实为评价”。由于深受成文法适用方法的影响，大陆法传统下的法官适用判例也趋向于成文法化。“法官于具体案件援用判例时，殆多目为抽象的一般规定，以之为大前提，事实为小前提，而导出结论，几已将判例视同法规。”①

这里的关键问题是，如何对待判例所依托的案件事实。与英美法系国家比较，大陆法国家法官适用判例时不太重视先例判决中的事实，或者说，他们在某种情况下即便想参考先例中的事实也不可能。因为先例中根本就没有提供事实或者仅有简要的事实，后案法官没有机会将当下案件中的事实与先例中的事实比对。如法国，“从字面上看，法国法院的每一个判决都是由一个单独句子组成，例如，最高法院的判决书读起来，或者是‘本院……驳回[撤销请求]’，或者是‘本院……撤销[提起上诉的判决]并将该案移送某法院重审’。所有判决理由都可以在这个夹着一连串从句，每个从句都以‘鉴于……’为开端的句子的宾语和谓语之间发现。判决书中没有专门叙述案件事实或该诉讼来历的段落，实际上，只有在对于阐明必需撤销原判的各个理由、原审法官的论据或最高法院独自的观点十分必要时才引述事实。即使在这种情况下，引述也可能是十分间接地提及的”。“德国法院的判决必须包括‘事实和诉讼经过的扼要叙述’，但当判决在期刊或判例汇编上印出时，则有一种特有的倾向，即将它截短甚至加以删削，这种做法对于普通法法律家来说是不可思议的。”②这显然是大陆法成文法思维方式在判决适用上的投影。“亦因法院著成判例，有此偏差，致法官援用之际，‘抽象正义’或‘具体正义’每难取舍；评议时更屡有‘看里’（包括事实）或‘看外’（将判例视为抽象的一般规定）之争。”③

比较两大法系国家适用判例的方法，可以看到，判例被适用的前提是存在抽象化的法律规则，因为抽象化的规则才可能对当下案件进行涵摄。一旦规则确定，两大法系国家适用判例的方法是一致的，即演绎推理④。其主要区别集中于规则的确定上，英美法系国家判决理由是由后案法官通过类推方式确定的，原则上不存在事先确定的判决理由；而大陆法系国家判例的要旨则是在后案发生之前已确定的，后案法官对其只有如何解释的问题，而不能自行确定。但这种区分可能偏于理论，在实践中两大法系的差别可能并不如理论的分歧那么大。

---

① 杨仁寿. 法学方法论[M]. 北京：中国政法大学出版社，1999：283.

② 茨威格特，克茨. 比较法总论[M]. 潘汉典，等译. 北京：法律出版社，2003：188，384.

③ 杨仁寿. 法学方法论[M]. 北京：中国政法大学出版社，1999：284.

④ 有学者认为英美法系判例法适用是类推推理，大陆法系判例法适用是演绎推理。这种看法忽视了英美法判例适用提炼、抽象化判决理由的一面。特别是先例为多个案件时，这一点体现得更为明显。参见：解亘. 论学者在案例指导制度中的作用[J]. 南京大学学报（哲学社会科学版），2012(4).

试想一下，如果英美法系法官在审理每个案件时，都需要对先例进行分析以确定其含义，并根据当前案件给予个别化的解释，那么这不但会损害判例法的稳定性，在效率上也是值得怀疑的。美国学者库克教授对“常规性”案件和涉及“新的和非常规事态”的案件进行了区分。他认为在常规性案件中，先例的判决理由是确定的，后案法官的工作主要是演绎推理。“呈现在初审法官面前的许多案件与那些已经判决过了的其他案件是如此的相似，以至于这些案件或多或少地会被不假思索地按照常规方式加以处理，而且是通过‘机械式的’或‘习惯性’的方式进行判决的。”①弗兰克·克罗斯教授也认为：当前美国“法官援引先例也很少涉及先前案例的事实部分，更多是将先例作为法律直接适用”②。美国案例的编纂方面也体现了判决理由定式化的倾向。美国联邦最高法院编辑出版的《美国最高法院判例汇编》中收集的每个判决前，都附有由最高法院专人归纳总结的判决理由概要。美国最有影响的非官方判例汇编之一，西方出版公司编辑出版的判例汇编中，也在每一判例之前编辑了判决提要。严格说来，此处的判决理由概要或判决提要，不能被认为就是对后案法官有约束力的判决理由，但这显然为法官或其他法律职业者确定该案的判决理由提供了极大的方便。尽管如此，基于传统和大的制度背景因素，案件事实在英美法系判例适用中得到比大陆法系更多的重视，则是可相当肯定之事。

此外，两大法系都为防止纯粹逻辑推理可能导致判例僵化提供了有效机制。与英美法系判例法以“目的论”作为衡量前后案件事实是否实质相似的机制相似，“大陆法系国家法官，以法律容许性与目的论上之妥当性，为判断二个案例间是否类似之不可或缺的要素”，二者“实有异曲同工之妙”③。

三、指导性案例的基本适用方法

对指导性案例如何适用，最高人民检察院和最高人民法院的相关文件都没有给予明确的规定。在最高人民法院主办的有关案例指导制度的研讨会上，就如何适用指导性案例，与会司法实务人员主要有两种意见：一种意见认为指导性案例应重点提炼要旨，后案司法人员主要参照要旨处理案件；另一种意见虽不否定提炼要旨，但主张指导性案例的价值应该从整体上来把握，参照也应是整体的参照。其中主张参考要旨或裁判要点的意见占上风。代表性的观点如“在指导性案例中，指导要点还有裁判要旨的提炼是最关键的。指导性案例的意义主要是看它的指导要点，就是说有什么要求，所以实施细则应该规定得更明确，否则法官在运用或者参考这个案例时不好参照或是不好比对”“地方各级人民法院参照这些案例的时候要参照要点，而不是参照这个案例，因为各地的情况不一样，但它所依据的法律规则，所阐

① 弗兰克.初审法院[M].赵承寿，译.北京：中国政法大学出版社，2007：348.
② 克罗斯.美国联邦上诉法院的裁判之道[M].曹斐，译.北京：北京大学出版社，2011：226.
③ 杨仁寿.法学方法论[M].北京：中国政法大学出版社，1999：289.

述的法律法规都具有指导意义，对于审理这类案件有约束力”①。最高人民法院政策研究室负责人在有关文献中也提出了自己的看法，作为最高人民法院案例指导制度日常工作的直接负责部门，其负责人的观点基本可以代表官方的意见。他认为，最高人民法院《规定》第七条中的“在审判类似案件时应当参照”，是指人民法院在审理案件的过程中，在待审案件的主要事实和法律问题与指导性案例类似的情况下，参考并仿照指导性案例作出裁判：“正确参照指导性案例，具体要做到以下三点：(一)准确把握‘裁判要点’所归纳的指导信息。不得超越裁判要点的指导范围借题发挥，这是案例指导制度与判例制度的重大区别。我国指导性案例的裁判要点，是最高人民法院审判委员会确定的，任何一级法院，都不得超越或者突破最高人民法院确定的裁判要点去参照。(二)准确理解‘类似案件’。类似案件不仅指案情类似，更重要的是指争议焦点即法律问题类似。只有基本案情类似，同时当事人诉讼争议的法律问题也类似的，才可以参照。(三)明确‘参照’的含义。‘参照’主要是指参考并仿照指导性案例确定的裁判规则或者价值精神作出裁判，不是依葫芦画瓢参照具体的裁判结果。”②现在还缺乏最高人民检察院如何适用《规定》的文献，但基于法院案例指导与检察案例指导的同质性，在适用技术上可以认为二者基本上是相同的。

从司法实务部门的主流观点看，我国案例指导的适用方法主要体现出三个特点：

(一) 指导性案例要旨(裁判要点)的法条化倾向

在我国长期的成文法传统下，司法实务人员习惯于将法条作大前提，案件事实作小前提，通过演绎推理处理案件。在对待案例指导的态度上，司法人员普遍将指导性案例视为法条的例证，是对法条的细化。基于长期适用演绎推理方法的惯性，司法人员普遍要求指导性案例能提供法条化的要旨(裁判要点)，以方便使用，他们在潜意识里对英美法系的类推方法存在疑虑。可能基于对下级司法人员的需求的把握，最高人民法院也极为重视裁判要点的生成，在形式上也将其视为法条。在指导性案例的编写上，最高人民法院要求“精心提炼‘裁判要点’，认为这是编写好指导性案例的关键环节。裁判要点是从整个案例中蒸馏出来的结晶，是指导性案例的点睛之笔，也是法院裁判的精华所在。编写者要像仙人炼丹一样把裁判的杂质与水分挤掉，尔后形成一个精致的结论”③。这种惜字如金的态度似乎让我们恍惚之中看到了法国最高法院的身影。“把裁判的杂质与水分挤掉”实质上就是要求裁判要旨尽可能地抽象化，不要带上具体案情的影子。而抽象化正是立法的基本特征。这点在最高人民法院和最高人民检察院发布的指导性案例中都有较充分的体现。最高人民检察院发布的“检例第11号”“袁才彦编造虚假恐怖信息案”的要旨之一是：对于编造虚假恐怖信息造成有关部门实施人员疏散，引起公众极度恐慌的，或者致使相关单位无法正常营业，造成重大经

---

① 蒋安杰．案例指导制度规定：一个具有划时代意义的标志[N]．法制日报，2011－01－05．

② 胡云腾．如何做好案例指导的选编与适用工作[J]．中国审判，2011(9)：82－85．

③ 同②．

济损失的，应当认定为"造成严重后果"。其对刑法第274条、第291条之一进行了细化规定，但仍是抽象性的立法性表述，如什么是"引起公众极度恐慌的"，还需要在个案中进行具体判断。

指导案例要旨的法条化倾向也得到了一些学者的支持。如陈兴良教授认为："案例指导制度的核心是创制规则，从而满足司法活动对规则的需求。"[①]陈兴良教授还与最高人民法院负责人合作[②]，将《最高人民法院公报》案例的要旨辑录在一起，方便司法人员查阅。这种完全舍弃案件事实而辑成的要旨汇编，与一般的司法解释汇编基本上没有什么差异，可能进一步加剧将指导性案例法条化理解的局面。

从使用方便角度考虑，这种做法有助于改变要旨查找不便，从而挫伤司法人员使用案例的积极性的一面，有利于司法人员便捷使用案例；但它也可能进一步加剧司法人员将要旨与案例事实分离理解，并将要旨（指导要点）作法条化使用的倾向。

（二）前后案件事实比对处于辅助地位，适用指导性案例的过程主要是演绎推理而非类推推理

在对指导性案例要旨法条化的同时，对指导性案例事实部分的处理也呈现简略化的倾向。最高人民法院案例指导负责部门对案件事实处理的要求是：简明扼要地叙述"基本案情"。编好指导性案例，还需要准确叙述基本案情。根据报送的情况看，多数案例的基本案情编写存在两个较大的问题：一是基本案情的叙述过细过长，基本上是把裁判文书的案件事实简单地移植过来，没有取舍；二是基本案情没有围绕裁判要点进行叙述，讲了很多无关紧要的案情，对于理解裁判要点帮助不大。考虑到指导性案例是向全社会发布的，并且对象主要是各行各业的公民群众，所以指导性案例基本案情部分的编写要体现专业与大众、法学与文学的统一。具体需注意三个问题：第一要简明扼要，案情要达到线条清晰、事实清楚、证据扎实，使人看了很明白，觉得很生动、很真实；第二要围绕裁判要点进行，基本案情是裁判要点形成的基础，也可以说是裁判要点的事实根据，因此，对于与裁判要点无关的案件事实，可以少写或者不写；第三要善于用叙述的方式对裁判文书进行改写，把裁判文书罗列的事实重新概括为故事来讲述，而不是当作裁判文书来论证，必须有个语言和写作方式的转化问题。[③]

按这样的要求处理过的案件事实，基本上是框架性的，是对要旨（裁判要点）的举例，是帮助后案司法人员理解要旨的材料。这与英美法系由后案法官通过对前后案件事实比较，进而提炼裁判理由，案件事实处于类推适用中心地位的局面完全不同。这种对案件事实简略处理的方法确立了要旨的中心地位。过度抽象化的要旨实际上与所附的案件事实并无太大关系，案件本身的功能很大程度上成为要旨出现的引子，因为这一案件的出现暴露了现行

---

① 陈兴良.案例指导制度的规范考察[J].法学评论，2012(3)：117-127.

② 参见：陈兴良，张军，胡云腾.人民法院刑事指导案例裁判要旨通纂[M].北京：北京大学出版社，2013.

③ 胡云腾.如何做好案例指导的选编与适用工作[J].中国审判，2011(9)：82-85.

法律规范的不足，引起了最高司法机关的注意，进而通过要旨这一新的“法条”来弥补法律规范的不足。要旨源于此案件但并不限于此案件，它可能通过扩张将更广泛范围内的案件都纳入要旨之下。后案司法人员意图通过案件事实的比对、通过类推推理来确定当下案件是否属于同类案件，这在出发点上就是错误的。准确把握当下案件是否可以适用参考指导性案例，是将当下案件事实类型化，进而确定是否能为要旨所塑造的类型所涵摄，意即通过演绎推理才能解决当下案件是否可以参考指导性案例予以处理的问题。在对案件事实的简略化处理之下，后案司法人员即使想通过案件事实的比对来区分指导性案例与当下案例，也因缺乏充分案件事实的支撑而不可得，这使后案司法人员在参照指导性案例时也不得不关注要旨而非案件事实。

从案例指导司法管理的定位来说，这种安排一定程度上是合理的，也是符合当前司法实际的。有学者对适用指导性案例参照要旨还是参考案例整体，作了如下分析：

第一，整体性参考指导性案例与当前司法群体的需求不符。以法官为例，其对指导性案例的需求主要基于两种动机：(1) 提高裁判效率，减轻办案压力。参照指导性案例有利于格式化快速处理案件，避免独立思考耗费的时间与精力，以应对案件数量的压力。(2) 提高裁判的认可度，降低职业风险。参照指导性案例可避免被发回重审或改判，有利于为当事人提供一种预期，减少上诉率，也有利于减少上诉、闹访等给法官带来的巨大压力。整体性参考指导性案例要求法官自行归纳规则，这显然不适应提高效率、减轻办案压力的要求；同时，不同的人员看到的指导要素可能是不一样的，亦与提高裁判认可度、降低职业风险的要求不甚相符。这些均将影响司法人员适用指导性案例的积极性。没有司法群体的自觉参与，案例指导制度很难成功。

第二，整体性参考指导性案例与成文法下的推理习惯存在冲突。对指导性案例的整体性参照要求司法人员善于运用归纳推理，从指导性案例中提炼规则，并运用这种规则对当下案件推导出试验性的解决办法；然后再针对相似案件的背景检验他的解决办法是否合适，最终作出决定。这种繁杂的推理技术在我国司法中并无传统，亦非短期内能为司法人员所熟练掌握。

第三，整体性参考指导性案例将指导要素的提炼权交给各个法官，不符合案例指导限制裁量权、统一司法的目的。

第四，整体性参考指导性案例不适应绩效管理的要求。绩效管理的基础在于标准的明确统一，甚至是数字化管理，一如当前起诉率、撤诉率等所体现的。整体性参考指导性案例难以实现指导要素的标准化，从而妨碍绩效管理的有效性。绩效管理是当前司法机关力推的管理方式改革的核心，与其抵触的改革将难以成功。

因而，从指导性案例中提炼要旨，并由后案司法人员将其规则性地适用于当下案件，这几乎是我国指导性案例适用方法的宿命性选择。过去的实践是这样做的，现在仍被延续。①这种论证有相当的说服力，但从充分发挥案例指导制度的潜能考虑，这种做法是否妥当则不无商榷余地。

(三) 一定程度上允许以“目的论”作为适用指导性案例的必要参考

对指导性案例的参考主要是参考要旨(裁判要点)，但如何把握参照仍有一个度的问题。孙国祥教授提出要防止两种倾向：一是过于纠缠待决案件与“样本案例”(指导性案例)具体事实细节上的差异，采取一种绝对主义的哲学思维，夸大案件的特殊性而否定同类案件的存在；二是对同案仅从形式上把握，而忽视不同案件实质上的区别，过于扩大同案的范围。②

笔者认为，这两种情况都涉及如何正确把握提炼当下案件事实，将之类型化，并正确涵摄于要旨要件之下的问题。从我国当前司法实践情况看，这两种情况均有可能发生。这主要源于司法人员对案件事实类型化及与要旨包含的构成要件比对能力的欠缺。解决这一问题，应主要通过提高司法人员操作能力来完成。如果我们假定司法人员已具有这样的能力——可以准确地将当下案件进行类型化并与要旨要件比对——仍发现二者不完全一致，但参考指导性案例处理将有利于实现司法公正；或者发现当下案件尽管可以为指导性案例要旨所涵摄，但结果可能不公正，此时应如何处理？后一种情况可能涉及指导性案例的背离问题。最高人民检察院《规定》明确了指导性案例的背离机制，最高人民法院虽然没有明确，但可以预测的是，这种情况肯定会在实践中出现。按照最高人民检察院的《规定》，在这种情况下要通过一定的报批程序解决。这种报批程序字面理解是相当严格的，如果真的遵照执行，对办案人员来说就是自找麻烦，由此导致的可能后果就是诱使检察人员规避适用指导性案例。笔者认为，为调动检察员适用指导性案例的积极性，在对背离机制进行完善的同时(详情在背离机制部分展开)，应赋予检察人员相对灵活适用指导性案例的权力。从长远来看，有必要发展指导性案例的“区别技术”，以解决指导性案例的遵循与灵活适用问题。在此过程中，以“目的论”作指导是非常必要的。这也适用于前一种情形。

最高人民法院案例指导部门负责人提出：“‘参照’主要是指参考并仿照指导性案例确定的裁判规则或者价值精神作出裁判，不是依葫芦画瓢参照具体的裁判结果。”③其中提到的参考指导性案例的“价值精神”，就包含有目的论之意。法院系统案例指导制度没有确立独立的案例背离制度，而是将其放在审级制度中予以解决，一定程度上就为以“目的论”为指导处理指导性案例的遵循与背离提供了方便之门。笔者不能肯定这是否为最高人民法院有意为之。审级制度的强制性相对较弱，只有上下两级法官对背离的“目的论”问题理解一致，按照我国当前的审级制度，绝大多数案件遵循指导性案例的问题才会得到最终的处理。如何运

---

① 秦宗文.案例指导制度的特色、难题与前景[J].法制与社会发展，2012(1)：98-110.

② 孙国祥.论检察机关案例指导制度[J].人民检察，2011(13)：12-17.

③ 胡云腾.如何做好案例指导的选编与适用工作[J].中国审判，2011(9)：82-85.

用"目的论"处理指导性案例的遵循问题，这是检察案例指导未来发展需要考虑的问题之一。

四、我国指导性案例适用方法的发展方向

（一）指导性案例当前适用方法的继承性及其带来的风险

通过对指导性案例当前适用方法特点的概括，可以发现，其深深扎根于我国司法传统中。如指导性案例对要旨（指导要点）的重视和对案例事实部分的简约化倾向，潜藏着将案例向成文法拉近的思维；而对以"目的论"处理当下案件与指导性案例之间的耦合问题，与我国司法传统中政策对司法的影响也极为贴近。因而可以说，当前指导性案例的适用方法与我国司法中传统办案方法具有高度继承性。建立案例指导制度的意图，是利用这一制度对原有司法机制下产生的问题进行纠正，其功能有效性的发挥，很大程度上依赖于该制度能否以一种相对独特的、符合案例作用规律的方式运行。倘若案例指导制度与原有司法机制融合过度，甚至以一种新的形式重复过去的做法，即所谓的"穿新鞋走老路"，则会丧失制度的独特性，最终也会使制度本身失去意义。案例指导制度的生命力最终取决于如何适用指导性案例，如果以案例指导制度发布前适用典型案例的态度和做法对待指导性案例，指导性案例可能会最终成为"新"的典型案例，案例指导欲实现的制度目标亦可能落空。因而，有必要对当前适用指导性案例的方法进行修正。

（二）我国指导性案例适用方法的发展方向

1. 要旨法条化与案件事实细化间的配合，为准确把握案例提供前提

对要旨的法条化，学界多持批评意见。其理由主要是认为，这种做法可能导致司法人员在适用指导性案例的过程中，简单地将要旨等同于成文法，忽视案件事实之间的差异，从而使案例指导制度失去意义。这种批评意见不能说没有道理，从当前已公布的指导性案例及最高法院有关部门的思路看，这种可能性成为现实的概率很高。案例指导制度吸收判例法的优点以弥补成文法不足的理想，似乎渐行渐远，指导性案例似乎正在滑入典型案例的窠臼之中。如果不扭转这一思路，案例指导制度前途堪忧。但采用英美法系判例法的传统做法，由司法人员对指导性案例进行归纳、提炼规则，然后再适用于当下案件，也是不可行的。首先，案例指导制度的重要目标是统一司法，每个指导性案例实际上都承载着最高司法机关以某种意见统一解决司法分歧的任务，如果完全交由司法人员自行归纳、提炼规则，难免仁者见仁，智者见智，统一司法的目标难以实现。其次，司法改革尚在推进中，当下司法人员素质参差不齐，我国法学教育也缺乏有效的案例适用方法训练，导致司法人员整体上缺乏共识性的案例适用思维和方法。英美法系国家司法人员在历史悠久的传统中方才形成的共识性的案例适用方法，是判例法能够得到较为统一适用的重要保障。而这一点是我国案例指导制

度实施中所缺乏的，亦非短期内所能突击解决的。为实现统一司法的目标，以要旨为司法人员提供具体、明晰的规则是较为可行的方法。最后，传统英美判例法中由后案法官归纳、提炼规则的方法，难以适应当下司法提高效率的要求。我国当前司法实践面临的突出矛盾之一就是案多人少，一线司法人员办案普遍压力巨大，司法人员求助指导性案例的重要动机是能便捷地为处理当下案件找到灵感。要旨是司法人员迅速定位相关案例，快捷把握案例含义的重要“抓手”，编写要旨有助于提高司法人员利用指导性案例的积极性和办案效率。在庞大的案件量面前，如何提高司法效率是各国司法面临的共同问题。美国联邦最高法院判例所附的“判决理由概要”，很大程度上起到了“要旨”的作用。意即，作为英美法系国家代表的美国，已对传统判例的适用方法进行了改造与变通。这种情况下要求我们回归英美判例法的传统做法不具有现实可行性。

作为后起的案例适用机制，案例指导制度应结合我国当下司法实践，积极吸收两大法系国家判例法的有效经验，回避其不足。案例指导制度当前采用的要旨法条化，有利于司法人员迅速查找和把握指导性案例的要义，有利于提高司法效率和调动司法人员适用指导性案例的积极性，应予以坚持。但为克服要旨法条化所可能带来的“架空”指导性案例的风险，使案例指导制度成为名副其实的案例适用机制，而非仅是法条的举例说明，应强化案例事实及理由的细化陈述和论证。细化案例事实及理由，不仅有利于司法人员将指导性案例与当下案例仔细比对，准确把握要旨的含义及适用范围，而且更有利于其遵循指导性案例，在必要时更可使司法人员大胆背离指导性案例以实现司法公正。最高法院当前对指导性案例的简约化要求，实有改变的必要。指导性案例应提供更详细的案件事实和法律处理理由。对案件处理中的不同意见，不应采取回避的态度，而真实陈述不同意见并对为何放弃不同意见作出说明，以便为后案司法人员更准确地把握和遵循案例提供更全面的基础。当然，如果全面公开案件事实可能使指导性案例过于庞杂的话，可考虑在公布指导性案例的同时，建立事实附录制度，附带公开案例事实。申言之，即在指导案例中对事实部分适度简化，附录部分则公开更详细的案件事实。这种安排可使司法人员通过阅读指导性案例较快把握案例本身，初步甄别是否为合适的案例，如果需要，则通过阅读附录来进一步明确相关问题。

2. 肯定类推作为适用指导性案例的基础方法，正确把握和适用类推的度

当前司法实务中适用指导性案例的过程，主要是演绎推理而非类推推理，前后案件事实比对处于辅助地位。这种做法实质上也得到了最高司法机关的首肯，最高司法机关在编辑指导性案例时也体现了这种意图。但这种做法实际上将案例指导制度变异为发布司法解释的工具（虽然最高司法机关一再否定指导性案例的司法解释属性），案例本身只是要旨的附属品，是对要旨的解释和佐证，这显然背离了案例指导制度的本质特征。在对指导性案例的事实部分进行改进的同时，相应的，在适用指导性案例的方法上，也应肯定类推作为适用指导性案例的基本方法。在帮助司法人员迅速查找合适案例方面，应肯定要旨的作用，但司法人员也应清醒地认识到，这只是适用指导性案例的第一步。要旨提供了简洁的框架，并且很

多情况下，将这一框架通过演绎推理直接适用于当下案件就可解决问题，然而这并不能否定类推推理在指导性案例适用中的基础性地位。演绎推理是为提高效率而从类推推理简化而来的，它使司法人员在处理案件中，可直接借助于要旨而不必都回到指导性案例本身，但司法人员仍应将指导性案例视为整体看待而不应将要旨割裂出来。不但在日常工作中要通过案件本身的学习来正确把握和理解要旨，防止错误适用要旨；在对当前案件如何适用指导性案例有疑问时，更应回到指导性案例本身，用类推的方法仔细比对当下案件与指导性案例之间的异同，以帮助正确适用指导性案例。

适用指导性案例的过程中，在把握手头案件与指导性案例是否类似的问题上，当前有两种不同的倾向：一种意见采取一种绝对主义的哲学思维，认为世界上没有两个完全相同的案件，一些司法人员纠缠于待决案件与“样本案例”(指导性案例)具体事实细节上的差异，夸大案件的特殊性而否定同类案件的存在，其结果是否定借鉴指导性案例处理案件的可能性，造成案例指导制度事实上无法实施。笔者在调研中对一些实务人员的这种倾向有真切的感受。另一种意见倾向于对同案仅从形式上把握，而忽视不同案件实质上的区别，过于扩大同案的范围。[①] 这种意见从表面上看来，似乎颇为符合形式法治和程序公正的精神，但实质上仍违背了类推推理的实质精神。适用类推应以当下案件与指导性案例的法律核心要素一致为基本原则。以刑事法为例，类推推理应以各罪的法律构成要件为基本准据，当下案件与指导性案例构成要件一致即可参照指导性案例处理，但这并不意味着直接套用指导性案例的具体处理方案。参照对象主要是框架性的处理原则，具体的处理方案应以实现个案公正为目标，根据个案情况进行调整，即大方向一致，细节个别化处理。

3. 发展区别技术，防止对“目的论”的滥用

纵观两大法系国家运用判例的实践，根据“目的论”背离先例都充当着防止判例机制走向僵化的功能。我国指导性案例也暗含着对“目的论”的肯定。但就当前而言，对“目的论”在案例指导实践中的作用应抱有警惕之心。在我国当前司法实践中，“目的论”滥用的风险，远高于遵循指导性案例所可能造成的个案不公正。两大法系国家对“目的论”的运用，是以成熟的区别技术和职业共同体内的有效监督为前提的。遵循先例是主流，“目的论”的运用只是缓解判例机制可能僵化的例外手段。毋庸讳言，我国政策对法律的执行或明或暗地有较大影响力，法律的执行方向和力度往往因政策而有所调整，这在很多司法人员思维模式中形成了较强的变通心理，缺乏对已发布的规则怀有真诚的敬重心态。这种思维模式在指导性案例的遵循方面，很容易形成“为我所用”的局面，即符合自己办理案件思路的，就以指导性案例为依据；不符合自己的办案思路的，就以不符合政策、社会效果不好等理由加以回避。如此一来，案例指导制度所欲实现的统一司法的目标势必落空。因而，在指导性案例的遵循问题上，当前应慎谈“目的论”，要清醒地认识到“目的论”仅仅是例外，是在极个别案件中为

① 孙国祥. 论检察机关案例指导制度[J]. 人民检察，2011(13)：12－17.

实现个案公正而使用的特殊手段，而不能将其作为遵循指导性案例的常规性方法。我们当前应极力强化的是发展规则性的遵循指导性案例技术，将我国司法人员在过去办案过程中形成的参照典型案例的方法进行提炼，并对司法人员进行适当培训，以形成有序的参照指导性案例处理案件的方法。在此基础上，再发展例外性的区别技术，将以“目的论”为依据背离指导性案例的实践适度规则化，防止对“目的论”的滥用。

第五节　检察指导性案例与相关范畴

一、检察指导性案例与司法解释

在案例指导制度建立过程中，指导性案例与司法解释的关系是一个引起广泛争议的问题，如何界定二者的关系对检察指导性案例的未来发展至关重要。

（一）司法解释的界定

最高人民检察院发布司法解释的权力，源于全国人大常委会 1981 年《关于加强法律解释工作的决议》。该文件中明确：“凡关于法律、法令条文本身需要进一步明确界限或作补充规定的，由全国人民代表大会常务委员会进行解释或用法令加以规定……凡属于法院审判工作或检察院检察工作中具体应用法律、法令的问题，分别由最高人民法院和最高人民检察院进行解释，两院解释如有原则分歧，报请全国人大常委会解释或决定。”依据这一决议，2006 年最高人民检察院发布了《最高人民检察院司法解释工作规定》，其中第 2 条规定：“对检察工作中具体应用法律的问题，由最高人民检察院进行解释。”因此，司法解释是我国所特有的法律制度和概念，是根据解释主体进行的一种分类，由于有了立法、司法和行政解释的区分，司法解释也就用以特指由司法机关（包括审判机关和检察机关）所作出的法律解释。

检察机关对法律的解释可通过两种形式进行，一种是最高人民检察院所制定发布的司法解释文件；另一种是各级检察院的检察官在具体案件办理过程中对法律进行的解释，主要体现在起诉书、抗诉书等法律文书中的析法说理。前者可称为规范性司法解释（抽象性司法解释），后者可称为个别性司法解释（具体性司法解释）。二者的区别在于：前者的目的和功能主要在于统一司法适用；而后者的目的和功能就是进行具体法律适用。前者具有普遍的约束力，并且是公开发布的、权威性的，事实上已成为可以援引的准法律渊源；后者则是针对具体个案的，其效力是个别性的。规范性解释的形式或载体是解释文件，而具体解释的形式或载体则是检察文书中的说理部分[1]。全国人大常委会1981年《关于加强法律解释工作的决议》授权检察机关所作的司法解释显然仅指前者，即仅由最高人民检察院所独享，并由最高人民检察院以整体名义发布的具有普遍约束力的解释性文件。个别性司法解释虽然属于事实存在的现象，检察官在执法办案过程中不可能不对法律进行理解和适用，但其在理论上是否属于司法解释有较大的争议。

有研究者认为，现行司法解释权的设置，“意图把法律解释从法律实施活动中剥离出来，并通过法律解释权的设置和在高层次上的分配行使，使法律解释成为一种通过解释形成具有普遍法律效力的一般解释性规定的活动，成为立法在法律实施过程中的延长，以此来维护立法职能和法律实施职能的区分，在法律实施中贯彻‘严格裁判’或‘依法办事’的理念”，“最大限度地使法律实施成为机械而单纯的法律适用过程”[2]。1994年出版的《中华人民共和国司法解释全集》的代序《新中国司法解释工作的回顾与完善司法解释工作的思考》，对司法解释的界定是：“所谓司法解释，是指我国最高司法机关根据法律赋予的职权，在实施法律过程中，对如何具体运用法律问题作出的具有普遍司法效力的解释。”[3]考虑作者周道鸾时任最高人民法院副院长的身份，这种定义有相当的权威性。这种对司法解释的看法不但在理论上成为主流学说，也为地方司法实务人员所承认。如董皞法官认为：“中国现行司法解释体制可以称之为二元一级的司法解释体制，即最高人民法院和最高人民检察院两个职能不同的最高机关才有解释权的司法解释体制。……同时，我国的司法解释主体排除了最高人民法院以下的各级法院和法官的司法解释权，这与法官在适用法律过程中事实上不可避免地解释法律的实际情况明显不符。”[4]因而，可以说，只有最高司法机关享有司法解释权，法官、检察官在执法办案过程中只有法律适用权，这是正统和占主流地位的法律解释概念界定方法。[5] 因为指导性案例也由最高司法机关所发布，地方司法人员仅有遵循执行的义务，其与主流的司法解释概念更为接近，也有更大的混淆可能性，因而，此处作为对比对象仅限于主流意义上理解的规范性司法解释。

（二）检察指导性案例与规范性司法解释的异同

对于指导性案例与司法解释的关系，有诸多不同观点，从不同角度观察，二者关系会呈现不同侧面。本处所分析的二者关系以当下制度设定为出发点，至于二者关系可能的互动方式及争议留待下文分析。

---

① 范愉.法律解释的理论与实践[J].金陵法律评论，2003(2)：21－34.

② 张志铭.法律解释操作分析[M].北京：中国政法大学出版社，1999：236－237.

③ 周道鸾.中华人民共和国最高人民法院司法解释全集[M].北京：人民法院出版社，1994：1.

④ 董皞.司法解释论[M].北京：中国政法大学出版社，1999：3.

⑤ 对这种概念界定的质疑可参见张志铭.法律解释：操作分析[M].北京：中国政法大学出版社，1999：21－22；陈金钊.法制及其意义[M].西安：西北大学出版社，1994：105.

1. 相同之处

(1) 都由最高司法机关发布，具有权威性。检察指导性案例和司法解释都由最高人民检察院发布，在检察一体强调上令下从的体制之下，指导性案例和司法解释都有较高的权威性，下级检察人员在执法办案过程中都应遵循执行。

(2) 都是解释法律的方法，带有立法性。司法解释的立法性已得到多数意见认可①，最高人民检察院虽然否认指导性案例具有法律效力，但其发展规则的功能仍使其带有立法的属性，只是其立法性要弱一些，无法获得正式法源地位。如果案例指导制度建构合理，事实效力得到保障，其作用可接近或等同于立法。

(3) 形式上可能相同。《最高人民检察院司法解释工作规定》第17条规定：司法解释文件采用"解释""规定""意见""通知""批复"等形式。从过去情况看，批复通常是针对个案提出处理意见，形式接近指导性案例。

(4) 功能相同。无论是司法解释还是指导性案例，都是最高人民检察院对法律进行具体说明或补充的方法，通过补充漏洞、消除歧义以有助于执法人员统一理解法律，准确适用法律，以及促进法律发展的功能。

(5) 都须经过严格的程序生成。最高人民检察院对司法解释和指导性案例都设置了较为系统、严格的制作流程，这有利于保障司法解释和指导性案例的质量。

2. 差异之处

(1) 效力不同。《最高人民检察院司法解释工作规定》的第5条规定：最高人民检察院制定并发布的司法解释具有法律效力。人民检察院在起诉书、抗诉书等法律文书中，可以引用司法解释的规定。而指导性案例仅具有事实上的约束力，不能在法律文书中作为法律依据予以引用。

(2) 涵摄力不同。司法解释往往是基于类型的经验进行起草，不是针对某一案件，其规则要涵盖类案，这决定了司法解释往往需要更高的抽象性。对比之下，检察指导性案例所适用的"类似"案件的范围一般会相对窄一些。

(3) 形成机制不同。司法解释通常由起草人参考有关的国外立法和国内外有关的法学著作，收集各地司法人员在相关案件处理中的实际处理原则综合而成。② 由此可以看出，司法解释主要是由最高司法机关独立完成，但在起草过程中也会将相关草案下发征求意见；而检察指导性案例的形成过程则是从下到上，案件处理的基本意见是由下级检察人员提供的，最高人民检察院主要承担挑选和加工者角色。

(4) 体系化程度不同。检察指导性案例要旨也会提炼成抽象化的规则，但这种规则是以个案为基础的，有较强的针对性，一个要旨里面不可能包含数量过多的规则，难以形成体

① 王玧.司法解释的制定、适用及其改革之思考[J].人民司法，1998(5)：20-21.
② 同①。

系。而司法解释因条文较多，更重视体系性，“特别是对某一法律或某一类案件、某一类问题所作的解释，出于‘系统性’的考虑，往往再加上相当一部分设定的法律问题”“有些条文可能永远也用不着”[①]。

（5）形式不同，适用难度不同。司法解释往往采取抽象的法律条文形式，也不附相关解释理由和解释据以生成的事实，这使检察人员在处理具体案件时无从了解该司法解释的原意、背景、适用条件等。指导性案例则附有事实、处理案件的过程、结果等，更有利于处理后案的检察人员准确把握要旨的含义。

（6）解释的时间和对象不同。检察指导性案例所体现的相关法律意见，是检察人员在处理案件过程中，针对当下案件处理需要而对法律适用作出的解释。司法解释则往往带有事后总结性，是在案件发生之后，并且是多起案件发生之后，针对一类问题，总结办案经验后起草而成的，不针对具体的案件事实。

（三）检察指导性案例有无取代规范性司法解释的潜能

检察指导性案例不具有法律效力，不被最高人民检察院视为司法解释的一种形式，因而，当前谈指导性案例有无可能取代规范性司法解释无疑是个伪命题。但假以时日，这种可能性是否存在？这在理论研究上已引起了不小的争议。

有研究者主张应赋予指导性案例法源地位，使其成为司法解释的一种形式：“如果从一般意义法律解释的角度来看，指导性案例是最原本意义上的司法解释形式。因此，我们不能以指导性案例不能纳入《最高人民检察院司法解释工作规定》中的四种司法解释形式为由，而认为指导性案例不属于司法解释。指导性案例应当属于司法解释的一种新形式。”[②]这一主张虽然没有被最高司法机关所采纳，也不符合理论主流意见，但笔者认为无论是从落实案例指导制度的司法管理定位还是保障指导性案例的有效性考虑，如果不考虑“政治正确”的话，将指导性案例作为司法解释的一种形式，赋予其法律效力并无不可，况且最高人民检察院已经拥有制定系统性的规范性司法解释的权力，抽象化后的指导性案例要旨仅是单个的规范，如果说侵害立法权的话，其危害的可能性显然远低于数量远大于它的规范性司法解释，因而，将指导性案例作为司法解释的一种并不存在理论论证上的困难。

如果指导性案例具有了法律效力，其有无可能进一步取代规范性司法解释，成为唯一的司法解释形式？

对于最高司法机关的抽象性司法解释权，研究者有较多质疑。如有学者认为，其制定过程公众没有具体的体制性通道参与或影响解释制作过程，损害了司法解释的正当性和以此为基础的权威性；制定过程的封闭性也让其他权力部门和强势集团有动机干预或隐身介入

① 王玧.司法解释的制定、适用及其改革之思考[J].人民司法，1998(5):20-21.

② 郎贵梅.中国案例指导制度的若干基本理论问题研究[J].上海交通大学学报(哲学社会科学版)，2009(2):24-31.

解释过程，也使解释结果的正确性和公正性蒙上了阴影。[①] 另有研究者认为规范性司法解释的“内容说理不透彻，论证不充分，推理不严谨，不能完全体现‘解释’的独特风格。‘解释’应该有被解释的本文存在，以本文为基础，对本文作理解和说明，而不是脱离本文的重新创制。同时，‘解释’还必须对被解释的本文进行详细的分析和推理，从而得出解释的结果，以充分的理由说明解释结果的由来。这两点正是我国司法解释出现在内容上的严重不足”。因而，“在司法解释的完善方面，应当借鉴两大法系的经验，尽可能针对具体的判例而就法律的适用问题作出解释，从而使司法解释向判例化方向发展”“如果继续采用此种抽象性的司法解释方法解释法律，显然是不适当的”[②]。

另有研究者承认当前规范性司法解释的不足，认可以案例解释法律的必要性，但并不认同以案例作为司法解释的唯一形式，而是认为规范性司法解释仍有存在的必要，可以与案例并存作为司法解释的方式。“我们可以建立司法解释与判例解释相结合的解释体系。对于带有抽象性、普适性问题的解释由最高人民法院作出司法解释；对于具体的、针对性强的问题则通过具体案件的审理而形成判例解释。判例解释的方式有两种：一是由最高人民法院对典型案件的直接审理产生判决形成判例，不再采取对下级法院审理的案件进行批复的做法，避免因案件请示制度而使判、审脱节和两审终审制形同虚设的弊端；二是由最高人民法院审查认可各级法院审理形成的判例。”[③]如果二者并存的话，其作用比重如何？有研究主张，“在中国的现实条件下，目前判例只能作为一种辅助性的资料，即使随着法治和司法的成熟，判例的作用逐步提高，也不可能全面替代系统制定的法院规则”[④]。

上升为法源的指导性案例能否取代规范性司法解释，至少在可预期的未来是难以实现的。规范性司法解释之所以大量出现自有其原因，其中首要的是立法自身的问题。我国立法曾长期奉行“宜粗不宜细”的思路，在当时立法任务重，社会情势变化快，过细的立法易导致法律很快与社会脱节的情况下，这种立法思路自有其合理之处，但其后果就是立法存在过多漏洞，立法含意模糊难以适用。这种情形立法机关可以放置，而司法机关面对案件需处理而无法可依时，为统一司法，就必须有所作为，通过法律解释来填补法律漏洞。由于立法漏洞过多、操作性不强，为有效指引司法人员处理案件，最高司法机关必须以大量的司法解释来完成填补漏洞和细化法律的任务。在司法解释任务艰巨的情况下，最高司法机关为何选择抽象性司法解释而非个别性的案例解释作为主要的司法解释手段，笔者认为有以下原因：第一，个案作为解释样本的有限性。个案所反映的社会关系是有限的，从中可抽取的规则也是有限的。而我国过去三十余年的法治进程实质上是追赶型的，大量域外立法知识和司法经验被引进，借鉴这些知识，最高司法机关往往有充分的自信，以建构者的心态来对待司法

---

① 陈林林，许杨勇. 司法解释立法化问题三论[J]. 浙江社会科学，2010(6)：33－38.

② 王利明. 民法疑难案例研究. 北京：中国法制出版社，2002：2.

③ 刘晴辉. 试析中国法律解释体制下的司法解释制度[J]. 四川大学学报(哲学社会科学版)，2001(3)：116－121.

④ 范愉. 法律解释的理论与实践[J]. 金陵法律评论，2003(2)：21－34.

解释，企图以学习借鉴的样本来快速完成法治之网的编织。如果仅以个案作为解释样本，个案所附着社会关系的有限性将使最高司法机关有“英雄无用武之地”之感。抽象性司法解释更有利于最高司法机关按照自己的意志快速完成司法规则的建构。第二，可利用的案例的有限性。我国最高司法机关办案数量有限，大量疑难、复杂、新型案件出现在地方司法机关，在当下办案机制下，这些案件很少有机会进入最高司法机关。如果采取报送方式，最高司法机关对什么样的案件能报送上来缺乏控制权，并且时间较长，难以满足一时之需。第三，系统性的解释更便于司法人员适用。如果以案例为载体来完成司法解释，其数量将相当可观，这对司法人员的检索和适用将带来极大挑战。

考虑指导性案例能否取代规范性司法解释，就必须考察上述原因是否已发生变化。我国近年来已部分调整了立法思路，立法的缜密性有所增加，但距达到无需规范性司法解释的程度还有不少的差距。如 2012 年新刑事诉讼法出台后，最高人民检察院、最高人民法院仍一如既往地发布了条文数量远多于法典的司法解释。这说明立法质量距司法实务的要求还有较大的差距，由此，以规范性司法解释填补立法漏洞、细化法律规定的需求仍然存在。除此之外，其他导致规范性司法解释大量出台的因素也变化不大。这决定了至少在一段较长的时间内，完全以指导性案例取代规范性司法解释作为司法解释的唯一形式，是不可能发生的。实际上，如果在规范性司法解释与指导性案例二者间作合理分工，则更有利于构建有效的司法解释体系。由于规范性司法解释注意体系性，并且一旦成型后变更相对困难，因而其更适合于对任务量大且社会关系已明确的法律关系进行解释，如全国人大立法后的配套解释；而指导性案例则更适合于对新型的、点状的问题进行解释。由于指导性案例的独立性，其修改难度相对较低，因而其可以作为规范性司法的预演，通过指导性案例在司法中的运用检验解释的合理性。如果指导性案例体现的解决方案合理，并且该问题由点到面发展，需要体系性解决方案，则可通过规范性司法解释加以集成，以更方便利用。

二、检察指导性案例与判例

研究指导性案例，最易被用作类比对象的就是“判例”。在英美法系国家，“判例”是以法律渊源的地位而存在的，故而被称为“判例法”，是一种创制、借鉴以及遵循先例的一整套的法律制度或者法律体系。① 在大陆法系，“判例”一般被解释为与待审案件相关或可能相关的，先前作出的司法判决。② 判例是西方法治国家常用的一种称谓，我国研究者自 20 世纪 80 年代就开始用判例来指称我国未来应建立的案例适用机制，但最终为何没有采取“与国际接轨”的立场而另辟蹊径，提出指导性案例这样一个独具中国特色的新提法？“指导性案

---

① 孙谦．建立刑事司法案例指导制度的探讨[J]．中国法学，2010(5)：76－87．

② 王玧．判例在联邦德国法律制度中的作用[J]．人民司法，1998(7)：50－51．

例"一词最早源于2005年最高人民法院公布的《第二个五年改革纲要》。按照权威人士的解释,之所以采用这样一个称谓,主要考虑是"它避开了因复杂原因造成的'判例'顾虑,又明示了先前所作裁判的'指导'作用,同时也使用了一个比较大众化的概念即'案例',而且,这些词本身也给这一制度的发展留下了比较广阔的空间,具有一定的伸缩性,这在建立这一制度的初期是尤其需要的"①。

由此可以看出,当初最高人民法院提出案例指导制度构想时,并不是不想用"判例"一词,只是出于某些顾虑不方便而已。一些研究者也认为指导性案例与判例区别不大,就是中国的判例。指导性案例"就是一种具有判例性质的案例""判例是一个约定俗成、在世界上许多国家和地区都通用的称谓,我们没有必要为避免与英美法系国家的判例法和大陆法系国家的判例制度雷同,而刻意采用指导性案例这样一个具有中国特色的措施。其实,案例指导制度就是我国的判例制度,只不过是其具有中国的独特性而已"②。进而,一些学者主张应当将"指导性案例"改为"指导性判例"。③

无论是指导性案例还是判例,其共通性都是司法机关通过已处理的案件确立某种规则,这种规则究竟属于创制还是对原有法律的解释姑且不论,它们对处理后案的司法人员具有一定的可仿照性和可参考性,这一点是共通的。申言之,指导性案例、判例都是传承司法人员经验的载体,它们可以使司法人员站在前人的肩膀上继续前进,避免不必要的弯路。但正如判例作为一种法律现象与其背后特定的法律制度和法律传统密不可分一样,指导性案例正是中国特定环境下的产物。我们可以承认指导性案例与判例本质方面的某些共性,但在判例已被阐释出特定内涵,与法官造法密不可分的当下语境中,试想如果构建的不是案例指导制度,而是判例制度,其可能遇到的政治阻力会如何?案例指导制度能否落地尚未可知。以指导性案例而非判例来命名这一新事物,是一种明智的选择,这一创意应受到褒奖而非责难。因而,指导性案例与判例不是一种可简单转换的词语,其在特定的语境中已取得了自身的含义,我们实无必要为将指导性案例"正名"为判例而"奋斗",关键要看其实效如何。如果实效达不到判例在西方法治国家的效果,给予其判例之名又有何用?

也正因为采用了指导性案例而未用判例一词,检察指导性案例及检察案例指导制度才有可能出现,否则,检察机关不从事审判工作,自然无法生成判例,建立一种积累检察人员经验智慧的制度化案例适用机制,可能还需时日。有学者认为:"最高人民检察院是检察机关,其所颁布的指导性案例提供的不是裁判规则,而是工作指导规则。"④这种看法既有合理的一面,也有不妥之处。不妥之处在于,当前社会上存在未经深入思考而否认检察指导性案例生成必要性的意见,在此情况下,这种区分易引起贬低检察指导性案例的误解。审判和检察都

---

① 蒋惠岭.建立案例指导制度的几个具体问题[J].法律适用,2004(5):8-11.

② 陈兴良.我国案例指导制度功能之考察[J].法商研究,2012(2):13-19.

③ 夏锦文,吴春峰.法官在判例指导制度中的需求[J].法学,2010(8):137-143.

④ 陈兴良.案例指导制度的法理考察[J].法制与社会发展,2012(3):73-80.

是一种司法工作，检察官素有“站着的法官”之誉，就案件事实认定与法律适用而言，检察工作与审判工作有许多共通之处，只不过很多工作处于司法流程的中间部位，没有终局性效力而已。如果说检察指导性案例给检察工作提供了指导规则，那么法院指导性案例就是给审判工作提供了指导规则，二者本质上并无什么区别。其合理之处在于认识到了检察工作与审判工作毕竟存在诸多差别，有些检察工作是法院工作所没有的，如侦查；有些则是法院工作中不突出的，如某些案件起诉与否的政策性考虑等，这就决定了以检察工作作为指导对象的检察指导性案例的侧重点与法院指导性案例会有所不同。此外，由于法院内部组织、业务管理等方面与检察机关存在诸多不同，也会影响到指导性案例的运行机制。检察工作与审判工作的共通性决定了检察指导性案例与国外判例之间的可比较性；而检察工作与审判工作的差异及我国司法环境的特殊性，则决定了检察指导性案例与国外判例之间的不同。

对于检察案例指导与法院案例指导的共通之处，前文已有较详细论述。二者的共性决定了在对检察指导性案例与判例作比较时，会较多地借鉴有关法院指导性案例与判例的相关研究成果。而指导性案例与判例作为案例适用机制的共性，前文也已有论及，本处将重点考察检察指导性案例与判例之间的差异。

（1）法律地位不同。英美法系国家判例具有法源地位，具有造法功能，“在普通法中并没有严格意义上的立法与司法的区分，司法活动本身既生产规则又消费规则”①。判例可以直接作为后案裁决的依据，具有法律效力。由于深厚的历史沉淀，判例法在英美法系国家法律体系中地位显赫。大陆法系国家判例虽然理论上不具有法律效力，但判例对法律发展有着实际的深刻的影响，如“《德国民法典》文本结构的维持仍是司法判例的功劳，这些判例在使民法典原有内容适用于现代社会需要和富有活力方面，发挥了重要却又常常为人误解的作用”②。同时，判例在大陆法系国家也得到了很好的遵循，具有事实上的约束力，对司法运作有重要影响。检察指导性案例的法律定位是法律适用机制，不是法定的法律解释方法，更谈不上造法，对处理后案的检察官仅有参考作用，无强制约束力。检察指导案例虽然理论上和官方定位上有事实约束力，与大陆法系判例效力定位一致，但由于我国检察机关当前不具备大陆法系国家成熟的柔性约束机制，检察案例指导的实际效力具有很大的不确定性。

（2）形成机制不同。无论是英美法系还是大陆法系国家，判例的生成传统上都是司法程序的自然结果，即司法程序终结判例即告成立，不存在司法程序之外根据事前确定的标准加以挑选的过程。由于最高司法机关并非唯一生成判例的主体，判例难以体现一元化意志成为最高司法机关管理司法的工具。即使近几十年来美国上诉法院兴起的有选择公开案例，案例是否公开也首先取决于审判法官个人意愿，最高司法机关很难完全控制判例的生成过程以保证判例符合自己的意愿。检察指导性案例则由最高人民检察院来挑选，其通过事

① 陈兴良. 案例指导制度的法理考察[J]. 法制与社会发展，2012(3)：73－80.

② 茨威格特，克茨. 比较法总论[M]. 潘汉典，等译. 北京：法律出版社，2003：230.

先颁布的标准和程序，由下级检察院将按照标准挑选的案例层层过滤后上报至最高人民检察院。最高人民检察院采取类似立法程序的机制对案例进行审查和公布。这一过程完全游离于原有的司法过程之外，司法过程已处理完毕的案例，必须通过检验达标后才可以作为指导性案例。这可以有效保证所有指导性案例都体现最高人民检察院的意志。

(3) 发展机制不同。判例的生成是在司法过程中进行的，并在以后的司法中得以检验和运用，这使判例的发展呈现连续性、动态性的特点。后案法官可以通过不断遵循先例而使其成为经典，也可以根据情形变化或案件情况对当下案件与先例之间进行区分，对先例不断进行修正，修正的过程也是判例的发展过程。所以我们经常可以看到，一些经典判例的产生往往并非临时起意，而是经历了一系列的嬗变过程。而如果一个判例被下级法官不断拒绝，其影响力将是有限的，甚至最终被废弃。“在有的时候，如果意大利最高法院顽固地不愿意放弃先前的观点，学界也可以通过支持初审法院以充分的论证，来背离最高法院的判例，这也可以在某种程度上促使最高法院改变其观点。”①而检察指导性案例的生成游离于司法程序之外，一个指导性案例一旦被公开就被定格了，即使检察人员在执法中拒绝适用指导性案例或对其进行修正，对其地位也不会有丝毫影响。指导性案例的发展与废止必须通过行政化的程序来解决，这使指导性案例的发展呈现非动态性、非连续性的特点。

(4) 适用方法不同。正如前文所论述的，当前英美法系国家在判例公开发布时，往往由发布法院或商业机构在判例前加上判决理由提要，以便后案法官能更便捷地把握判例的判决理由。但从严格意义上讲，这种判决理由提要对后案法官没有强制性约束力，法官仍可以通过归纳推理和前后案件比对来确定判决理由。也就是说，判决理由具有因案而动的特征。检察指导性案例的要旨则是由最高人民检察院确定后发布的，处理后案的检察人员仅有适用的义务而无重新确定要旨的权力，不能根据当下案件来调整要旨。这种适用方法比较接近于大陆法系对待判例的方法。

(5) 适用保障机制不同。如前文所述，无论是英美法系国家还是大陆法系国家，判例得到良好遵循主要归因于审级制度的约束和外在柔性约束机制的作用。而这两点对于检察指导性案例而言要么是根本不可能具备的，要么是还没有建立起来的，因而，我国当前检察指导性案例的遵循，主要依赖于内部自上而下的行政化压力机制。

上述检察指导性案例与判例的差别，部分是我国指导性案例(包括法院指导性案例和检察指导性案例)与判例整体上的差别，不是检察指导性案例所独有的；另一部分则源于我国由检察机关来发展案例适用机制的独特性，这迥异于其他国家法院对判例的垄断地位。这些差异在检察指导性案例与西方的判例之间划下了深深的鸿沟，作为后来者的检察指导性案例可以借鉴学习判例的经验，但检察指导性案例没有可能成为西方判例的中国版本。

---

① 薛军.意大利的判例制度[J].华东政法大学学报,2009(1):84-91.

三、检察指导性案例与公报案例、典型案例、精品案例

除了最高人民检察院发布的指导性案例外，各级检察机关还以其他不同形式发布了大量案例。如何区分这些案例与指导性案例之间的关系，对正确把握和运用检察指导性案例有重要影响。

（一）检察指导性案例与公报案例

当前检察系统的公报案例有两种类型：一是《最高人民检察院公报》发布的案例，二是省级检察院《公报》发布的案例。下面分别就指导性案例与它们的差别进行比较分析。

《最高人民检察院公报》是公开介绍我国检察工作的重要官方文献，是对外公布司法解释、司法文件、典型案例和其他有关司法信息资料的法定刊物，是检察机关发布案例的重要载体。《最高人民检察院公报》发布的案例是经过最高人民检察院反复推敲、字斟句酌，从众多案件中精选出来的，在指导性案例发布前，《最高人民检察院公报》是检察系统最具有权威性的案例发布渠道，这一点在检察系统的相关研究文献中得到了广泛的认同。[①] 其与指导性案例的异同点主要表现在以下几个方面：

（1）生成程序。《最高人民检察院公报》案例的生成路径与指导性案例基本一致，都采取了由下级检察机关逐级上报，经最高人民检察院挑选发布的形式，并且最终决定者都是最高人民检察院检察委员会。各级检察院具体操作者基本上都是一套人马。从程序的设置看，《最高人民检察院公报》案例与指导性案例生成过程的严格性基本一致，都有很高的要求。

（2）权威性。由于《最高人民检察院公报》案例与指导性案例生成程序基本一致，二者都有很高的权威性。但在定位上，指导性案例被设置为更具权威性的案例。这种权威性的实现主要依赖于程序之外的谨慎程度，如省级检察院在向最高人民检察院报送案例时，会将更具典型性的案例作为指导性案例的候选者申报。从最高人民检察院发布的指导性案例数量看，也明显少于《最高人民检察院公报》案例，其挑选的严格性更高。这决定了如果指导性案例与《最高人民检察院公报》案例发生冲突，应以指导性案例为准。

（3）形式。《最高人民检察院公报》案例与指导性案例在形式上的最大区别是没有“要旨”。“要旨”是对案例主旨的总结和提炼，有利于处理后案的检察官参考案例，准确把握案例的主旨，减少与最高人民检察院意图不一致的解释和理解。如果从贯彻最高人民检察院意志，统一全国检察人员执法角度看，加上“要旨”无疑更有利于实现《公报》登载案例的目的。《最高人民检察院公报》所登载的案例更接近于对案件情况的一般介绍，缺乏对案例的

① 北京市人民检察院第二分院课题组.检察机关案例指导制度的构建[J].人民检察，2010(22):22-24.

二级加工形成的要旨，而要旨可以更好地指导检察人员如何利用案例，这可能影响到检察人员阅读案例的有效性。

(4) 效力与实施机制。《最高人民检察院公报》案例与指导性案例都没有法律上的约束力，检察人员在处理案件时都不能将其作为依据直接加以引用。但最高人民检察院《规定》明确了指导性案例的背离机制，如果得到落实的话，指导性案例将具有事实上的约束力；而《最高人民检察院公报》案例没有明确的实施机制，从既往实践情况看，是否参考完全由办案人员自行选择。

总体上，与《最高人民检察院公报》案例比较，指导性案例程序更完备、选择更慎重，效力也更高。

除了《最高人民检察院公报》案例外，一些省级检察机关也创设了《公报》，并通过《公报》发布案例。这种案例在性质上更接近于检察指导性案例而非《最高人民检察院公报》案例。以《J省人民检察院公报》案例为例，《J省人民检察院关于实施〈最高人民检察院关于案例指导工作的规定〉的办法》中将指导性案例与典型案例并列，明确J省检察院有权发布典型案例(由省检察院《公报》刊登，但最终采用的名称是"参考案例")。在省检察院以下层面，其报送、选拔程序与指导性案例完全一致。在编辑体例上，也有"要旨"，这一点明显有别于《最高人民检察院公报》案例。其意图是与最高人民检察院发布的指导性案例对应，由省检察院建立一套案例体系，根据本省执法情况，对指导性案例进行补充。其与指导性案例的主要区别集中于两个方面：一是效力方面。如《J省人民检察院关于实施〈最高人民检察院关于案例指导工作的规定〉的办法》第16条规定："最高人民检察院发布的指导性案例，全省各级检察机关在办理同类案件、处理同类问题时，应当参照办理。省人民检察院发布的典型案例，全省各级检察机关应当结合本地实际学习借鉴。"对指导性案例，各级检察人员"应当参照办理"，对典型案例，则是"应当结合本地实际学习借鉴"，二者的效力层次明显不同。二是约束机制不同。该办法第18条第2款规定："下级人民检察院办理同类案件决定不适用指导性案例的，应当层报省人民检察院案例指导工作委员会审查。"而对典型案例没有相应的约束机制，典型案例主要供办案人员学习借鉴，是否借鉴由办案人员自己把握，没有审查监督机制，这与《最高人民检察院公报》案例一致。如果《J省人民检察院公报》案例与《最高人民检察院公报》案例相矛盾的，从最高人民检察院与省级检察院的领导关系看，应以《最高人民检察院公报》案例为准。

(二) 检察指导性案例与典型案例、精品案例

对于什么是典型案例和精品案例，没有统一定义，也没有严格区分，一般是指案件具有某种典型特征，并且其处理效果良好的案件。典型性可在多方面体现，如法律问题疑难、事实认定方法有独特性、侦查方法突出，甚至法庭公诉效果突出等均可。观察当前检察实践中的典型案例、精品案例，与指导性案例比较主要有以下特征：

（1）各级检察机关均可评选、出版典型案例、精品案例。从最高人民检察院至县区人民检察院均有权评选出版典型案例、精品案例，如最高人民检察院法律政策研究室编的《典型疑难案例评析》、“广西钦州检察院开展‘十大’精品案例评选活动”①、“庐阳区人民检察院评选2011年度精品案例实施方案”②等，这与最高人民检察院垄断指导性案例的发布权不同。其发布形式也多种多样，有正式结集在出版社以书籍形式出版的，有在报纸上刊载的，也有在网络上公开的，没有法定的权威公开形式。

（2）目的多样。由于发布主体的多样性，评选、出版典型案例、精品案例的目的呈多样化。如最高人民检察院法律政策研究室编辑出版《典型疑难案例评析》的目的是：“通过选编公安司法机关特别是最高司法机关办理的典型案件，加强对司法工作的指导，保证严格、准确地执行法律，进一步提高办案质量。”③庐阳区检察院评选精品案例的目的是：“以精品案件评选为载体，总结干警在办案中的成功经验和做法，营造‘比学赶超’的浓厚氛围，促进干警依法办案、公正执法、文明办案、廉洁办案，不断提高办案质量和水平，实施各项创先争优活动目标。”这种目的的多样性与指导性案例目的的相对单一性形成对比。

（3）部分典型案例、精品案例评选侧重宣传价值。如位列“广东省人民检察院2011年度十大反贪典型案例”的《广州市海珠区人民检察院反贪局查办黄埔海关工作人员系列受贿案》，该案表述如下：“肖建强，原黄埔老港海关锚地监管科科长。经查，2005年至2009年，肖建强先后担任某海关货运机检科科长、锚地监管科科长期间，利用负责验放进出口货物等工作的职务便利，收受他人贿赂，为他人牟取非法利益，收受受贿款共计人民币92.9万元及价值人民币3万元的中石化加油卡。2011年1月11日，海珠区人民法院以受贿罪判处肖建强有期徒刑六年。办案单位从肖建强案入手，查处原黄埔老港海关副关长邓南光受贿案等黄埔海关系列贿赂案件10件10人。”④这类典型案例事实表述简略，典型性表现在哪里无从知晓，很大程度上就是以涉案金额排序，除了宣扬检察机关查办大要案的成绩外，对办理后案的检察人员来说并无太大的参考价值。这与指导性案例注重案件本身所反映问题的典型性，意图为检察人员处理同类案件提供参考的取向，有较大不同。

（4）缺乏约束机制，效力没有保障。虽然一些典型案例、精品案例也着眼于为检察人员“办案提供参考”⑤，但与检察指导性案例比较，发布典型案例、精品案例的检察机关，都没有要求有关执法办案人员在处理类似案件时一定要遵循典型案例、精品案例，也没有明确的约

① 杜江.广西钦州检察院开展“十大”精品案例评选活动[EB/OL].(2011-10-17)[2014-02-16],http://www.jcrb.com/procuratorate/jckx/201110/t20111017_735864.html.

② 庐阳区人民检察院.庐阳区人民检察院评选2011年度精品案例实施方案[EB/OL].[2014-02-16].http://wenku.baidu.com/view/6dcd6628e2bd960590c67723.html.

③ 参见：最高人民检察院法律政策研究室.典型疑难案例评析(第2辑)[M].北京：中国检察出版社,2000:编辑说明.

④ 广东省人民检察院.广东省人民检察院通报2011年度十大反贪典型案例[EB/OL].[2014-03-16].http://www.dqlz.gov.cn/dqlz03/4559.aspx.

⑤ 参见：最高人民检察院法律政策研究室.典型疑难案例评析(第2辑)[M].北京：中国检察出版社,2000:编辑说明.

束机制来保障典型案例、精品案例得到遵循。

这些方面的差异决定了典型案例、精品案例与指导性案例的分野。但二者并非绝无关联。精品案例、典型案例是各级检察机关办案的得意之作,凝结着检察人员办案的经验和智慧,是指导性案例产生的重要基础。如果说指导性案例是对案例库"掐尖"的产物,数量更多的精品案例、典型案例的评选、推广则更有利于培养检察人员办精品案件的意识,这为指导性案例的"掐尖"提供了厚实的基础。

第四章　检察案例指导制度的实践考察

最高人民检察院发布的《关于案例指导工作的规定》标志着检察机关案例指导工作进入制度化建设的新阶段。与既往非正式、试点性的典型案例指导不同，系统化的检察案例指导制度对检察机关来说是一项新的事物。2010 年 7 月，最高人民检察院发布《规定》及第一批指导性案例公布以后，检察案例指导制度正式运行。作为一项新的制度，其成效如何只有在实践中才能得到真实的检验，特别是我国作为成文法国家，检察案例指导制度与既有司法体系如何兼容引起了社会的广泛关注。在检察案例指导制度实施三年多的时候，为了解其实施情况，使研究立足于实践，为进一步完善检察案例指导制度提供有效的、系统的完善建议，笔者借助课题研究之便，采用实证研究方法，对 J 省检察机关的案例指导实践进行了调查研究。调研主要采用了三种方式：一是问卷调研方法。由 J 省检察院研究室向全省检察机关发放问卷。为打消被调查人员的顾虑，保证问卷的真实性，调查采用不记名方式，并承诺严格保密，告知被调查人员调研情况仅作整体分析而不作单独使用。二是访谈方法。为弥补问卷调查的不足，课题组选择了该省三个社会经济情况差异较大，有代表性的市级检察院进行座谈。参加者有市检察院代表及所属基层检察院代表，公安、法院和律师代表。座谈气氛热烈，与会者畅所欲言，课题组对检察案例指导制度在实践中存在的问题进行了充分的了解，有效弥补了问卷调查的不足。三是典型案例分析法。在调研中，课题组收集了所调研检察机关适用指导性案例和典型案例处理的案件及参考案例，从中分析检察人员参考案例处理案件的具体方式。通过调研，课题组获得了宝贵的第一手资料，本部分内容是以课题组调研材料为基础写成的。

需要指出的是，由于调研时检察案例指导制度实施时间尚较短，如果仅以已发布的指导性案例为对象进行调查，可能面临样本严重不足的问题。当前的检察案例指导制度是在总结最高人民检察院和地方检察机关过去以典型案例指导检察工作实践的经验基础上构建的，精神内核基本上没有太大变化。同时，由于目前检察案例指导制度并没有明确指导性案例的适用方法，当前检察人员适用指导性案例处理案件的方法也与检察案例指导制度建立前适用典型案例的方法有相当的承继性。因而，实证研究的调研对象以最高人民检察院发布的指导性案例为中心，以案例指导制度为研究核心，但适度扩展至地方检察机关发布的典型案例，意图通过对检察人员适用案例的历史性实践的研究，更好地把握和理解检察案例指导制度的实践。

同时，还需进一步明确的是，本部分研究的主要目的是对指导性案例的实施情况进行客观描述，以为下文制度的分析提供事实基础，因而对调研中反映出来的问题，有些在本部分探讨了应对之策，有些则留待后文制度分析部分探讨。

第一节　检察案例指导制度的作用

一、检察人员对案例指导制度的认知

案例指导制度建立之初，在理论界引起了较大的反响，甚至被一些理论研究者视为中国判例法建立的先声。那么检察案例指导制度创设三年后，检察人员对其认识程度如何呢？对检察案例指导制度有正确的认识，熟悉检察案例指导制度的相关要求和已发布的指导性案例，这是检察案例指导制度在实践中发挥作用的基础性前提。但调查情况表明，检察人员对检察案例指导制度的认知并不令人乐观。关于“您知道最高人民检察院发布了《关于案例指导工作的规定》吗？”这一问题，课题组设置了“知道”和“不知道”两个选项，选择不知道的占46%。这意味着差不多一半的检察人员根本不知道有检察案例指导制度，更谈不上遵守了。而在选择“知道”选项的检察人员中，只有5%“非常了解”检察案例指导制度，另有60%表示“比较了解”，其余的被调查者表示“不了解”。如果加上不知道已发布《规定》的人员，约有65%的被调查人员对检察案例指导制度是不了解的。而在选择“非常了解”和“比较了解”选项的人员中，只有55%的人员学习过最高人民检察院已发布的三批指导性案例，其余的45%则表示“还没有来得及学习”。如果从被调查人员整体上看，只有30%学习过最高人民检察院发布的三批指导性案例。没有学习自然就谈不上遵守的问题了。这一点在访谈中也得到了证实。在访谈中，相当部分被访谈人员提到，自己是在接到访谈通知时才知道检察案例指导制度的存在。有被访谈员特别提到，对上级文件的学习传统上主要通过集中学习的方式进行，关于案例指导制度自己印象中没有集中学习过。

检察案例指导制度的实施，要以广大检察人员对检察案例指导制度的深刻了解和对指导性案例的熟练掌握为基础。从调研情况看，检察人员对检察案例指导制度和指导性案例还比较生疏，这对于检察案例指导制度的实施无疑是警讯。在检察案例指导制度已实施三年左右的情况下，这种情况似乎不应出现，但这确实又是事实。这当然可以归责为部分检察人员学习动力不足，墨守成规，但现实中检察人员对新的法律法规也能在较短时间内掌握，并非完全因循守旧，因而，我们似乎不应仅停留在指责的阶段，而应反思，检察案例指导制度为什么没有吸引到广大检察人员的眼球。

二、案例指导制度的功能

关于检察案例指导制度可能发挥的功用，课题组设计了以下选项：(1) 有利于强化上级对下级的领导；(2) 有利于约束执法人员自由裁量权，促进司法统一；(3) 有利于增强决定的说服力，提高当事人对决定的认同度；(4) 有利于防止由个案酿成社会事件；(5) 有利于提高办案效率；(6) 有助于提高司法决定的社会公信力；(7) 其他。可多选。与被调查对象总人数比较，选择(1)的有 20%，选择(2)的有 20%，选择(3)的有 30%，选择(4)的有 5%，选择(5)的有 55%，选择(6)的有约 30%。这一结果显示，检察案例指导制度所预设的统一司法的功能并不被广大检察人员所看重，只有 20%的被调查对象表示认同。而 55%的被调查人员选择了提高办案效率。这清楚地表明了制度设计与一线执法者需求之间的差异。而检察案例指导制度本身所预设的管理功能，即强化上级对下级的领导也被调查者所认识，有 20%的被调查人员选择。但其中“(3)有利于增强决定的说服力，提高当事人对决定的认同度”的选择率占 30%，更清晰地表明了一线执法者的需求。虽然这一比例看似不高，但不可忽视的是有 20%的被调查对象是将其作为唯一选项肯定的。总体分析，检察案例指导制度所预设的功能与一线执法人员所期待的功能存在落差。如何调和二者的关系，对检察案例指导制度能否取得实效有重要影响。检察案例指导制度的核心目标是约束司法自由裁量权，统一司法。对于这一目标能否实现，约 50%的被调查对象认为是不可能实现的，另有约 30%认为“不好说”，只有 20%的被调查对象认为这一目标可以实现。总的来说，一线执法人员普遍对检察案例指导的制度功能目标能否实现持怀疑立场。

检察案例指导制度预设功能取向与实践者认知之间的差距，很大程度上源于政策制定者与实践者的取向差异。作为政策制定者而言，制定政策时会更多地从宏观角度思考，为政策设计一个方向性的价值取向。超脱于具体的操作环节，站在更宏观的角度，对各种实践进行合理提取，这对于制度生成是必要的。但如果政策制定者对实践萃取不当，对司法实践者的心理需求把握不足，就可能出现制度目标与实践者的需求难以契合的局面。在制度目标难以得到实践者认同的情况下，其能否实现自然不无疑问。

三、案例指导制度与办案社会效果

检察案例指导制度追求的重要目标是约束司法裁量权，实现司法统一，防止同案不同处理，但司法实务中，为实现更好的社会效果，往往鼓励司法人员进行创新。二者是否有冲突？如果发生冲突，执法人员如何选择？为此，课题组设计了两组题目进行调查：第一，“您是否认为严格适用指导性案例在一定情况下可能不利于司法创新？”有 28%的被调查者认为二者不会发生冲突，有 24%的被调查者认为二者会发生冲突，其余 48%的被调查者选择了“不好说”。这表明，至少近一半的被调查者认为两种可能性都有。而在访谈中，被调查者认为至少目前还感受不到检察案例指导制度的压力，对于其未来的发展方面，被调查者则意见分歧较大。这种对检察案例指导制度效果与未来发展的不确定性，使检察人员持观望态度，可以用来说明为什么大约一半的被调查者选择了“不好说”。第二，“如果遵循指导性案例社会效果可能不好，您认为应如何处理?”有42%的被调查者选择了“不遵循指导性案例，以实现更好的社会效果”，有25%的被调查者选择了“遵循指导性案例”，有33%的被调查者选择了“请示上级”。这一结果表明，在追求更好的社会效果与遵循指导性案例之间，更多的执法者将社会效果置于更优先的位置。

遵循指导性案例与追求社会效果之间是否可能发生冲突，笔者持肯定性态度。甚至可以说，检察案例指导制度之所以生成，很大程度上也正是司法社会效果不好所催生的。当事人涉诉上访、信访量的增加及公众对同案不同处理的非议，是推动检察案例指导制度生成的重要力量。检察案例指导制度虽因社会效果的需求而生成，但它对社会效果的实现并非一定能产生积极影响，在某些条件下还可能成为引起新的社会效果争议的导火索。相对于法条，检察案例指导制度期待以更细化的规则限制司法人员的裁量权，通过司法统一来平息当事人及公众对司法公正的质疑。但限制司法人员裁量权是把双刃剑，一些案件中，个案公正的实现正是通过司法人员行使裁量权而实现的。指导性案例对司法人员裁量权更强的束缚性，使其犹如戴着脚镣跳舞。为实现好的社会效果，司法人员寻求突破指导性案例的情形也是极有可能发生的。调查结果所显示的四成多的司法人员直接弃用指导性案例，三成多要请示上级，只有两成多的人员选择遵循指导性案例，这正说明了社会效果在当前执法中的重要性。细究起来，这种结果是可以理解的，我们通常所说的法律效果与社会效果的统一，在实践中经常演变为社会效果优先于法律效果。位阶低于法律的指导性案例，在社会效果面前让步，似乎也并不难理解。因而，如果不放弃对司法效果的外部性评价要求，没有确立法律效果优先的牢固地位，作为法律附着物而生成的指导性案例在与社会效果发生冲突中作出让步，可以说是一种必然的现象。

四、案例指导制度与检察官独立办案

适度强化检察官办案的独立性，弱化层层审批，对提高检察工作的效率是必要的。这也是我们一些改革举措，如主诉检察官、主办检察官制度、检察官员额制的重要出发点之一。指导性案例为检察官办案提供了比司法解释更细化的指引，客观上有利于弱化请示汇报的必要性，对提高检察效率是有益的。那么，这一目标能否实现呢？在对“在最高人民检察院发布指导性案例后，如果您办理的案件与指导性案件类似，但领导有不同意见，您将如何处理”这一问题的回答中，26%的被调查者首选以“以案例为依据努力说服领导”，如果不能说服领导，则“服从领导意见”；39%的被调查者首选以“以案例为依据努力说服领导”，如果不能则将“寻找能兼顾案例与领导意见的合理意见”，找不到合理解决方案时，则选择“服从领导意见”；还有14%被调查人员选择了“按领导意思办”。这一结果表明，虽然部分检察官重视指导性案例的效力，并在指导性案例与领导意见冲突时力图兼顾二者的关系，但领导意见仍是案件处理结果的最重要影响因素。因而，检察案例指导制度在促进检察官独立办案方面效果比较有限。

弱化司法机关的行政化，这是党的十八届三中全会确定的司法改革路线图的重要内容。司法机关的去行政化，不但指法院，也包括检察院，虽然检察机关本质性的行政色彩要浓于法院，但当前检察机关的行政化明显超过了合理的限度，损害了司法的公正与效率。对检察案例指导制度，理论研究者也有一种期待，希望能通过为办案人员提供更细化的规则，减少向上级请示的必要性，也为抵挡上级不当干预提供一定的遮蔽作用。但调研结果显示，指导性案例的这一功能，在目前还难以得到理想的结果。检察案例指导制度实际上是给办案人员赋权，但在当前检察系统内部行政化领导机制盛行的情况下，办案人员还缺乏运用权力的勇气。检察案例指导制度促进检察人员独立办案功能的发挥，还有待检察机关内部领导机制改革的跟进。

五、检察指导案例(典型案例)的外部影响

我国刑事诉讼流程虽呈流水作业状态，但这一流程并非单向的，公检法三机关在处理案件时或多或少要考虑其他两机关的有关规定。为考察检察机关指导性案例对公安、法院处理案件的影响力，课题组在问卷中进行了调查。由于检察指导案例颁布时间不长，数量较少，在实践中影响力有限，而各地检察机关在过去的实践中发布了较多的典型案例，因而，此处以典型案例为依据对检察指导性案例可能发挥的影响进行预测，并不一定能完全准确地反映检察指导性案例可能产生的影响，但在当前亦不失为一种相对可靠的参考方法。第一，就检察机关确立典型案例对公安执法的影响，8%的被调查者选择了“没有影响”，32%的被调查者选择了“影响不大”，34%的被调查者选择了“有较大影响”，26%的被调查者选择了“在相关事项上有决定性影响”。第二，检察院确立的典型案例对法院执法的影响，23%的被调查者选择了“没有影响”，40%的被调查者表示“影响不大”，30%的被调查者选择了“影响较大”，7%的被调查者认为“在相关事项上有决定性影响”。从调查结果明显可以看出，检察机关确立的典型案例的外在影响力，其对公安机关的影响力明显大于对法院的影响力。

作为承上启下的中间部门，检察工作对侦查和审判工作都有一定的影响力。不过，从诉讼流程看，相对于侦查工作，起诉居于后位，可以对侦查工作进行审查和评价，检察指导性案例确立的规则可以逆向影响侦查工作；而审判居于起诉之后，审判机关有权力对起诉工作进行审查和评价，因而，检察指导性案例对审判工作的影响相对较小。这一点在调研工作中也得到了印证。这意味着发布检察指导性案例不但要考虑其对检察工作的影响，还要考虑对

侦查和审判工作的影响，特别是要考虑对侦查工作的影响。对于可能造成检警冲突、检法冲突的案例，在发布之前需要进行一定的协调沟通工作。

第二节　检察指导性案例的生成

一、对指导性案例的需求类型

检察指导性案例的发布应考虑实践的需求，指导性案例越贴近检察人员执法需求，被参考的可能性就越大；如果指导性案例缺乏实践性，就会造成曲高和寡的局面，失去了发布指导性案例的意义。为了解检察人员对指导性案例的需求，课题组设计了两个问题。第一，“在您的工作中，您认为最需要哪些类型的典型案例作为处理案件的参考?”结果显示，23%的被调查者选择了“认定事实类”，58%的被调查者选择了“适用法律类”，51%的被调查者选择了“采信证据类”，选择“办案程序类”的则有17%。检察机关处理的案件主要是刑事案件，在访谈中，相当大比例的被调查者认为案件处理中最易引起争议的是事实问题，而在问卷调查中选择“认定事实类”和“采信证据类”的合计占被调查总数的74%，这与座谈中了解到的情况是一致的。结合访谈材料，58%的被调查者选择“适用法律类”，这并不意味着检察人员在案件处理中经常遇到法律适用疑难。相反，在大多数情况下，法律适用在执法中问题并不突出。但在新类型、存在外部压力等案件中，指导性案例在帮助检察人员正确适用法律方面则可起到较大作用。第二，“在当前检察工作中，您认为哪些工作环节最需要典型案例提供参考？请按迫切性从大到小排序。”结果显示顺序依次为：不起诉、侦查监督、立案监督、职务犯罪侦查和民行监督。这一顺序大体反映了检察机关在办案过程中遇到疑难问题的概率。不过，从问卷分析，不同部门选择结果不同，被调查人员往往偏向于自己所在部门，这可能与不同部门工作人员在办案中的直接体会有关。如果从这一角度考虑，基本上各个业务部门的办案人员均认为自己的工作需要指导性案例进行指导。[①]

对指导性案例主要适用于指导法律问题还是包括事实问题，有不同意见。但从调研情况看，无论是法律问题还是事实问题，检察人员都希望能从指导性案例中吸取经验。从提升司法公正考虑，有需求就应有供给，如果指导性案例能够在事实方面为执法人员提供借鉴作用的话，就应提供此方面的案例。正如笔者在前文中所指出的，指导性案例的基本功能是提供规则，这种规则既可以是法律规则，也可以是事实处理方面的规则。从实践情况看，司法

---

① 对指导性案例的多种类需求在实务人员的研究成果中也有体现，参见：傅强，黄福涛．检察机关案例指导工作机制研究[J]．人民检察，2008(4)：44－46.

人员在处理案件中积累的事实处理方面的经验，的确有提炼为规则的可能性，过去也有这方面的成功经验，如国内外证据法中关于事实判断的规则，大多是从实践中个案的经验逐渐发展起来的。因而，面对实践的需求，我们在发展检察指导性案例时应放开思维，不必自我设限，将指导性案例仅限于提供法律规则。只要是实践需要的，也确有规则化可能的，事实认定方面的规则也可作为指导性案例发布。当然，相对于法律规则，事实规则的确立可能需要更多的个案支持以证明规则的可靠性，发布相关指导性案例需要更谨慎的立场。

二、指导性案例的选送

检察指导性案例的质量，很大程度上取决于各地选送的案件质量，那么各地如何选送案例？各级检察机关如何调动检察人员选送案例的积极性？课题组对此进行了调查。对于指导性案例的选送，J省检察院要求省辖市人民检察院每两个月应当向省人民检察院案例指导工作委员会报送典型案例一件，并应当于每年七月底前向省人民检察院案例指导工作委员会报送指导性案例不少于三件。省人民检察院各业务部门每季度应当向本院案例指导工作委员会提供典型案例一件，并应于每年七月底前向本院案例指导工作委员会提供指导性案例不少于二件。相应的，各省辖市检察院也对所属县区检察院提出了数量上的报送案例要求。从调查情况看，各地检察院都较好地完成了选送典型案例和指导性案例的任务。但座谈中也有检察人员反映这种硬性的数量要求也存在缺陷，如某一段时间内所承办业务没有典型案例，为完成任务也要报案例上去，客观上降低了报送典型案例的质量。但如果没有数量的要求，如何调动下级检察院报送案例的积极性？在座谈中，有的人员提出，应建立奖励机制，如当地法院系统报送案例被《最高人民法院公报》采用的，当地法院对选送人员、所在法庭都有重奖，检察指导性案例的报送也可实行一定的奖励措施。针对这一问题，问卷调查显示，如果上报的案例被上级机关选中，32%的检察院对办案人员有一定的激励措施，如考核加分等。在座谈中还了解到，办案人员对报送典型案例积极性总的来说还是比较高的，许多人视其所办案件能被选中为荣誉，如果认为自己所办案件符合典型案例或指导性案例条件的，一般都会推荐给院里负责案例选送的人员。

对所选送案例在流转过程中是否会被上级检察院加工完善的问题，接近50%的被调查人员认为会“经过一定程度的加工完善”。对于加工完善的目的，48%的被调查人员认为是“为使案例更简练，突出重点”，另有42%的被调查人员认为是“为使案例更典型”，还有8%的人认为是“增加被上级选中的机率”。从座谈中我们也了解到，市级检察院对下级报送的案例进行修改具有一定的普遍性，一种方式是提出修改意见由下级检察院进一步修改，另一种方式是由上级院自行修改。就修改的内容而言，主要集中在文字、格式等外部形式方面，至于事实和法律适用则不会作太多修改。

高质量的案例来源是决定指导性案例质量的关键因素，指导性案例的选择机制要发挥作用，是以有可供选择的高质量案例为前提条件的。从我国当前情况看，检察指导性案例的主要来源以检察机关提供为主。检察机关作为办案机关，不但手中有充足的案例可供选择，对于办案效果的评价也最有发言权，其他社会力量推荐案例只能是补充性的。因而，如何调动检察人员的积极性，将高质量的案例贡献出来，对于指导性案例的生成具有重要影响。当前检察机关对典型案例的报送要求，保障了可供选择的案例的数量，但这仅是"量"的保障，事实上更重要的是"质"的保障。如果有关人员仅以完成任务的心态来提供案例，很难期待会有高质量的案例备选库。对于检察人员积极性的调动，笔者认为奖励比惩罚更重要。惩罚带来的主要是畏惧，有助于完成数量性的任务，奖励带来的则是案例选拔锦标赛，是质量的比拼。制度化的奖励机制将为高质量案例备选库的生成提供强劲动力。在当前我国司法人员素质参差不齐的情况下，对于指导性案例的加工也可视为一种无奈之举，关键是修改的方针和度的把握。

三、指导性案例的发布主体

在检察案例指导制度建立之前，以指导性案例（典型案例）形式对省内检察机关执法进行指导，是省级检察院的普遍做法。一些地市检察院，甚至县区检察院也采用指导性案例（典型案例）对辖区内检察执法进行规范。检察案例指导制度建立后，根据相关规定，指导性案例只能由最高人民检察院发布，省级检察机关可以发布对辖区内检察机关工作有指导作用的典型案例，但不能叫指导性案例。地市级以下检察院则普遍停止了发布典型案例。那么如何看待指导性案例发布主体的要求？省级以下地方检察院有无发布典型案例的必要？

在指导性案例发布主体的问题上，曾有主张认为省级检察院也应有权发布指导性案例，以强化省级检察院所发布案例的权威性，但这一意见已被《规定》所否定。没有发布指导性案例的"名份"，是否会影响省级检察机关利用案例指导检察工作的效能，这取决于检察人员如何看待省级检察院所发布的案例的效力，是否会因其不具有指导性案例的头衔而看低它们。就实践中省级检察院发布的典型案例与指导性案例的效力对比而言，84%的被调查者认为二者效力有差别，最高人民检察院的指导性案例有更强约束力；9%的被调查者认为二者没有差别，都要遵守；7%的被调查者认为二者没有差别，都没有很强的约束力。绝大多数被调查者认为典型案例与指导性案例在效力上有差别，但这主要是基于相关文件的规定和发布机关的权威性而得出的看法，是一种相对静态的意见。后两种意见则代表了实践中二者的现实关系。在座谈中，有被访谈者认为，无论是指导性案例还是典型案例，检察人员在执法中是否遵守目前还缺乏有效的监督机制，因而二者效力名义上有差别，但实际上都没有很强的约束力。同时，如果案例遵循监督机制建立的话，由于省级检察院对下级检察院业务上是领导关系，下级检察院也不可能忽视省级检察院发布的典型案例。至少在目前的实践中，典型案例与指导性案例的效力不存在"天壤之别"。不允许省级检察机关发布指导性案例，对省级检察机关以案例形式对下级检察院进行业务指导的影响，并不像当初一些理论研究者所担心的那么大。典型案例与指导性案例名义上的效力区分，确立了指导性案例的最高地位，一定程度上有利于在全国范围内促进司法统一。

对市级检察机关和县区级检察机关有无必要以典型案例指导下级检察机关及本级院的业务工作，被调查者意见有分歧。50％的被调查者认为市级检察机关无必要发布典型案例。有被调查者特别指出，市级检察院案件范围较小，完全没有必要发布典型案例；但也有一半的被调查者认为，市级检察机关有必要以典型案例形式指导本院及下级院的业务开展。在座谈中，有与会者指出，各个市的情况不一样，在这个市里多发的案件在另外的市可能根本就没有，在案件多发并且确属新类型案件的情况下，有必要以典型案例形式快速、具体地对各下级院处理案件进行指导。而针对县级检察机关有无必要发布典型案例，赞成与反对者亦各占一半。统计发现，赞成市级检察机关有权发布典型案例的被调查者，基本上也支持县区级检察院有权发布典型案例。这实际上反映了两种思想的对立：一种观点认为省级以下单个检察机关所遇到的案件范围较小，起点不高，视野不广，无必要并且也无法有效保证典型案例的质量；同时，为保证执法统一，防止地方保护主义，省级以下检察机关不应发布典型案例。另一种观点则认为，各地情况不同，遇到的问题不同，处理案件的社会效果也不同，为达到更好的社会效果，应允许因地制宜处理案件，省级以下检察机关发布典型案例能较好地实现司法多样化与司法统一性的平衡。从调查结果看，两种观点支持者旗鼓相当。在座谈中，与会者中也有意见认为，检察案例指导制度所追求的统一司法的目标过高，如果严格实施，不利于各地因地制宜开展工作，不利于实现法律效果与社会效果的统一。

指导性案例发布主体的争议，实际上反映的是保障司法统一与保障个案公正之间的冲突。强调发布主体的单一性，防止令出多门，自然有助于确立统一的标准促进司法统一。但不可回避的问题是，最高人民检察院有无能力及时提供足够丰富的案例供下级检察机关工作参照？同时，面对执法人员素质参差不齐的局面，最高人民检察院以哪一层次的群体为对象来发布案例？面对迥异的地方情况，指导性案例是否会因考虑统一性而无法兼顾地方性？检察案例指导制度以实现司法统一为使命，采取了指导性案例发布主体由最高人民检察院独享的方式，但对案例发布主体的探讨，不应因最高人民检察院《规定》的发布而戛然而止，而应当将其作为一个尚可继续讨论的话题。

四、指导性案例的形式

对于指导性案例的形式，最高人民法院和最高人民检察院发布的指导性案例有所不同。最高人民法院的指导要点呈现规则化态势，与过去发布案例中的要旨一样，是对案情的提炼，即使不参阅案情，也可直接作为裁判依据加以适用，其功能基本等同于司法解释。最高人民检察院发布的指导性案例，其要旨虽也以规则化为导向，但部分指导性案例要旨则更显宏观,一些案件的要旨主要体现为办案思想的指引,规则化功能不如最高人民法院发布的指导性案例,不能为执法人员直接提供处理案件的依据。在二者之间,有60%的被调查人员肯定了最高人民法院的做法,30%支持最高人民检察院的做法,另有10%赞成其他方式。但另一方面,70%的被调查人员认为最高人民检察院指导性案例的编写方式“有利于执法人员根据个案情况自由裁量处理”;而30%的人则认为“太空泛,难以把握,对实践指导性不强,没有达到制度预设目的”。这种回答结果看似矛盾,但又实属正常,一线执法人员既希望指导性案例能为办案提供具体的指引,提高办案效率,增加处理结果的说服力;另一方面又不希望指导性案例对自己办案构成过多的约束,以便因时、因地制宜地处理案件。

指导性案例的形式是为实现案例指导制度的功能服务的。从法院案例指导制度与检察案例指导制度的功能定位看,二者基本是一致的,那么何以在形式上出现这种差异?最高人民检察院从第二批指导性案例开始,明显强化了要旨的规则化倾向,这说明最高人民检察院也可能意识到了这方面的问题。事实上,要旨之所以能够发挥指导作用,重要的是其能为办案人员提供指引,如果要旨过度宽泛,成为政策性的表述,也就失去了指导意义,指导性案例也就失去了指导价值。就检察指导性案例在实践中暴露出来的体例方面的问题及解决方案,笔者将在下文中进行更详细的讨论。

第三节　检察案例指导制度的实施机制

一、指导性案例的效力

对于指导性案例的效力,课题组设置了两个问题:第一,“最高人民检察院2010年《关于案例指导工作的规定》第15条规定:‘指导性案例发布后,各级人民检察院在办理同类案件、处理同类问题时,可以参照执行。’您如何理解‘可以参照’?”对于这一问题,10%的被调查者选择了“可以参照,也可以不参照”;28%的被调查者选择了“如果确属同类案件、同类问题,就应参照”;而选择“根据上级意见决定”这一选项的则占62%。这一结果显示,当前执法一线人员对指导性案例的效力缺乏充分的认同。这可能与《规定》本身表述所适用的“可以”词眼所隐含的不确定性有关。第二,“如果全国人大立法与最高人民检察院发布的指导性案例发生冲突,您将如何选择?”对于这一问题,58%的被调查者选择了“以立法为据”;33%的被调查者选择了“根据个案情况,看哪个更合理就按哪个办”;没有被调查者选择“以指导性案例为据”。在一般的印象中,因为具体、便于遵循及上级检查考核的压力,检察机关内部的文件规定在实际执行中更为执法人员所看重,作为最高人民检察院发布的指导性案例,应该有更强的约束力;但调查结果显示,在立法与检察指导性案例之间,执法人员更看重立法。这也从侧面说明，指导性案例在执法人员心目中地位尚不算高。综上所述，检察指导性案例在执法人员心目中有一定的地位，但与其充分发挥效力所需的地位比较，还有不小的差距。

由于受我国成文法传统的影响，检察人员对指导性案例效力的认识一般都比较清楚，将其位阶置于法条之下。在指导性案例与法律发生冲突时，大多数检察人员选择法律优先，已充分证明了此点。同时，在笔者的调研中，对指导性案例作为司法解释的一种形式的设想，部分检察人员表达了疑虑，主要是担心立法机关是否会同意。除了对指导性案例上升为司法解释面临的政治障碍担心外，有些检察人员认为只要配套制度完善，即便指导性案例仅具有事实效力，也可以得到有效遵守。上文调研结果显示，在当前指导性案例没有法律效力的情况下，当法律与指导性案例发生冲突时，仍有超过三成的被调查人员会以更有利于案件公正处理为选择导向，而不是唯法律至上。同时，上级领导的意志对指导性案例适用的高比例影响力，更说明将指导性案例上升为司法解释的一种形式，对解决当前指导性案例的效力问题可能并无决定性的意义。因而，指导性案例效力问题的解决路径，可能不是在研究者所争论的法律效力与事实效力之间做选择题，而在于如何使其在实践中真实有效。如果没有相关配套措施的跟进，无论作何定位，指导性案例在实践中都不可能真正有效，谈指导性案例的效力都将是一个伪命题。

二、案例指导制度的实施保障机制

检察案例指导制度的落实除了依赖于执法人员的自觉以外，还应当辅之以有效的保障机制，使执法人员有遵守指导性案例的压力。为了解这方面的情况，课题组设计了三个问题。

第一，“你在日常工作中，是否感觉到必须遵循典型案例或指导性案例的压力?”对于此问题，1%被调查者选择“有较大压力”;13%的被调查者选择了“有，但不大”;其余86%的被调查者选择了“没有”。在访谈中，绝大多数被调查者也表示，没有感觉到遵循指导性案例的压力。综合分析，指导性案例没有对检察人员执法形成切实的影响。

第二，“如果您在工作中有感觉到必须遵循典型案例或指导性案例的压力，来自哪些方面?”对此问题，33%的被调查者选择了“领导对案件的把关”，33%的被调查者选择了“院里或上级院的检查”，42%的被调查者选择了“自己对处理好案件的要求”。这一结果显示，检察人员对处理案件的自我要求还是比较高的，四成多的被调查者将其作为遵守指导性案例的首要因素。而在访谈中，被调查者在谈到是否遵守指导性案例及典型案例时，首先考虑的因素是指导性案例或典型案例的处理是否有说服力及是否对本案有参考意义，而不是首先考虑它是否是指导性案例或典型案例。综合上述情况，可以看出，指导性案例本身质量的高低，对指导性案例能否被遵守有重要影响。而66%的被调查者选择了“领导对案件的把关”和“院里或上级院的检查”，这说明完善的监督机制对指导性案例能否被遵守起着重要作用。

指导性案例的被遵守虽然需要以自身的高质量提高影响力，但在处理案件过程中经常存在不同意见的情况下，以一定的强制机制保障指导性案例被遵守也是必要的。

第三，在“您认为怎样才能保障检察案例指导制度得到真正实施?”的回答中，有58%的被调查者选择了“司法公开，强化外部监督”，有25%的被调查者选择了“上级重视，强化监督检查”，有17%的被调查者选择了“与绩效考核挂钩，纳入考核范围”，有42%的被调查者选择了“强化培训工作，使大家掌握如何查找案例、如何参考案例的方法”。对照上题的调查结果，可以发现，虽然在上题中有66%的被调查者认为“领导对案件的把关”和“院里或上级院的检查”对指导性案例被遵守有重要作用，但在本题中则有高达58%的被调查者选择了“司法公开，强化外部监督”。这一调查结果显示，在内部监督与外部监督之间，被调查人员认为外部监督更有效。而42%的被调查人员选择“强化培训工作，使大家掌握如何查找案例、如何参考案例的方法”，则说明当前检察人员在执法实践中，普遍感觉不知如何使用检察指导性案例，这严重影响到指导性案例在实践中发挥作用。

三、案例指导制度的背离机制

检察案例指导制度的有效推行，很大程度上依赖于对指导性案例的严格遵守，如果执法人员能轻易绕过指导性案例，弃指导性案例于不顾，那么检察案例指导制度就可能名存实亡。对于检察案例指导制度的背离机制，最高人民检察院发布的《规定》明确，承办人在处理案件过程中认为不应当适用指导性案例的，应当书面提出意见，报经检察长或检察委员会决定。J省人民检察院发布的《J省人民检察院关于实施〈最高人民检察院关于案例指导工作的规定〉的办法》(下称《办法》)规定，下级检察院不适用指导性案例的，需层报省人民检察院决定。比较之下，显然J省检察院对背离指导性案例提出了更严格的条件。那么，一线执法人员如何看待上述规定？对最高人民检察院2010年《规定》提出的背离机制，有33%的被调查者认为“背离指导性案例的门槛太低，可能造成指导性案例难以得到较好遵循”，50%的被调查者认为“已足以保障指导性案例得到较好遵守”，17%的被调查者认为“门槛低有利于灵活执法”。分析上述情况，可以看出，认为最高人民检察院《规定》能保障检察案例指导制度顺利落实和认为其不足以保障实现制度目标的各占一半。对J省检察院《办法》确定的背离机制，42%的被调查者认为“约束性过强，可能不利于个案个别化处理，以实现个案公正”，8%的被调查者认为“约束性过强，不利于司法创新”，33%的被调查者认为“背离指导性案例的门槛太高，在缺乏事后检查措施的情况下，执法人员可能绕过指导性案例，不愿启动指导性案例背离程序”，17%的被调查者认为“有利于严格推行案例指导制度”。分析上述情况，可以看出，绝大多数被调查者认为，纯粹从实现案例指导制度的预设目标看，省检察院的措施更为有利；但省检察院《办法》确定的背离机制偏严，不利于兼顾其他司法价值目标的实现。

对指导性案例约束机制的设置需要平衡两方面的关系，一方面要保障指导性案例能被遵循，且执法人员不能轻易背离指导性案例，从而对执法人员内心产生较强的约束力；另一方面又必须保障执法人员在必要时可以突破指导性案例的约束，敢于实现个案公正，而不必过于担心受到责任追究。从上述调研结果看，大部分执法人员对最高人民检察院设置的背离程序更为肯定，而对省检察院的相关规定支持者则显著减少，笔者认为最核心的原因在于省检察院的规定过于严格。无论是最高人民检察院的规定还是省检察院的规定，采取的都是行政性的审批制，区别在于省检察院的要求延伸了审批的链条，进一步加大了批准的难度。这种审批难度的加大，一方面是行政链条延伸的必然结果，因为链条延伸后，只要其中任何一个环节出问题，就会导致申请失败；另一方面的原因则在于链条越长，位于上端的审批者离执法一线越远，越可能抽象化地对待案件而不太顾及个案的特殊情况，从而拒绝执法一线人员基于个案特殊性提出的背离要求。但在当今司法地方化广为人诟病的情况下，最高人民检察院《规定》的要求能否保障指导性案例的实施不无疑问。这里就出现了两难，延长审批的行政链条可能导致背离过难，有违个案公正；过短的审批程序又可能导致指导性案例被轻易放弃，这是行政化审批程序必然存在的问题。换一个思路，以相对柔性的约束机制来平衡遵循指导性案例与实现个案公正之间的关系，可能更为可行。具体方案将在后文详细阐述。

第四节　检察指导性案例的实例分析

至目前为止，最高人民检察院已发布二十一批指导性案例，最高人民检察院发布指导性案例的思路已基本成型。本部分以已发布的指导性案例为样本，就其特点进行分析。

对指导性案例实例的分析，在第二章和第四章均有所涉及，为避免重复，此处重点讨论以下问题：

一、检察指导性案例的体例

已发布的指导性案例的体例与最高人民检察院 2010 年《规定》所列内容不完全一致。2010 年《规定》第 10 条对指导性案例体例的规定是："撰写案例材料的体例包括标题（主标题和副标题）、要旨、基本案情、主要争议问题、处理理由五个部分，并符合下列制作要求：(1) 标题，主标题为案件核心内容的提炼，副标题为案件当事人和案由；(2) 要旨，简要概述案件具有指导意义的要点提示；(3) 基本案情，准确精练、层次清晰地概括反映案件的基本情况，包括办案经过、有关方面意见以及最终处理结果；(4) 主要争议问题，全面介绍案件的争议焦点或者分歧意见；(5) 处理理由，在对案件进行分析评议的基础上，充分阐明案件的指导价值。”除第一批指导性案例外，后面的指导性案例体例基本稳定下来，主要包括：主标题、案例编号、关键词、要旨、相关立法、基本案情、诉讼过程等。与《规定》第10条所列比较，增加了案例编号、关键词、相关立法、诉讼过程，去掉了副标题(将原来副标题的内容作为主标题)、主要争议问题、处理理由等。2015年《规定》第4条规定指导性案例体例为：“检察机关指导性案例一般由标题、关键词、基本案情、诉讼过程、要旨、法理分析、相关法律规定等组成。”2019年《规定》第3条又进一步调整为：“指导性案例的体例，一般包括标题、关键词、要旨、基本案情、检察机关履职过程、指导意义和相关规定等部分。”

就《规定》和检察指导性案例当前的体例安排，有以下几方面问题值得讨论。

首先，作为不具强制约束力的指导性案例，要得到各级检察人员的尊重和遵循，首要的是其自身对相关规范的尊重和遵循。在2010年《规定》已明确指导性案例体例的情况下，实际发布的指导性案例体例自成一套，并且第一批与随后发布的指导性案例体例也不一致。这一方面可能是2010年《规定》制定时间仓促，一些问题考虑不周，不得不在后面操作中进行调整；另一方面也反映了最高人民检察院对《规定》效力的漠视，缺乏执行制度的严肃性。指导性案例是根据《规定》发布的，是指导性案例生成的直接依据，如果《规定》自身存在不足而妨碍指导性案例体例合理化，自然应该先修改《规定》而不能自行其是，当前这种做法给制度的权威性、有效性无疑树立了不好的先例和导向。

其次，增加案例编号、关键词、相关立法确有必要。案例编号使所有的指导性案例取得唯一的身份编号，这一方面有利于指导性案例的引用，未来检察官在处理案件需引用指导性案例时，只要指出“检例第X号”，阅读者即可明白所指向的指导性案例，这一作用将随着未来指导性案例数量的增加而日显重要；另一方面，这也为未来指导性案例的编辑出版和网络数据库建设提供了基本条件。关键词则为未来通过数据库快速检索案例提供了方便。“相关立法”有利于案例阅读者快速确定案例处理方案的法律依据，并通过比对案例与法条，确定案例处理方案是否妥帖符合法律原意，避免自行寻找案例的法律依据而引起的理解混乱。这种安排也为最高人民法院发布的指导性案例所采用。显然，两高对它们的价值有一致的认识。

最后，去掉副标题、主要争议问题、处理理由等，不利于更好地理解和遵循案例。根据最高人民检察院《规定》，原预设的标题结构为“主标题为案件核心内容的提炼，副标题为案件当事人和案由”。这一主题结构安排确实存在一定的问题。按照“主标题为案件核心内容的提炼”这一要求，检例第1号“施某某等17人聚众斗殴案”的主标题可提炼为“群体性事件引发的聚众斗殴案”。作为案件核心内容的提炼，主标题必须有一定的概括性，而这种概括性的主标题往往可适用于多个同一主旨的案件，这样就可能会出现多个指导性案例使用同一标题的现象。主标题最重要的功能是快速识别不同的指导性案例，如果出现上述现象，命名主标题很大程度上就失去了意义。实际操作中，一个案例最佳的识别符号还是当事人和案由，其重复性相对低得多，以案件当事人和案由作为主标题显然更为合适。最高人民检察院2010年《规定》在这一问题上显然犯了本末倒置的错误。最高人民检察院发布指导性案例时纠正了这一错误，以案件当事人和案由作为主标题是合适的。在这方面，最高人民法院的指导性案例也采取了相同的处置方法。但检察指导性案例更好的选择，是将原定的主副标题的内容互换，而非去掉原定作为主标题的内容。通过当前的标题，阅读者无法快速获知该案件主要涉及什么内容，只有通过阅读要旨，才能进一步确定指导性案件与当下手中案件是否可能相关。以检例第1号《施某某等17人聚众斗殴案》为例，通过阅读主标题，仅能获知该案为聚众斗殴案，如果检察人员当下处理的案件是群体性事件引发的聚众斗殴案件，他无法确定该指导性案例是否为类似案件。如果该指导性案例加上副标题"群体性事件引发的聚众斗殴案"，则更有利于检察人员快速确定该案件是否为类似案件。在未来数据库的建设或出版物的编辑中，副标题可放入目录部分，阅读人员通过快速浏览目录，即可大体确定指导性案例库中有无自己要找的类似案例，而不必一个个浏览要旨内容。这对提高办案效率和检察人员利用指导性案例的积极性，都有积极意义。

公开争议问题可使阅读者更容易了解当初处理案件时，究竟是何问题导致疑难，也更容易把握案例的重点及借鉴价值。但公开争议问题可能引发阅读者的多元思考，从不同视角对指导性案例进行解读，这一方面有悖于最高人民检察院借指导性案例统一司法的意图，另一方面也会增加最高人民检察院论证指导性案例合理性的难度。这一点亦可能是最高人民法院发布指导性案例时，同样淡化处理不同意见的原因。对不同意见公开的必要性，下文有较详细的论证，笔者在此仅指出一点，由于指导性案例没有强制约束力，其影响力主要源于指导性案例自身的说服力，这种说服力的取得不能依赖于对不同意见的隐瞒，而在于对最终处理意见的强有力的论证。如果最高人民检察院对最终处理方案欠缺足够的信心，没有充分的理由否定其他处理方法的合理性，更好的处理方法是让各级检察人员在个案中自行把握，通过实践来检验不同处理方案的效果，待其效果明晰时再发布指导性案例，而不宜借发布指导性案例来人为"打断"这一自然进程。

删除处理理由部分更属不当。在英美判例法中，判决理由至关重要，是真正对后案法官有约束力的部分，识别判决理由和随附意见，是英美法官在遵循先例时的重要工作。检察指导性案例虽然因有要旨的设置，免除了检察人员寻找判决理由和规则的麻烦，但要旨是抽象的，是处理理由的抽象化概括，对要旨仍存在再理解和再解释的问题，而正确理解要旨的重要依据就是处理理由。当然，从现有的检察指导性案例观察，指导性案例并非全无处理理由的说明，而是放在"诉讼过程"部分。这种处理方式弊端在于：一是不利于突出重点。指导性案例对各级检察人员有借鉴意义的部分并非案件流程，而在于案件中出现的问题及解决方案，删除"主要争议问题"和"处理理由"实质上模糊了焦点。二是不利于独立论述指导性案例的处理理由。如检例第4号《崔某环境监管失职案》，由于放在诉讼过程部分，处理理由是借法院判决来表达的；检例第2号《忻元龙绑架案》中，处理理由是借浙江省人民检察院提请最高人民检察院按照审判监督程序提出抗诉的理由来表达的。这种处理方式只能做减法，即原有理由不成立的，指导性案例可以删除；但难以做加法，即原有理由不充分的，最高人民检察院难以强化论述。由于指导性案例是由最高人民检察院发布的，是对全国检察人员适用的，对案例诉讼过程中存在的瑕疵，在指导性案例生成过程中通过适度的加工予以处理是必要的。目前这种将处理理由放置于“诉讼过程”部分的做法，不可避免会使最高人民检察院自缚手脚，实有必要遵守《规定》的要求，单独设置“处理理由”部分。在这一点上，最高人民法院在发布的指导性案例中单列判决理由的做法显然更为可取。

二、以类型化方式发布指导性案例的利弊

与法院系统指导性案例比较，检察指导性案例的发布形式是针对某一类问题进行指导，以类型化案例批量发布。从已发布的案例看，分类的标准多样，既有程序性标准、实体性标准，也有工作属性标准。

一是属同一犯罪类型。如第三批案例均为编造、故意传播虚假恐怖信息类案件；第九批案例均为破坏计算机信息系统或利用计算机技术实施的犯罪。

二是属同一程序类型。如第五批案例均为第二审程序刑事抗诉类案件；第六批案例均为经过 20 年已过追诉时效，是否核准追诉的案件。

三是体现检察工作的某一共同属性。如第七批案例或为抗诉再审纠正错案，或为不批捕而防止发生错案，其主线是如何通过检察工作防范冤假错案。

四是体现检察工作的新变化，以指导性案例推动新工作。如为适应检察工作由偏重刑事检察向民事、行政、公益诉讼等全面履职的变化，第八批、第十三批指导性案例分别发布了两批公益诉讼案例，第十四批指导性案例发布了民事检察监督案例，以推动、引导检察工作进入新的领域。

五是体现执法政策变化，扭转一些过去的常规做法，引导新的司法取向。如第十二批指导案例对正当防卫如何把握，体现不同于既往的新政策，对于扭转过去司法实践中对正当防卫掌握过严，正确把握起诉方针，起到了重要作用。

这种类型化发布指导性案例的做法，明显有别于最高人民法院随机性发布指导性案例的方式。它的优势有两点：一是因数量多而形成较强的冲击效果，易给检察人员留下较深的印象，一提到指导性案例就会想到最高人民检察院发布了一批某种类型的指导性案例，在执法中遇到指导性案例时更易考虑参考指导性案例。二是更便于执法人员学习和借鉴。以类型化方式发布的指导性案例，从不同侧面对类罪查处中的疑难问题提供了样板，执法人员通过对一批指导性案例的比较学习，更易对某一类犯罪处理中的疑难问题有系统全面的认识。在执法中通过对类型化案例的定位，也更易查找相关案例。在案例指导制度建立初期，指导性案例主要源于对过去积淀的案例进行整理和发布，这些海量的案例为以类型化批量发布指导性案例提供了基础性条件。但类型化发布方式不利于及时回应实践中出现的新问题。一些新类型案件从零星暴露到批量出现，往往需要经过一段时间，如果拘泥于以类型化方式

发布指导性案例，可能无法及时为检察人员办案执法提供参考。

三、指导性案例类型与检察工作的特点

正如前文所分析的，检察指导性案例应结合检察工作的特点进行发布，以有别于法院指导性案例。检察指导性案例应重点关注检察机关有程序终结性处置权的批捕、不起诉环节及检察监督方面，如第十九批指导性案例的主题是“加强刑罚变更执行监督，促进双赢多赢共赢”，很好地体现了检察工作的特性。对涉及定性及量刑方面的案例，从理论上讲，一般情况下由法院发布相关指导性案例更为合适。但在案例指导制度初创阶段，最高人民法院发布指导性案例的数量有限，难以有效指导全国刑事司法工作；同时，起诉处于审判的前置环节，根据不诉不理原则，如果检察机关意见分歧，对同一类型案件处置不统一，可能导致同案不同处理的结果。特别是认罪认罚从宽制度实施后，检察机关的量刑建议法院“一般应当采纳”，检察机关的处理意见对案件结果影响更为显著。因而，最高人民检察院根据刑事司法工作的需要，发布一些涉及定性、量刑的案例指导全国检察机关的批捕、起诉工作，也确有必要。最高人民检察院发布的第四批关于食品安全民生领域违法犯罪活动的指导性案例、第十八批《张凯闵等 52 人电信网络诈骗案》等三件指导性案例，就可视为这方面的代表。但为避免两高指导性案例可能发生的冲突，最高人民检察院在发布此类指导性案例前，应做好沟通协调工作，与最高人民法院达成共识。

四、指导性案例的案情陈述与答记者问

从已发布的指导性案例看，最高人民检察院对案情陈述采取了简略化处理的方式。这种方式的好处是比较简洁，有利于阅读者快速掌握案情。其不利之处是可能加剧指导性案例适用中过分依赖要旨，使要旨使用法条化。正如前文所述，当前检察指导性案例要旨呈现法条化趋向，检察人员在适用指导性案例时需要结合案情对要旨进行理解和把握，过度简化的案情陈述使其难以承担起帮助阅读者正确掌握要旨含义的功能。同时，过度简化的案情使检察人员无法将当下案件与指导性案例进行细节的比对，以确定如何参照，而过多依赖以要旨涵摄当下案件事实的演绎推理方式处理案件。这加剧了指导性案例与司法解释的功能混同，难以发挥指导性案例应有的优势。

在每一批指导性案例发布时，最高人民检察院通常会安排相关部门负责人以答记者问的形式，对该批指导性案例的发布背景、主要内容、意义和作用等进行解释和说明。这对于检察人员正确理解和适用指导性案例有积极作用，但能否弥补指导性案例本身过于简略带来的不足仍有较大疑问。

五、指导性案例的保守性

检察指导性案例的保守性主要体现在两个方面：

一是案例数量。在指导性案例的发布上，最高人民检察院似乎抱有宁缺毋滥的心态，至目前为止，将近10年时间发布了21批80个案例。以我国当前每年140多万的刑事起诉案件量和检察机关承担的侦查监督、审判监督、审查起诉、职务犯罪侦查、公诉诉讼等工作范围的广泛性，检察机关在实践工作中频遇工作难题已是常态，80个案例对检察工作的指导作用实属微乎其微。一方面是实践中检察人员对指导性案例的强烈需求，这一点笔者在调研中有很深的体会；一方面是最高人民检察院在发布案例上的矜持立场，检察人员屡屡试图求助于指导性案例而得不到回应，这种状态的持续显然无益于培养检察人员参考指导性案例的习惯和对指导性案例的尊重。最高人民法院在指导性案例的发布上也持谨慎立场，但即便如此，法院系统指导性案例的发布节奏也明显高于检察指导性案例。最高人民检察院2010年12月31日发布了第一批检察指导性案例，最高人民法院迟至2011年12月20日才印发第一批指导性案例，但至2020年10月，最高人民法院已发布25批143个案例，而最高人民检察院才发布21批80个案例。二者比较，最高人民法院发布案例的速度显著高于最高人民检察院。

二是案例选择的保守性。以检例第3号《林志斌徇私舞弊暂予监外执行案》为例，该案的主旨是：司法工作人员收受贿赂，对不符合减刑、假释、暂予监外执行条件的罪犯，予以减刑、假释或者暂予监外执行的，应根据案件的具体情况，依法追究刑事责任。这一要旨仅重申了刑法规定，似乎没有解决相关的法律问题。再如检例第1号《施某某等17人聚众斗殴案》，其要旨是：检察机关办理群体性事件引发的犯罪案件，要从促进社会矛盾化解的角度，深入了解案件背后的各种复杂因素，依法慎重处理，积极参与调处矛盾纠纷，以促进社会和谐，实现法律效果与社会效果的有机统一。这一要旨是对“宽严相济”刑事政策的宣示，而最高人民检察院曾经在2006年12月28日颁布的《关于在检察工作中贯彻宽严相济刑事司法政策的若干意见》中，对在检察工作中如何贯彻宽严相济刑事政策作了较为具体的规定，两者比较，检例第1号指导性案例并没有新的突破，其所宣示的做法一定程度上已经是各地检察机关的共识。如果是以一般典型案例形式刊载于《检察日报》等媒体上进行宣传和供检察人员学习，这样的案例还可以接受，但在当前执法工作面临诸多疑难、有争议案件需要最高人民检察院予以指引的情况下，指导性案例以“不出错的心态”选择“四平八稳”的案例，显然不利于发挥其指导功能。

附："案例在检察工作中的作用"调查问卷

检察官同志：

您好！

我们是"案例在检察工作中的作用"研究课题组成员，今天来了解您对案例在检察工作中的作用的看法，目的是了解案例在检察工作中的实际作用，如何发挥作用，还存在哪些问题，为发展合理的案例作用机制提供建议，促进司法公正。本调查以学术研究为取向，调查是不记名的，对于您的回答我们将严格保密，调查情况只用于总体分析，不单独使用。因此，不会给您带来任何麻烦，希望您能如实反映您的看法和意见。让我们共同为做好这次调查而努力。

非常感谢您的合作！

填答说明

1. 本问卷所称的"指导性案例"是指人民法院案例指导制度和检察机关案例指导制度建立后由最高人民法院和最高人民检察院发布的指导性案例；本问卷所称的"典型案例"是指各级人民检察院和各级人民法院在案例指导制度建立之前和之后通过各种正式形式发布的除指导性案例之外的对司法活动具有指导意义的案例。"先前的案例"指所有对您处理当下案件有参考价值的已处理完毕的案件。

2. 请选择符合您看法的部分，然后在前面的代码上画"√"。根据题目情况，可多选。

3. 如果问卷答案中没有符合您看法的内容，请在"其他"项后面的"——"上填写您的具体看法。

4. 希望您对问卷中每个问题都作出回答，而不要遗漏。

您的基本情况

参加工作年限________　　所在部门________　　最后学历________

问　卷

1. 您在工作中是否参照先前的案例处理案件？

(1) 经常参照　　(2) 有时参照　　(3) 很少参照　　(4) 不参照

2. 您在何种情况下会寻找先前的案例作为参考？

(1) 涉及的法律适用问题在现行法律规定中比较原则，不够明确具体的案件

(2) 遇到新类型案件时

(3) 容易发生执法偏差的案件

(4) 群众反映强烈、社会关注的案件

(5) 遇到内部压力时

(6) 与同事意见不一致时

(7) 遇到外部压力时

(8) 其他＿＿＿＿＿＿＿＿＿＿＿＿＿＿＿＿＿＿＿＿

3. 您通过何种途径寻找适合参考的案例?

(1) 自己平时积累　　(2) 同事介绍

(3) 上网查找　　(4) 单位提供的相关案例材料

(5) 其他＿＿＿＿＿＿＿＿＿＿＿＿＿＿＿＿＿＿＿＿

4. 您以前通过以下哪些渠道查阅参考案例? 请按使用的频度从高到低排列

(1)《最高人民法院公报》　　(2)《最高人民检察院公报》

(3)《中国案例指导》　　(4)《刑事司法指南》

(5)《典型疑难案例评析》　　(6)《刑事法理与案例评析》

(7)《人民检察院民事行政抗诉案例选》　　(8)《刑事审判参考》

(9)《人民法院报》登载案例　　(10)《检察日报》登载案例

(11) J省检察院发布的典型案例

(12) J省高级法院发布的典型案例

(13) 市级检察院发布的典型案例(如果您在市院,不选此项,若需选择,请选第 15 项)

(14) 中级人民法院发布的典型案例

(15) 本院发布的典型案例

(16) 最高人民法院发布的指导性案例

(17) 最高人民检察院发布的指导性案例

＿＿＿＿＿＿＿＿＿＿＿＿＿＿＿＿＿＿＿＿＿＿＿＿

5. 在您的工作中,哪些机关发布的案例对您作用更大些? 请按作用从大到小的顺序排列

(1) 最高人民法院发布的典型案例

(2) 最高人民法院发布的指导性案例

(3) 最高人民检察院发布的典型案例

(4) 最高人民检察院发布的指导性案例

(5) J省高院发布的典型案例

(6) J省检察院发布的典型案例

(7) 市级检察院发布的典型案例

(8) 市级法院发布的典型案例(如果您在市院,不选此项,若需选择,请选下一项)

(9) 本院发布的典型案例

＿＿＿＿＿＿＿＿＿＿＿＿＿＿＿＿＿＿＿＿＿＿＿＿

6. 在您的工作中，您认为最需要哪些类型的典型案例作为处理案件的参考？

(1) 认定事实类　　(2) 适用法律类

(3) 采信证据类　　(4) 办案程序类

(5) 其他________

7. 在当前检察工作中，您认为哪些工作环节最需要典型案例提供参考？请按迫切性从大到小排序

(1) 立案监督类　　(2) 侦查监督类　　(3) 职务犯罪侦查类

(4) 民行监督　　(5) 不起诉

(6) 其他________

8. 检察院确立的典型案例对公安执法的影响是

(1) 没有影响　　(2) 影响不大

(3) 影响较大　　(4) 在相关事项上有决定性影响

9. 检察院确立的典型案例对法院执法的影响是

(1) 没有影响　　(2) 影响不大

(3) 影响较大　　(4) 在相关事项上有决定性影响

10. 参考先前案例处理案件后达到了怎样的效果？

(1) 是否参考先前案例对结果影响不大

(2) 自己对案件处理结果更有信心

(3) 更容易说服同事

(4) 有助于化解上级压力

(5) 有助于排除外部压力

(6) 有助于提高办案效率

(7) 其他________

11. 如果先前案例与领导意见不一致，而您认为先前案例处理更合理时，您如何处理？

(1) 服从领导意见

(2) 以案例为依据努力说服领导

(3) 寻找能兼顾先前案例和领导意见的合理意见

(4) 提交再上一级领导决定

(5) 其他________

12. 据您观察，先前案例与领导意见发生分歧时，多数处理结果是

(1) 参考先前案例处理　　(2) 以领导意见为准　　(3) 兼顾二者

(4) 其他________

13. 您在选择和适用典型案例过程中最大的困惑是什么？

(1) 查阅不方便，缺乏有效的查阅途径

(2) 办案时限紧，根本没有时间去翻看(典型案例)

(3) 难以确定本案和典型案例是否相似，不知如何参考

(4) 典型案例的效力不明确，参考其处理案件后是否有足够的说服力信心不足

(5) 其他______

14. 在您以往依据典型案例办理案件过程中，您如何把握典型案例与本案是否属同类案件?

(1) 主要根据典型案例的要旨把握

(2) 除把握要旨外，还要把握典型案例的总体情况，与本案对比

(3) 其他______

15. 当基层检察院遇到新类型案件请示上级时，上级检察机关认为可能形成典型案例时，上级检察机关在案件处理过程中是否会提供指导?

(1) 经常会　　(2) 很少　　(3) 不会

16. 在本次调查之前，您知道最高人民检察院发布了《关于案例指导工作的规定》吗?

(1) 知道　　(2) 不知道

17. 您了解检察机关的案例指导制度吗?

(1) 非常了解　　(2) 比较了解　　(3) 不了解

18. 您认为检察机关建立案例指导制度的必要性大吗?

(1) 很有必要　　(2) 有一定必要

(3) 不清楚　　(4) 没有必要

19. 您能方便地找到最高人民检察院发布的指导性案例吗?

(1) 方便　　(2) 不方便

20. 您是否认真学习过最高人民检察院已发布的指导性案例?

(1) 学习过　　(2) 还未来得及学习

21. 您是否认真学习过最高人民法院已发布的指导性案例?

(1) 学习过　　(2) 还未来得及学习

22. 您认为案例指导制度可能发挥的作用有哪些?

(1) 有利于强化上级对下级的领导

(2) 有利于约束执法人员自由裁量权，促进司法统一

(3) 有利于增强决定的说服力，提高当事人对决定的认同度

(4) 有利于防止由个案酿成社会事件

(5) 有利于提高办案效率

(6) 有助于提高司法决定的社会公信力

(7) 其他______

23. 最高人民检察院发布的指导性案例采取了“要旨、基本案情和诉讼过程”的结构，最

高人民法院发布的指导性案例采取了“关键词、裁判要点、基本案情、裁判结果和裁判理由”的结构(要旨与裁判要点的功能相同,只是名称不同)。比较之下,检察院指导性案例的要旨宽泛,如《施某某聚众斗殴案》的要旨:“检察机关办理群众性事件引发的犯罪案件,要从促进社会矛盾化解的角度,深入了解案件背后的各种复杂因素,依法慎重处理,积极参与调处矛盾纠纷,以促进社会和谐,实现法律效果与社会效果的有机统一”;法院指导性案例的裁判要点则相对具体,如《潘玉梅、陈宁受贿案》的裁判要点:“1. 国家工作人员利用职务上的便利为请托人谋取利益,并与请托人以‘合办’公司的名义获取‘利润’,没有实际出资和参与经营管理的,以受贿论处。2. 国家工作人员明知他人有请托事项而收受其财物,视为承诺‘为他人谋取利益’,是否已实际为他人谋取利益或谋取到利益,不影响受贿的认定。3. 国家工作人员利用职务上的便利为请托人谋取利益,以明显低于市场的价格向请托人购买房屋等物品的,以受贿论处,受贿数额按照交易时当地市场价格与实际支付价格的差额计算。4. 国家工作人员收受财物后,因与其受贿有关联的人、事被查处,为掩饰犯罪而退还的,不影响认定受贿罪。”您更支持以哪一种方式撰写要旨(裁判要点)?

(1) 最高人民检察院的方式

(2) 最高人民法院的方式

(3) 其他________________

请给出您选择的理由:________________

24. 与最高人民法院指导性案例的裁判要点相比,您认为最高人民检察院要旨的撰写方式对执法的影响是:

(1) 比较抽象,有利于执法人员根据个案情况自由裁量处理

(2) 太空泛,难以把握,对实践指导性不强,没有达到制度预设目的

(3) 其他________________

____

____

25. 就《潘玉梅、陈宁受贿案》的裁判要点看,您认为其与最高人民法院过去发布的司法解释在形式上是否存在显著区别?

(1) 没有区别,都是抽象性的规则

(2) 有显著区别

(3) 有一定区别,但不明显

(4) 其他________________

26. 就《潘玉梅、陈宁受贿案》的裁判要点看,您认为其表述是否已相当明确,不会产生歧义,在不参考基本案情的情况下就可作为执法依据?

(1) 是的

(2) 还需结合基本案情、裁判结果和裁判理由作进一步了解

27. 如果全国人大立法与最高人民检察院发布的指导性案例发生冲突,您将如何选择?

(1) 以立法为据

(2) 以指导性案例为据

(3) 根据个案情况,看哪个更合理就按哪个办

(4) 其他________________

28. 最高人民检察院《关于案例指导工作的规定》第15条规定:“指导性案例发布后,各级人民检察院在办理同类案件、处理同类问题时,可以参照执行。”您如何理解“可以参照”?

(1) 可以参照,也可以不参照

(2) 如果确属同类案件、同类问题,就应参照

(3) 根据上级意见决定

29. 最高人民检察院发布指导性案例以来,您是否参照指导性案例处理过案件?

(1) 有　　(2) 没有

30. 接上题,如果参照过,有几个案件?

____

31. 接上题,如果参照过,是什么类型的案件?

(1) 侦查监督　　(2) 公诉

(3) 审判监督　　(4) 职务犯罪侦查

(5) 其他________________

32. 您认为适用指导性案例的方法与以前适用典型性案例的方法相同吗?

(1) 相同　　(2) 不相同

如果不同,差异在什么地方?

____

____

33. 案例指导制度以约束司法裁量权,统一司法,防止同案不同处理为目标,您认为这一目标能实现吗?

(1) 不能　　(2) 能　　(3) 不好说

(4) 有助于约束司法裁量权,但裁量权是司法的本质属性,高度的统一是不可能实现的

(5) 其他________________

____

34. 您认为严格适用指导性案例在一定情况下是否可能不利于司法创新?

(1) 是的　　(2) 不会　　(3) 不好说

(4) 其他________________

35. 如果遵循指导性案例社会效果可能不好,您认为应如何处理?

(1) 遵循指导性案例

（2）不遵循指导性案例，以实现更好的社会效果

（3）请示上级

（4）其他＿＿＿＿＿＿＿＿＿＿＿＿＿＿＿＿＿＿＿＿＿＿＿＿＿＿＿＿＿＿

36. 在最高人民检察院发布指导性案例后，如果您办理的案件与指导性案件类似，但领导有不同意见，您将如何处理？

（1）以指导性案例为依据，说服领导

（2）如果不能说服领导就按领导意思办

（3）按领导意见办

（4）其他＿＿＿＿＿＿＿＿＿＿＿＿＿＿＿＿＿＿＿＿＿＿＿＿＿＿＿＿＿＿

37. 就您了解，报送上级的典型案例是否是在原案件基础上经过加工完善的？

（1）经过一定程度的加工完善　　　　（2）未经过任何加工完善

38. 如果经过一定程度的加工完善，其目的是什么？

（1）为使案例更典型

（2）为使案例更简练，突出重点

（3）增加被上级选中的概率

（4）其他＿＿＿＿＿＿＿＿＿＿＿＿＿＿＿＿＿＿＿＿＿＿＿＿＿＿＿＿＿＿

＿＿＿＿＿＿＿＿＿＿＿＿＿＿＿＿＿＿＿＿＿＿＿＿＿＿＿＿＿＿＿＿＿＿

39. 被上级机关选为典型案例的案件，就您所知是否存在案例被上级机关修改加工的情况？

（1）存在　　　　（2）不存在

40. 如果上报的案例被上级检察机关选中，本单位对办案人员有无激励措施？

（1）有　　　　（2）没有

如果有，请简要列出激励措施的情况：

＿＿＿＿＿＿＿＿＿＿＿＿＿＿＿＿＿＿＿＿＿＿＿＿＿＿＿＿＿＿＿＿＿＿

＿＿＿＿＿＿＿＿＿＿＿＿＿＿＿＿＿＿＿＿＿＿＿＿＿＿＿＿＿＿＿＿＿＿

41. 根据相关规定，指导性案例只能由最高人民检察院发布，省级检察机关可以发布对辖区内检察机关工作有指导作用的典型案例，但不能叫指导性案例。您认为指导性案例与省检察院发布的典型案例的效力有差别吗？

（1）有差别，最高人民检察院的指导性案例有更强的约束力

（2）没有差别，都要遵守

（3）没有差别，都没有很强的约束力

（4）其他＿＿＿＿＿＿＿＿＿＿＿＿＿＿＿＿＿＿＿＿＿＿＿＿＿＿＿＿＿＿

＿＿＿＿＿＿＿＿＿＿＿＿＿＿＿＿＿＿＿＿＿＿＿＿＿＿＿＿＿＿＿＿＿＿

42. 有些市级检察机关发布了带有指导功能的典型案例，您认为有必要吗？

(1) 有　　　　　　　　　　　　　　　　(2) 没有

请写出理由：____

____

43. 有些基层检察机关发布了带有指导功能的典型案例，您认为有必要吗？

(1) 有　　　　　　　　　　　　　　　　(2) 没有

请写出理由：____

____

44. 最高人民检察院发布的《关于案例指导制度的规定》明确，承办人在处理案件过程中认为不应当适用指导性案例的，应当书面提出意见，报经检察长或检察委员会决定。这确立了指导性案例的背离机制。您如何评价这一规定？

(1) 背离指导性案例的门槛太低，可能造成指导性案例难以得到较好遵循

(2) 已足以保障指导性案例得到较好遵守

(3) 门槛低有利于灵活执法

(4) 其他____

____

45. J省人民检察院发布的《J省人民检察院关于实施〈最高人民检察院关于案例指导工作的规定〉的办法》规定，下级检察院不适用指导性案例的，需层报省人民检察院决定。您如何看待省检规定的指导性案例背离程序？

(1) 背离指导性案例的门槛太高，在缺乏事后检查措施的情况下，执法人员可能自行决定，不愿启动指导案例性案例背离程序

(2) 有利于严格推行案例指导制度

(3) 约束性过强，可能不利于个案个别化处理，以实现个案公正

(4) 约束性过强，不利于司法创新

46. 您认为怎样才能保障案例指导制度得到真正实施？

(1) 司法公开，强化外部监督

(2) 上级重视，强化监督检查

(3) 与绩效考核挂钩，纳入考核范围

(4) 强化培训工作，使大家掌握如何查找案例、如何参考案例的方法

(5) 其他____

____

47. 法院建立案例指导制度对您的工作会产生影响吗？

(1) 会产生较大影响

(2) 有一定影响，但不大

(3) 不会有影响

48. 公安建立案例指导制度对您的工作会产生影响吗?

(1) 会产生较大影响

(2) 有一定影响,但不大

(3) 不会有影响

49. 您处理的案件中,每年参照本院或上级院确定的典型案例或指导性案例办理的案件大约有________起,您每年办理的案件总量大约有________起。

50. 检察案例指导制度建立后(2010 年 7 月后),您参照最高人民检察院指导性案例处理的案件有________起。(如果没有,请填"0")

51. 检察案例指导制度建立后(2010 年 7 月后),您参照省检发布的典型案例处理的案件有________起。(如果没有,请填"0")

52. 检察案例指导制度建立后(2010 年 7 月后),您参照市检或本院发布的典型案例处理的案件有________起。(如果没有,请填"0")

53. 您在日常工作中,是否感觉到必须遵循典型案例或检察指导性案例的压力?

(1) 没有

(2) 有,但不大

(3) 有较大压力

54. 接上题,如果您在工作中有感觉到必须遵循典型案例或检察指导性案例的压力,来自哪些方面?

(1) 领导对案件的把关

(2) 院里或上级院的检查

(3) 同事的看法

(4) 自己对处理好案件的要求

(5) 其他____

____

55. 如果您认为当下案件若适用创新性的处理方案效果会更好,但与典型案例/指导性案例相冲突,你认为应如何处理?

(1) 适用典型案例/指导性案例

(2) 坚持创新性做法

(3) 通过规定的程序,征求上级机关的同意

第五章　检察案例指导制度的发展完善

作为一项新事物，由于前期实践经验不足及在理论探讨方面的某些误区，再加上一些宏观条件的限制，由最高人民检察院《规定》勾勒而成的检察案例指导制度存在一些不足在所难免。本章将在前文理论研究和实证研究成果的基础上，对当前检察案例指导制度存在的不足进行分析，并尝试提出自己的解决思路和方案。

第一节　检察案例指导定位的再审视

正如前文所述，检察案例指导制度的定位是司法管理的手段。这一定位总体上与我国当前司法管理体制是相配套的，契合于我国当前上下级检察机关之间的关系；但它与我国未来的司法改革方向不完全一致，可能需要加以调整。

一、检察案例指导定位与司法改革方向的潜在冲突

我国司法改革的重心是克服司法地方化弊端，党的十八届三中全会报告中对地方司法机关人财物管理体制改革的论述，集中体现了决策层扭转司法地方化对司法公正性和公信力影响的努力。[①] 十八届三中全会报告是下一步司法改革的指南，具有重要意义。但报告中的一些意见在学界看来并不新奇，很多是学者过去讨论过的，并形成了多数意见。报告真正的价值是将这些意见由纯粹的民间意见转变为官方的行动指南。当然，这丝毫不意味着笔者质疑报告的重大意义，而是提示改革都是有其历史背景的，往往是历史的延续而非决然的断裂。如果拉长时间视角，改革开放以来司法改革的基本思路是清晰的，即通过强化司法机关内部上下级的领导，以削弱地方权力对司法的干预，抑制司法地方化。案例指导也是这方面的重要步骤之一，案例指导制度与未来司法改革计划的大方向是一致的，不会因新的改革计划而影响其有效性。

十八届三中全会报告在司法改革论述方面的另一重点是“去行政化”，即削弱司法机关内部及上下级间的行政色彩，建立符合司法规律的司法权运行机制。当然，这是对司法机关

① 对报告更详细的阐述可参见：孟建柱．深化司法体制改革[N]．人民日报，2013－11－25．

的整体论述，包括法院和检察院，哪些部分未来会在检察机构改革中体现，尚待更详细的改革计划。检察机构与法院虽然在正式定位上都是司法机关，但二者在工作特征和运行规律方面还是有差异的。与法院较纯粹的司法权特征比较，检察权兼具司法性和行政性。[①] 而检察权过去的组织形式和运行特征方面更侧重行政性，其对司法公正性和司法效率都产生了不少的负面影响，这已被广泛探讨。最高人民检察院也曾通过主诉检察官制、主办检察官制等的改革探索，试图寻找检察机关去行政化的路径，但因缺乏大环境的支持，这一改革后来基本呈停滞状态。但这足以说明，检察机关的去行政化改革是不容回避的问题。十八届三中全会报告启动的司法去行政化改革，在检察系统重点体现为司法责任制改革，其载体是检察官员额制改革。这一改革的核心是放权，一些地方的改革方案是列出权力清单，在此范围内由员额检察官独立决定，不再向主任、副检察长汇报。这对增强检察官办案独立性，提升司法效率，实现“谁办案谁负责”有积极作用。我们应该承认，改革取得了一定的成效，但与改革目标尚有不小的差距。去行政化作为司法改革的大方向没有变化，这一过程面临着两大难题：即如何通过强化上下级检察机关一体化对抗司法地方化；如何协调上下级检察机关及检察机关内部去行政化之间的关系。而检察案例指导的定位是强化管理的工具，相关文件已充分体现了此点，这与检察改革去行政化的方向存在冲突。

二、当前检察案例指导定位可能引发的负效应

检察案例指导制度建立之时，尚处于通过强化检察机关上下级领导关系对抗司法地方化的阶段，检察机关的去行政化改革尚未得到充分的重视，这使检察案例指导制度不可避免地带上了浓重的行政化色彩，成为从上至下管理的工具。这种管理手段的定位可能产生以下负效应：

（一）抑制执法人员主动适用指导性案例的积极性

作为管理手段的指导性案例，强调的是指导性案例的刚性和执法人员的服从性，这就意味着执法人员对指导性案例只有服从的义务而不能擅自解释。但不容忽视的是，实践中没有任何两个案件是完全相同的，指导性案例的参考适用，要求执法人员对当下案件进行类型化抽象，并与指导性案例进行比对和涵摄。在这一过程中，执法人员的主观能动性对指导性案例的适用有重要影响。借鉴国外判例法的实践经验，在我国检察案例指导制度实践过程中，执法人员在指导性案例与当下案件的类推或涵摄中，仍会有相当的裁量权。如果执法人员消极对待指导性案例，其有很多机会通过区别技术，借口当下案件与指导性案例不同而拒绝适用。特别是在当前我国法律职业共同体尚未充分形成，对指导性适用方法缺乏共识的

① 对检察机关行政性与司法性的争议参见：龙宗智．论检察权的性质与检察机关的改革[J]．法学，1999(10)：2-7；郝银钟．检察机关的角色定位与诉讼职能的重构[M]//陈兴良．刑事法评论：第4卷．北京：中国政法大学出版社，1999.

情况下，指导性案例更容易被拒绝。在检察案例指导制度被定位于管理手段的情况下，指导性案例是限制执法人员自由裁量权的工具，对于办案人员来说，遵循指导性案例不但会限制自己的裁量权，也会给上级人员的事后检查提供相对更明确的依据，这对执法人员来说无疑是自找麻烦。我们在调查中了解到，执法人员可能会参考指导性案例，但仅是将其作为一般的典型案例来对待，除非是为了说服领导或当事人，一般情况下即使实际参考了典型案例也不明言。甚至当下案件明显符合指导性案例，可以参考使用的，执法人员也会故意忽略，不会提及，以免带来不必要的负担。

(二) 造成上下级司法人员心态上的偏差

检察案例指导制度的司法管理职能使指导性案例的解释权集中于最高人民检察院，最高人民检察院是最终的解释者。但面对要旨的抽象化，指导性案例在贯彻适用过程中，仍然存在再解释问题，这些问题不可能都层报至最高人民检察院。这就可能重复以往法律解释的一幕，即下级检察机关遇到自感把握不足的问题时，向上级业务主管部门请示汇报，并往往以上级意见为准。如果有问题不汇报而最终惹出麻烦来，下级执法人员就可能被上级业务主管部门责难：为什么事前不请示汇报？久而久之，下级执法人员遇到问题不敢决断，上级执法人员在下级机构人员面前自感优越，造成下级检察机关对上级检察机关不正常的附属关系。[①] 这显然与检察机关司法性所要求的独立办案是相冲突的，也不利于办案效率的提高。

(三) 更容易偏听，导致监督失效

从人的本性来考虑，如果没有制约，掌握权力者一般都希望自由行使权力，而这往往会形成滥权。从这一规律出发，检察案例指导制度良好运行依赖于良好的监督机制。而当前以行政化方式运行检察案例指导制度的情况下，监督将是高成本的。以行政化方式运行的监督机制，将监督单纯定位为检察机关内部的事务，不容其他力量插手，特别是最高人民检察院《规定》中明确规定，对总结经验的指导性案例，不对社会公开。这更使其他社会力量难有监督执法人员是否遵循指导性案例的机会。在行政化的上下级监督关系中，监督者的督察信息主要由被监督者提供。一般来说，相对于监督者而言，被监督者直接从事事务处理，其对相关事项有更为充分的了解和把握，也有充分的条件过滤、隐瞒某些信息。当事项可能被追究时，由于监督者对办理事项缺乏充分的了解，也缺乏兼听则明的机会，更有可能采信被监督者的说辞，在某些情况下甚至可以说是不得不采信被监督者提供的事实和理由。此外，与商业组织不同，作为国家机构的检察机关内部人员流动缓慢，监督者与被监督者在长期的工作中相互熟悉，也较容易形成私人关系，一旦出现问题，监督者与被监督者较易形成

---

① 关于官僚机构上下级官员之间关系的论述可参见：[美]唐斯. 官僚制内幕[M]. 郭小聪，等译. 北京：中国人民大学出版社，2006：54－79.

同盟，以避免形势恶化。这将导致监督失效。

实践证明，这种将案例指导定位于管理手段，实施主要依赖于最高人民检察院自上而下行政推动的模式，效果不尽如人意。当前检察案例指导制度的实施效果与制度建立初期公众的高期望值形成了较大的反差。对案例指导的制度定位进行反思，是检察案例指导制度未来发展所必要的。

三、检察案例指导定位的反思与重整

反思检察案例指导制度的定位，首要问题是探寻为何要作这种定位。在笔者看来，这一定位实际上是过去检察权行使方式的一种惯性反应。案例指导制度生成的大背景是当时社会管理创新的国家政策需求，反映在司法上的直接问题是当时民众对同案不同处理的不满，进而引起的涉诉上访信访。为应对同案不同处理，案例指导制度将统一司法作为首要目标，具体过程是通过指导性案例对法律法规、司法解释进行进一步的细化，并通过指导性案例的示范性榜样，压缩司法人员的自由裁量权。从案例指导制度的出台过程看，其带有一定的突然性，特别是检察案例指导制度，正如笔者在前文所论述的，是在最高检察机关并无充分准备的情况下，由中央政法委直接推动生成的。从此种意义上看，检察案例指导制度的出台，政治因素大于法治因素。对于政治问题，往往要求能有立竿见影的成效，而能实现这一效果的更好路径，是行政性手段而非更讲究程序过程的司法手段。而检察系统近年来着力推动的检察一体建设所带来的上下级检察机关、检察机关内部行政化领导关系的强化及由此形成的思维惯性，为通过行政方式推行案例指导制度奠定了深厚的基础。从一定程度上讲，建立行政化的检察案例指导制度几乎是当时的不二选择。

检察案例指导制度的实施情况已经证明，行政化的实施方式效果不甚理想。我们有必要反思，当初的选择是否是最佳的。从国外判例法的经验看，相对于立法的硬度，判例都呈现了柔性的一面。正如笔者在前文中所论及的，无论是大陆法系的判例制度还是英美法系的判例法，其形成都具有自发性，且不说英美法系判例法的历史渊源，大陆法系判例亦是在理论上否定其法源地位的情况下，由法律职业者在实践中发展出来的。判例法的形成是法律职业者集体努力的结晶，其维系也依赖于判例本身的说服力和法律职业者的认同和遵循。任何法律成员，即使是最高司法机关也不具有强令下级成员一概遵循的权力；下级司法人员如果认为判例可能带来有违司法正义的结果，可以通过区别技术或目的论解释避开先例，甚至可以拒绝使用。[①] 正是法律职业共同体的共识和认同，保障了判例的权威和有效性；也正

① 如美国联邦最高法院驳回下级法院的判决可能会使下级法院法官付出信誉成本，但最高法院没有权力对理论上属于下级的法官们实施任何形式的严厉而直接的制裁措施，如罚款。参见：J R Macey. Transaction Costs and the Normative Elements of the Public Choice Model: An Application to Constitutional Theory[J]. Virginia Law Review, 1988 (74): 471, 496－499.

是下级司法人员基于司法正义对判例的不断审视，并拥有不断发展的权力，判例制度才具有了持久的活力。在笔者看来，判例制度下每个司法人员的主人翁地位及由此带来的积极参与，是判例制度有效性的根本保障。

案例指导制度司法管理手段的定位及随之而来的行政化运行方式，使下级司法人员的角色成为案例的被动适用者，而非创造和发展指导性案例的参与者，下级司法人员只有严格遵循的义务，而无发展指导性案例的权力，这种情况下要唤起下级司法人员主动适用指导性案例的热情是比较困难的。同时，这种定位也造成了案例适用监督者的缺位。从理论上说，上一级司法人员是下一级司法人员适用指导性案例的监督者，但上一级司法人员又是更上一级司法人员的监督对象，并且这种监督是单向的，最高人民检察院拥有最终的监督权。这将带来两个问题：第一，如果最高检察机关的执法者没有遵循指导性案例，谁来监督？第二，上一级司法机关人员虽然是监督者但同时又是被监督者，并且监督的标准自己说了不算，在行政化管理机制下，自己的判断还可能被追责。在这种情况下，除了最后的监督者，上级都可能与下级一样，力图避免明确声明适用指导性案例作为判断理由，对下级的类似行为可能采取“睁一只眼闭一只眼”的态度。这将带来监督者的缺位。

因而，改变当前检察人员对检察案例指导制度的漠视态度，就需要改变检察案例指导制度司法管理手段的定位，唤起广大检察人员参与指导性案例生成与适用的主人翁感，激发他们参与的积极性。笔者认为，调整案例指导的制度定位，使其立足于“调控”而非“管理”，更为适当。其包含以下意思：

第一，不应过度强调指导性案例的“绝对”权威性。正如前述调研情况所示，模仿是人类学习、处理问题的基本方法，司法人员处理案件时参考他人的成功经验，符合人类处理问题的基本规律，因而学习借鉴以前的案例在实务中是很普遍的方法。当前检察案例指导制度没有得到有效实施，根源不在于实务人员不需要指导性案例，而是指导性案例数量还远远不能满足执法人员的需求。相对于司法实践中问题的多样性而言，依当前的案例生成机制，在短期之内完全解决这种供需矛盾是不现实的。如果过度强调指导性案例的权威而不当贬斥其他案例的价值，可能出现的结果是：检察案例指导制度的效能尚未充分发挥，常规的借鉴典型案例的机制反遭不适当的破坏，加剧司法的混乱。因而，要破除潜在的以指导性案例统一司法的迷思，正确定位指导性案例与其他典型案例的关系。

无论是指导性案例还是其他案例，其功能都在于为司法人员处理当下案例提供思路。保障当下案件处理结果正当化的关键，并不在于它符合了先前的案例，而在于其符合了法的基本精神。指导性案例或其他典型案例都只是类似情况下符合法的基本精神的处理典范，并不是唯一正解。司法人员处理当下案件时参考指导性案例或其他典型案例，参考的应是内含在其中的符合法的本义的精神，而不应是“生吞活剥”技术性做法。在此理解下，应对指导性案例进行除魅化处理，不应一味强调指导性案例的权威性及违背指导性案例的严重后果，这种不适当的强调只会增加执法人员规避指导性案例的冲动。指导性案例与其他典型案例在体现法的本义面前，应是平等的，其权威不应仅源于最高司法机关行政性赋予，更应源于指导性案例对法的本义的正确理解和充分论证而产生的说服力。①

指导性案例的权威，应通过案例市场中与其他典型案例的平等竞争，因其被更多司法人员所认可与参照来体现。指导性案例应通过竞争成为案例市场的引领者，而不能因指导性案例的引入而将其他典型案例赶尽杀绝。即它应是鳗鱼，因它的存在激活鱼群的活力；而不应是鲨鱼，因为它的出现而导致鱼群的灭绝。将指导性案例权威的来源，定位于案例市场的竞争而非最高司法机关的指定，这可能改变指导性案例事实上的垄断地位，迫使指导性案例负责机构关注指导性案例发布后的市场表现，及时总结经验教训，以更有吸引力的指导性案例吸引一线执法人员的关注。

第二，指导性案例的实施主要依赖于法律职业共同体的内部约束。正如前文所指出的，行政化的监督机制看似很强硬，但这种监督机制易走向两个极端，强硬时致使案例指导趋于僵化，软弱时案例指导可能陷于无效。而以法律职业共同体的共识为约束保障，则更容易使约束与开放达到某种动态的平衡。通过其他配套制度建设，当遵循指导性案例成为法律职业共同体的共识，并形成一套大家相对认可的适用方法，在司法公开充分保障的情况下（类似法院裁判文书上网制度），执法人员处理案件是否违背指导性案例将会受到职业共同体的有力监督。而当社会情势发生变化，指导性案例不适应新的形势，通过常规程序变动无法满足需求时，相对于行政化约束的硬度，法律职业共同体的共识约束又更具弹性，能及时应形势变化，发展和运用区别技术，防止因盲目遵循指导性案例而造成个案极度不公正。

第三，指导性案例应具有较强的引导功能，并应有一定的约束机制。虽然笔者主张削弱当前案例指导制度的硬度，但并不意味着主张照搬国外的判例制度。中国有自己特殊的司法环境，案例指导制度的定位与国外判例制度也不可能完全相同。作为大国和中央集权制的国家，最高司法机关在众多的案例中挑选部分符合法的基本精神和政策需求的案例，使之成为样板，以此为引导，促进司法的统一和案件的公正处理，这并无不妥。特殊的政治社会环境决定了中国可能无法完全适用自发生长的判例制度。特别是在缺乏审级制度的情况下，这种选拔制更适合检察案例指导制度。因而，检察指导性案例应具有较强的引导功能。同时，检察案例指导制度应有一定的约束机制。过去的实践证明，非制度化的，完全由执法人员自主选择案例参考适用的情形过于放任自流。作为最高检察机关精心选择的案例，必须有一定的机制保障执法人员切实遵循。其具体机制笔者将在后文论述，其核心特点是便捷和有效。

在讨论调整案例指导的制度定位时，不得不提的一点是其对统一司法的追求。正如前

---

① 李有根教授通过对最高人民法院《公报》公布的无名流浪汉被撞致死后民政局能否作为原告起诉索赔的案例在实践中的效力的考察，清楚地表明：公报案例虽由最高人民法院发布，理应具有较强的效力，但在实践中却陷入被司法人员弃置的命运。这种情况下，其还有什么权威而言？参见：李友根.指导性案例为何没有约束力[J].法制与社会发展，2010(4)：86-96.

文已述及的,统一司法的目标促生了案例指导制度,但也使其背上了沉重的负担。相对于司法手段,行政手段更易达到整齐划一的目标,这几乎是无须争论的事实。从一定意义上讲,司法统一的程度要求越高,以行政化方式推行案例指导制度的可能性就越大。如果不对案例指导制度追求的目标进行合理的调整,案例指导制度的制度定位就难以转变。我们一定程度上可能陷入了对司法统一的迷思,高估了司法统一的价值。正如有研究者所指出的:一些案件引起社会舆论关注的表象是同案不同处理,但更深层的原因是公众对背后可能隐藏的司法不公的疑虑,治标不治本地推行"司法统一"并没有针对性地解决问题。就实质公正与形式公正而言,我们文化的底蕴更注重实质公正,案例指导制度追求的司法统一更倾向于形式公正,这与公众的心理预期是有差距的。"处理方案参照了指导性案例"的说服力,可能还不如对案件个别化处理的理由,给予合情合理的充分阐述。破除对"司法统一"功效的迷思,才能合理界定案例指导制度的功能[①]。

第二节　检察指导性案例生成中的问题与完善

一、指导性案例的遴选权

对于检察指导性案例的遴选权[②],我国法学界主要有两种意见:

第一种观点认为只有最高人民检察院有遴选权,下级检察机关都没有遴选权。这种观点以最高人民检察院有关人员的看法为主要代表:指导性案例的来源可以是各级人民检察院办理的已作出终局决定的案件,但为了维护案例的权威性和法律的统一性,指导性案例的发布主体应当实行一元化而不能多元化。也就是说,只有经最高人民检察院按照一定程序筛选、编纂和发布的案例,才能成为指导性案例,具有司法约束力;地方各级人民检察院可以编纂参考性案例或者研讨性案例,但只能用于学习、研讨或者参考,对处理未来案件不具有司法约束力。不主张各级检察院都可以编纂检察指导案例,各自为政会直接影响检察指导案例的权威性和严肃性,并且容易造成新的执法上的不统一。同时,这可能会造成上级检察机关指导办案过程中的指导意见和其颁行的既往案例做法不一致的现象,使得检察指导案例的效力与上级领导检察院的办案指导相冲突。因此,应严格限定指导案例的颁布主体,把

---

① 秦宗文.案例指导制度的特色、难题与前景[J].法制与社会发展,2012(1):98-110.

② 对指导性案例的创制权,研究者高度关注,研究成果数量可观,代表性成果有:陈兴良.案例指导制度的规范考察[J].法学评论,2012(3):117-127;吴越.中国"例制"构建中的法院角色和法官作用[J].法学论坛,2012(5):19-25;傅郁林.建立判例制度的两个基础性问题[J].华东政法大学学报,2009(1):98-106.

握其效力的发挥。[①]

第二种观点认为最高人民检察院和各省级检察院都应有指导性案例发布权。从我国当前司法实际看,有必要扩大指导性案例发布的主体范围,建立两级发布主体为宜。理由是:

(1) 不利于统一司法。以最高人民检察院作为唯一主体的目的在于统一司法,防止主体多元而造成法律适用混乱。但由于全国各地社会情况差异较大,为保证指导性案例的适用性,最高人民检察院发布的案例势必坚持“少而精”的原则,从《规定》第 8 条所列条件看,主要是以阐明立法原意、弥补立法漏洞、统一执法思想等涉及全局性、宏观性的案件为主。同时,最高人民检察院亦不可能在短时间内大量发布指导性案例。而大量的检察工作是具体入微的,不可能从少量的最高人民检察院发布的案例中找到参照系,这显然不利于统一司法。

(2) 两级发布机制并不必然造成司法不统一。首先我们应正确理解司法统一。司法统一并不意味着全国各地类似的案件处理结果完全一模一样。司法统一的依据应是法律和政策的核心精神,司法中存在一定的灵活性是实现个案公正的需要。案例指导是“约束”自由裁量权而不是“消灭”自由裁量权,司法统一的追求不能以“司法自动售货机”为目标。由于我国各地社会经济发展情况差异较大,民风民俗各异,由省级检察机关根据当地情况发布指导性案例有利于实现司法公正。只要各省级检察院发布的指导性案例符合法律和政策的核心精神,即便存在一定的差异也不应视为司法不统一。同时,在最高人民检察院没有发布相关指导性案例的情况下,省级检察机关适用指导性案例统一区域内的执法,总比任由各地自行其是更好。局部的统一也为时机适合时全国的统一创造了有利条件。

(3) 省级检察院具备发布指导性案例的能力与条件。从实践情况看,省级检察机关承担着对全省检察工作的指导职能,有必要的经验和人才条件。同时,省会所在地法学教育大都相对发达,可以实现实践与理论的较好融合。

(4) 从世界范围看,类似我国这样大地域的国家基本上都采用联邦制下的多级立法和司法体系,以协调法律统一与多元间的冲突。我国立法上的多级立法权并存的体制,较好地应对了立法统一与适应地方需求的矛盾。这可为案例指导制度发布主体的设置提供借鉴。[②]

最高人民检察院发布的《规定》采纳了第一种意见,确立了最高人民检察院遴选指导性案例的唯一地位,但并没有禁止省级检察院以其他形式发布案例。最后的结果是:最高人民检察院独享指导性案例的发布权,各省检察院可以发布典型案例对省内检察工作进行指导,但不得以指导性案例名义发布,市级及以下检察院则不得发布典型案例。从笔者调研了解到的情况看,市级及以下检察院均已停止发布典型案例。

正如笔者在前文调研部分所指出的,指导性案例与省级检察机关发布的典型案例效力

---

① 张建升,王军,黄海龙,等.检察机关案例指导制度的建立与完善[J].人民检察,2010(9):41-48.

② 秦宗文,朱昊.检察机关案例指导制度若干问题研究[J].中国刑事法杂志,2011(7):85-92.

间的区分只是形式性的,当前检察人员对其效力的认识区分,仅是根据其发布机关行政地位的高低而得出的。从实践情况看,如果当下监督机制能有效执行,它们都可以对下级办案人员产生较大的约束力;反之,若监督机制没有得到有效执行,则都不会对实践产生多大的影响。因此,名称的区分在实效性方面并无多大的影响。但从未来更明确区分案例效力的层次和适用范围而言,在名称上加以区别确有必要。对于省级以下检察院能否发布典型案例,调查结果显示有较大分歧。笔者赞同市县级检察院也应有发布典型案例的权力。从便于区分的角度,可将市县级检察机关发布的案例称为"参阅案例"。理由是:

(1) 可以更好地满足地方司法的实际需求。无论是最高人民检察院发布指导性案例,还是省级检察院发布典型案例,其面向的区域广大,要考虑案例的通用性,这决定了最高人民检察院发布的指导性案例与省级检察院发布的典型案例,都需要立足于其较大范围的辖区,以更宏观的视角来考虑问题。最高人民检察院发布的案例偏重少而精,从《规定》第8条所列条件看,主要是以阐明立法原意、弥补立法漏洞、统一执法思想等涉及全局性、宏观性的案件为主。而省级检察院发布典型案例,要站在全省执法需要来考虑,仅在某一地区频发而在其他地区不经常发生的案件,不应当作为典型案例发布。这就带来一个问题,在一个地区内多发的案件,不同的办案人员可能由于缺乏统一指导而处理结果迥异。从检察案例指导制度实施以来的情况看,以最高人民检察院作为唯一的发布主体,导致指导性案例的数量远远不足以满足实践需求。十年来最高人民检察院总共发布了21批80个案例,相对于全国检察机关每年过百万计的案件而言,可谓杯水车薪。而各个省级检察机关发布的案件虽然稍多一些,但对于当地检察执法来说也是远远不足的。在此种情形下,以行政命令手段或以个案指导方式处理案件,无论是在效率上还是从尊重司法规律上看,都不如允许市县级检察机关发布参阅案例。

(2) 并不会造成司法的不统一。市县级检察机关之所以不被允许发布参阅案例,一个重要原因是担心各地自行其是,影响司法统一。[①] 如果建立相对完善的监督机制,这种情况发生的可能性并不大。市县级检察院发布的参阅案例,在定位上应是对上级检察机关发布案例的补充,是对上级检察机关发布的案例未涉及的事项进行规范,不允许与上级检察机关发布的案例相冲突,因而不可能冲击上级检察机关通过案例统一司法的努力。从国外判例制度来看,遵循先例原则中的一个重要方面就是遵循本院判决的约束,在不违背上级判决的情况下,本院先前判决实际上起着严密先例之网的功能。而一个个局部的司法统一,为更大范围内的司法统一奠定了基础。为防止市县级检察机关发布的案例与上级检察机关公布的案例冲突,可通过程序加以防范,如要求市县级检察机关在发布参阅案例的同时向上级检察机关备案。市县级检察机关通过参阅案例可实现司法的局部统一,这为司法更大范围内的统一奠定了基础。因为相对于因参阅案例的缺失,各执法人员自行其是的局面,参阅案例为

① 卢希.完善检察机关案例指导制度的五点思考[J].北京广播电视大学学报,2011(3):3-4.

社会监督和上级检察院的审查提供了更明确的依据。

(3) 在理论上并不存在解释上的困难。案例指导制度的定位不是司法解释,只是运用案例对检察执法人员进行指引的方式。从理论上讲,最高检察机关可以发布案例对全国检察机关进行指引,各级检察机关亦可以发布典型案例对本辖区内检察业务进行指引,只要不将案例指导定位于司法解释的一种形式,在性质上就不能否定地方各级检察机关的发布权。当前禁止市县级检察院发布案例,是行政性的强制安排,理论上并无强有力的理由。

(4) 有利于更及时地对新型社会矛盾作出反应,局部统一司法。市县级检察机关在司法实践的第一线,新型社会矛盾和案件首先进入这一层次的检察机关,他们能第一时间感知实践的变化和对典型案例的需求。而省级检察机关和最高人民检察院由于办案数量少,特别是最高人民检察院基本不直接办理案件,对实践脉动往往感知较为迟钝,对实践的真实需求往往难以及时把握。按照当前指导性案例的生成流程和过去遴选《公报》案例的经验看,一个发生在基层的案件要由最高检察机关遴选并最终发布成为指导性案件,往往旷日持久,难以及时对实践部门面临的问题作出回应,这就造成了需求与供给的“空窗期”。如果市县级检察机关可以发布参阅案例,可以省去冗长的中间环节,将个案处理的经验及时推广,局部统一司法,提高当地检察机关的办案质量。

(5) 可以为更高层次案例的发布积累经验和赢得时间。从西方国家判例法的经验看,案例的稳定性与发布机关的级别应成正比。级别越高,其发布的案例影响面越广,如果案例频繁更改,就无法为社会公众提供稳定的预期,也削弱了案例的权威性。正如前文所述,为达到使判例保持稳定的目的,一些国家,如法国最高法院会有意识地对社会中刚刚出现的、社会关系变迁尚处于演变之中的案件拒绝受理,以便留下更多的时间等待其成熟后再加以处理。为确立相对稳定的法律秩序,最高人民检察院发布的指导性案例和省级检察机关发布的典型案例,应保持一定的稳定性。但面对新社会现象或新的政策需求,一味由各个检察人员自行其是,一方面不利于及时将好的做法推广,提升执法水平;另一方面也不便于统一司法。国外判例制度的解决方案是,各级法院的判决都有先例意义,至少可以对本院的法官提供参考,从而在局部范围内统一司法。优秀的判例也可能超越辖区的范围,为其他区域的法官所参考,逐渐在更大的范围内促进司法统一。如卡多佐任职纽约法院期间,由于他出色的司法意见,对全国各州法院司法都有很大影响①。

如果不容许市县检察机关发布参阅案例,可能造成两难选择:一是最高人民检察院和省级检察院基于社会压力,为平息同案不同处理的批评,以及时性为导向,不断更新指导性案例和典型案例,从而损害其稳定性;二是最高人民检察院和省级检察机关为保持指导性案例和典型案例的稳定性,拒绝对最新出现的热点问题进行表态,导致办案人员自行其是,损害司法的统一性。反之,如果允许市县级检察院发布参阅案例,则可有效缓解这一难题。它一

---

① 苏力.《司法过程的性质》译者前言[M]//卡多佐.司法过程的性质.北京:商务印书馆,1998:1.

方面可及时对实践需求作出反应，在局部范围内统一司法，一定程度上减弱同案不同判的批评，为更高层次案例的出台赢得时间；另一方面各地检察机关的积极探索，也可为上级检察机关提供多样的可供考察的解决方案，使上级检察机关能在充分总结经验的基础上，推出指导性案例或典型案例。

二、指导性案例的遴选标准

对什么样的案例可以作为指导性案例，最高人民检察院 2010 年《规定》有三个条款涉及：

第二条　检察机关建立案例指导制度应当立足于检察实践，检察院职能。通过选编检察机关办理的在认定事实、证据采信、适用法律和规范裁量权等方面具有普遍指导意义的案例，为全国检察机关依法办理案件提供指导和参考，促进法律的统一公正实施。

第三条　指导性案例是指检察机关在履行法律监督职责过程中办理的具有普遍指导意义的案例，主要包括：(一)职务犯罪立案与不立案案件；(二)批准(决定)逮捕与不批准(决定)逮捕、起诉与不起诉案件；(三)刑事、民事、行政抗诉案件；(四)国家赔偿案件；(五)涉检申诉案件；(六)其他新型、疑难和具有典型意义的案件。

第八条　选送、推荐和征集的案例应当符合下列条件：(一)已经发生法律效力的案件。(二)具有下列情形之一：1. 涉及的法律适用问题在现行法律规定中比较原则、不够明确具体的案件；2. 可能多发的新类型案件或者容易发生执法偏差的案件；3. 群众反映强烈、社会关注的热点案件；4. 在法律适用上具有指导意义的其他案件。(三)在事实认定、法律适用、政策掌握或者法律监督实践中具有典型性和代表性。(四)适用法律正确，对法律的解释合乎法律的原则和精神；处理结果恰当、社会效果良好。

这三条内容都涉及指导性案例的遴选标准问题。第二条提出“通过选编检察机关办理的在认定事实、证据采信、适用法律和规范裁量权等方面具有普遍指导意义的案例”明确了指导性案例的条件：第一，该案例必须是检察机关办理的案件，其意义也主要体现为对检察工作的指导意义。如果是其他机关办理的案件，或者检察机关也参与了案件处理的部分环节，但案件的指导意义没有体现在检察工作环节的，不属于检察指导性案例的选择对象。第二，案例对检察工作的指导性不限于法律适用，包括认定事实、证据采信、适用法律和规范裁量权多个方面。

第三条则从检察工作的种类对指导性案例产生的重点环节进行了明确。从第三条规定看，检察指导性案例主要集中于检察机关有独立的程序性决定权的环节，如职务犯罪的立案、批捕与否、是否起诉等。最后虽然有一个兜底性的条款“其他新型、疑难和具有典型意义的案件”，但该款的意义主要是以防万一，检察指导案例的“选题”重点已明确了。

上述两条明确了指导性案例应从哪些领域产生，但没有明确什么样的案例可以成为指导性案例，而第八条就是针对这一问题的。这一条实际上又可分为三个方面：一是要求必须是已经发生法律效力的案件才能成为指导性案例。这一点比较容易理解，如果案件尚处于程序进行之中，结果未定，自然不宜作为指导性案例。二是符合第二款规定的四类情形，其中第四种情形是兜底性规定。三是对案件处理结果的评估，具有典型性和代表性，法律效果和社会效果良好的才能作为指导性案例。考察《规定》所列的指导性案例的三个生成条件，第一、第三两个条件一般都无太大争议，真正核心的是条件二所列的三种情形，这是决定一个案件能否通过指导性案例检验的关键条件。若对这三种情形作文本解释，这三种情形是并列的，只要符合其中一项情形即可。那么，这三个条件设置是否合适？

在前文指导性案例适用方法部分，笔者已经指出，国外判例法适用中的最核心要素是先例中所蕴含的抽象性规则。这种规则可以是判决法院作出判决时已抽象出来以要旨形式出现的，也可以是处理当下案件的法官对先例的萃取，但无论如何，当下处理案件的法官最终都是以先例中的规则来涵摄手中的案件，为当下案件的处理提供思路。这是发挥案例作用的共通性机制，我国指导性案例的适用也大体如此。因而，指导性案例的最基本功能是提供规则。一个指导性案例只有提供规则，并且这种规则具有一定的抽象性，才能涵摄类型化后的后案事实，否则，就难以发挥指导作用。如果一个案例不能提供规则，这样的案例就无法对后案处理提供指引。这里所称的规则，并不限于对与案件定性或量刑有关的法律法规的解释或填补，对事实认定或判断有指导性的规则也应包括其中。

在最高人民检察院发布的指导性案例、省级检察机关发布的典型案例及市县级检察机关发布的参阅案例之间应作一定的功能分工，其规则提供的功能应从高到低削弱，至市县级检察院，参阅案例可以不强调规则提供，无论是办案方法、规则理解还是办案效果，只要有突出的亮点，对其他办案人员有参考价值的，都可以入选。同时，作为最高司法机关发布的指导性案例，为了给公众提供稳定的预期，必须保持较强的可预期的稳定性。规则性和可预期的稳定性，这两点应作为指导性案例选择的基本标准，其中规则性应作为指导性案例遴选的最核心要素。

以规则性和可预期的稳定性两项标准来检验最高人民检察院《规定》所列的三项条件：

(1)“涉及的法律适用问题在现行法律规定中比较原则、不够明确具体的案件”涉及对法律的细化，将提供新的规则，无疑是符合条件的。

(2)对于“可能多发的新类型案件或者容易发生执法偏差的案件”中的“新类型案件”而言，由于一种社会关系的发生、发展到相对成熟需要一定的时间，一般先由地方检察机关通过典型案例或参阅案例进行指导，待其相对成熟后再上升为最高人民检察院的指导性案例为宜。“容易发生执法偏差的案件”的形成有很多原因，既可能是规则缺失，也可能是其他因素，如果是因规则缺失引起的，可通过指导性案例来解决，否则不应发布指导性案例。

(3)“群众反映强烈、社会关注的热点案件”也应以类似的思路来处理。2010年《规定》之所以将“群众反映强烈、社会关注的热点案件”作为指导性案例遴选的条件之一，根源在于对检察案例指导制度功能的认识模糊。正如前文所指出的，检察案例指导制度的最大动力源是中央政法委的推动，而中央政法委之所以推动检察案例指导制度，直接针对的是“容易发生执法偏差、群众反映强烈的积累案件”①。案例指导制度被定位于平息社会舆论的工具，其价值主要是宣传性的，这实际上是对案例作用机制的扭曲性理解。从依法治国、确立司法权威的角度，应摆脱对检察案例指导制度的短视性工具化解读，案例指导应被视为对司法内部进行指引的常态性机制，而不应成为回应因热点案件而形成的公共议题的工具。② 事实上，它也承担不了。如果一定要勉为其难，因某一事实被社会公众关注，最高检察机关为显示自己的决心和立场，表态性地急匆匆地发布指导性案例，则不可避免地损害指导性案例的稳定性，甚至被舆论牵着走，乃至陷指导性案例于“娱乐化”的深渊。过去几年被舆论热炒的案件，在时过境迁之后暴露出来的真相不乏与当初舆论审判认定的事实大相径庭者。③ 如果将指导性案例定位于权威性的案例，并承认指导性案例应保持一定的稳定性的话，这应足以引起指导性案例发布者的重视。“以一定的媒介传播相关案例包括典型案例及其有关信息，是保障司法公正，建立司法公信，实现司法权威的必要途径。但是，案例、典型案例、指导性案例是有区别的范畴，其传播方式、传播载体、传播时效、受众范围也相应地有所区别。案例或典型案例及其相关信息的传播效果，并不等同于指导性案例及其相关信息的传播效果。司法机关应当以恰当方式回应或参与回应公共议题，但是，回应公共议题不是刑事指导性案例的基本功能。”④

2019 年《规定》对指导性案例的遴选标准进行了简化，仅有一个条文。“检察机关指导性案例由最高人民检察院发布。指导性案例应当符合以下条件：(一)案件处理结果已经发生法律效力；(二)办案程序符合法律规定；(三)在事实认定、证据运用、法律适用、政策把握、办案方法等方面对办理类似案件具有指导意义；(四)体现检察机关职能作用，取得良好政治效果、法律效果和社会效果。”2019 年《规定》删除了 2010 年《规定》第二条、第三条的规定，将其精神融入原第八条。与 2010 年《规定》第八条比较，2019 年《规定》增加了“办案程序符合法律规定”的要求，体现了对法律程序的重视；删除了对原第八条中的“1. 涉及的法律适用问题在现行法律规定中比较原则、不够明确具体的案件；2. 可能多发的新类型案件或者容易发生执法偏差的案件；3. 群众反映强烈、社会关注的热点案件；4. 在法律适用上具有指导意义的其他案件”。取消对指导性案例选择具体范围的指示，可避免因对上述条件的明确规定而引发的对其他类型案件的忽视，对更均衡地选择指导性案例是有利的，但这并不意味着上述类型案件在选择指导性案例时不再重要。从笔者所了解的情况看，这几类案件仍

① 胡云腾，罗东川，王艳彬，等.《关于案例指导工作的规定》的理解与适用[J]. 人民司法，2011(3)：33 - 37.

② 周光权. 刑事案例指导制度的难题与前景[J]. 中外法学，2013(3)：481 - 498.

③ 如药家鑫案中对犯罪嫌疑人家庭背景的炒作，事后发现并不符合事实。参见：黄秀丽. 药家鑫案引发名誉权官司 张显，你多说了什么？[N]. 南方周末，2011 - 08 - 19.

④ 黄京平. 刑事指导性案例中的公共议题刍议[J]. 国家检察官学院学报，2012(1)：36 - 37.

会受到格外的关注。如何避免上述讨论的问题，仍值得思考。

指导性案例的发布除了具备规则创设这一核心要件外，笔者认为，还应符合下列条件：

（1）多发性。所谓多发性，即指导性案例发布后有利于解决某一类常见的问题，对不可能经常发生的极个别现象无必要发布指导性案例。指导性案例与国外的判例不同，不是法院判决之后自然就成为先例，先例数量的多少主要取决于法院判决数量的多少。指导性案例是经过一定的遴选程序生成的，无论是程序流转的时间，还是具体工作人员的数量，都决定了其数量将相对有限。特别是从目前情况看，最高人民检察院为保障指导性案例的质量，有意识地控制指导性案例的数量，更加剧了指导性案例的稀缺性。在此情况下，为充分发挥指导性案例的价值，应有意识地选择司法实践中多发性的案件作为指导性案例。如果某一类案件难得一遇，是偶发性的，虽然很有典型性，但已经通过案例解决了，再将其作为指导性案例就失去了指导对象，意义就大为减损。

（2）疑难性。所谓疑难性，是指执法人员在处理此类案件时存在困难，容易出现偏差。如果指导性案例提供了规则，但这种规则虽无明确规定但已经为司法实践人员普遍掌握，或者有约定俗成的成熟做法，或者根据理论知识能较容易得出正确的处理方案，那就没有必要发布指导性案例。

（3）不重复。所谓不重复，是指指导性案例要旨提炼的规则应该是基于处理案件的实际需要对原有法律规定的发展或填补，而不能是重述或简单的重复。如果不能提供规则的增量，只是对原有规则的举例说明，不应作为指导性案例。最高人民法院和最高人民检察院发布的指导性案例都存在这方面的问题。如最高人民法院指导案例第 14 号《董某某、宋某某抢劫案》明确对未成年人因上网诱发犯罪的，可以禁止其在一定期限内进入网吧等特定场所，该规定与 2011 年 4 月 28 日最高人民法院等部门发布的《关于对判处管制、宣告缓刑的犯罪分子适用禁止令有关问题的规定（试行）》第 4 条第 1 项的规定完全一致。最高人民检察院通过的指导性案例（检例第 1 号）《施某某等 17 人聚众斗殴案》中的要旨是：检察机关办理群体性事件引发的犯罪案件，要从促进社会矛盾化解的角度，深入了解案件背后的各种复杂因素，依法慎重处理，积极参与调处矛盾纠纷，以促进社会和谐，实现法律效果与社会效果的有机统一。姑且不论该案例有无提供规则，从内容上来说，要旨的观点也仅是对过去政策的重述，没有新的发展。从不重复角度考虑，这两个案件都不应作为指导性案例发布。

在指导性案例遴选标准的讨论中，检察机构有关领导人员还提出了一些否定性标准，如指导性案例应是“办案法律效果、社会效果和政治效果都好的案件。如果案件在法律评判和实际效果之间存在重大差异，甚至引起当事人强烈上访，这种案件就不适宜作为检察指导案例”。作为指导性案例的案件应该“事实和证据没有争议。事实证据有争议，虽然作为指导案例有最终认定的意见，但由于容易产生不同解读，结论将相去甚远。因此，这种情况不宜作为检察指导案例”。“由于证据存疑不起诉的案件有可能在司法机关补足证据后被重新起诉,对这类案件不作为指导案例为宜。”[①]这种否定性意见总的精神是有争议的案件不应列入指导性案件。笔者认为这种回避矛盾的考虑并不妥当。案件之所以出现争议,往往是认识不一致。指导性案例的功能是为司法人员办案提供指南,解决认识不一致的问题。指导性案例本身争议越大,解决后指导价值也越大,如果指导性案例本身无争议,就意味着疑难度不高,以此作为指导性案例还有什么价值?因而,可以说,越是有争议的案件越有成为指导性案例的潜力。将这类案件确定为指导性案例,就意味着最高人民检察院在该问题上已表明立场,这对于下级检察人员解决同类案件无疑有直接的指导意义。如果一味采取回避的态度,实际上就是放任实践的乱象而不作为。

对新类型的案件,笔者总体上主张应采取相对谨慎的立场,待其相关社会关系发展比较成熟,矛盾充分暴露的情况下再确立为指导性案例,以避免指导性案例缺乏稳定性。如醉酒驾驶问题,在刑法相关修订条款刚实施之际,各地执法标准不一,社会也有很大争议。这种情况看似很需要通过指导性案例来统一司法,但由于法律刚实施,问题暴露不充分,此时贸然公布指导性案例,很可能不久就要修改,给人感觉很不严肃。但也不宜绝对化。在一些特殊领域,如计算机技术领域,由于技术推动出现的新的犯罪现象层出不穷,一些新的犯罪现象虽然是新类型的,但其一出现牵连的社会关系范围就比较清晰,发展走向也比较明确,也需要通过指导性案例来指导各级办案人员正确处理案件,此时就可以及时通过确立指导性案例来指引各级检察人员正确执法。

三、如何选择合适的指导性案例

最高人民检察院《规定》对指导性案例的来源明确了三种途径:(1) 检察机关内部自下而上遴选。“最高人民检察院各业务部门对人民检察院办理的案件,认为符合指导性案例条件的,可以向最高人民检察院案例指导工作委员会选送。省级人民检察院对本院办结的以及下级人民检察院选送的案件进行审查,认为可以作为指导性案例的,经审查后向最高人民检察院案例指导工作委员会选送。”(2) 检察机关内部自上而下的征集。“最高人民检察院案例指导工作委员会可以向地方各级人民检察院征集有关案例。”(3) 检察机关外部人士的推荐。“人大代表、政协委员、专家学者等社会各界人士对人民检察院办理的案件,认为符合指导性案例条件的,可以向最高人民检察院案例指导工作委员会推荐。”三种方式中,第二种和第三种方式都有较大的不确定性,从笔者了解的情况看,基本上没有发挥什么作用。[②]

2019 年《规定》取消了第二种方式,保留了第一种和第三种方式。但将第一种方式修改

① 参见:王军,卢宇蓉.检察案例指导制度相关问题研究[J].人民检察,2011(2):12-17.卢希.完善检察机关案例指导制度的五点思考[J].北京广播电视大学学报,2011(3):3-4.

② 也可参见:庐阳区人民检察院课题组.建立检察机关案例指导制度面临的问题及对策[J].安徽警官职业学院学报,2012(3):40-43.

为:“省级人民检察院负责本地区备选指导性案例的收集、整理、审查和向最高人民检察院推荐工作。办理案件的人民检察院或者检察官可以向省级人民检察院推荐备选指导性案例。”取消了“最高人民检察院各业务部门对人民检察院办理的案件,认为符合指导性案例条件的,可以向最高人民检察院案例指导工作委员会选送”。也就是说,在检察机关内部,只有省级检察机关才有权向最高人民检察院推荐指导性案例。同时,第三种方式也被修改为:“人大代表、政协委员、人民监督员、专家咨询委员以及社会各界人士,可以向办理案件的人民检察院或者其上级人民检察院推荐备选指导性案例。”这一修改不但扩大了推荐人员的身份范围,接受推荐的单位也由“最高人民检察院案例指导工作委员会”改为“办理案件的人民检察院或者其上级人民检察院”。与原有规定比较,现有规定可操作性更强,毕竟各级人大代表、政协委员、人民监督员、专家咨询委员接触原办案单位或其上级检察机关的机会更多,更便于表达自己的意见。

从当前情况看,真正已趋向制度化的是第一种方式。不但各省检察机关定期向最高人民检察院报送案例,一些省份也建立了自己的报送制度,从省检察院到市检察院再到区县检察院,都对报送案例的数量、时间、形式有了相对明确的规定。但这种方式当下也存在一定的问题,如下级人员报送案例的积极性不高、报送的案例质量不高、在报送案例过程中上下级检察机关之间协调不畅等,这都影响到高质量的指导性案例的生成。因而,探讨如何完善指导性案例的生成机制,使优秀的指导性案例能脱颖而出,是极为必要的。

(1) 建立案例市场,改“相马”为“赛马”。以区县检察院为例,当下的推荐制大体流程是:承办人认为自己办理的案件有指导性意义,符合指导性案例条件,经科处长同意,报送研究室;研究室认为符合条件的,经检察长同意,并经检察委员会讨论通过,报送市检察院;市检察院同意后,报省检察机关;省检察机关同意的,报最高人民检察院。这一流程是相对封闭的,虽然其中会经领导审查同意、检察委员会讨论,但真正起决定作用的是案件的承办人及各级检察机关直接负责指导性案例工作的工作人员。总体来说,能参与并影响到指导性案例生成的人员有限,这自然会影响到对案例价值和意义判断的准确性。甚至在某些情况下,个别人员的意见就能决定一个案例的指导性案例的生成之旅能否继续走下去,这使指导性案例的生成过程带有较强的主观性,缺乏普适性的检验。并且,在当下指导性案例选题按期报送的要求下,承办人报送的案例一般都倾向于新办的案例,因为这些案例因时间较近留下的印象较深,而不愿费神去挖掘过去办理的案件的价值。这使报送的案例的指导价值缺乏实践检验的机会。笔者认为,作为指导全国检察人员办案的案例,在生效前应有充分的机会来检验其普适性,而要检验其普适性,就必须扩大参与人员的范围和其被适用的机会。建立指导性案例生成市场是一种有效的解决方案。

“正如市场机制的建立需要一定的外部与内部条件,‘案例市场’的建立与案例的充分竞争同样需要一定的条件。例如,案例信息的完全透明(即所有的案例及其裁判文书均在同一平台上展示,以供司法实务界与法学理论界了解、整理与研究)、案例的平等性假设(即在作出选择之前对于各地、各级人民法院就同类案件所作出的裁判平等对待)、案例选择的市场化评价(即通过实务界与理论界对相关案例接受、采纳、借鉴与评论、研究基础上自然形成选择结果)、案例之间的可评价性(即案例及其裁判文书对于法律的适用、解释甚至漏洞补充,均有清晰与详细的论证,以便具有评价与比较的可能)等等"①。这段话的作者虽以法院案例指导制度为研究对象,但其研究结论对检察案例指导也有很大的启发意义。检察案例市场的建立以前文论述的各级检察机关均有权发布案例为基础,要强化案例文书的说理和论证,明确案例引用制度,并加以适当的分类和编纂以便于检索,最终通过网络公布。案例市场改革的最终目标,是通过案例的肯定性引用率来确定案件指导价值,并以此作为确定指导性案例的重要基础。如果说推荐制为"相马",这种机制可称为"赛马"。相对于现有的推荐制,案例市场通过案例的被引用率来确定案例的价值,这种方式更为价值中立,可有效防止主观性干扰,使指导性案例的确立依据更为客观。引用率的高低可大体反映一个案例解决的问题在司法实践中出现的概率,而某一案例被肯定性引用的次数可大体反映该案解决方法在法律职业共同体内被认可的程度,这可有效防止少数人决策可能存在的考虑不周,特别是领导意志影响决策的问题。② 除考察案例的引用率外,还可设定指标考察引用案例的办案机关的区域分散度。某一案例的引用者所在的区域越集中,说明这一案例普适性越差,只有案例引用者分散度达到一定程度时,方可将其确立为指导性案例。为保障引用率的真实性,防止如友情互引之类情况的发生,可对单一区域引用某一案例的最大值进行限定,超过一定值的引用归为无效引用。当然,具体指标的设定应以一定的样本分析为基础,这一工作可由最高人民检察院出面组织或委托其他机构进行研究为宜。

在具体操作上,笔者的大致构想是,区县级检察机关将自己发布的经实践证明确实有效的参阅案例报市检察机关,市检察机关对下级报送的案件和本院发布的参阅案例适用情况进行统计,将确实有效的典型案例报省级检察机关。可由最高人民检察院出面,建立全国性的典型案例网,由各省将下属各市检察院报送和本院业务部门提供的典型案例在网上发布,供全国检察人员参考引用。经过一段时间的适用后,由最高人民检察院对前文所提出的相关数据进行统计分析,列出指导性案例候选名单,最后由最高人民检察院审查确认后发布。这一过程中,虽然市县一级检察机关没有要求以严格的数据统计为据报送案例,但可以推想,为增加自己报送的案例被选中的概率,市县级检察机关很有可能以上级检察机关的导向为依据进行自我选择。之所以在市县级检察机关不要求严格的数据统计,主要考虑两方面的因素:一是市县所辖区域有限,并且市县级检察机关级别较低,其直接发布的案例被其他地方检察机关引用的概率较低,引用者的分散度无法保障,相关数据意义有限;二是市县检

① 李友根.指导性案例为何没有约束力[J].法制与社会发展,2010(4):86-96.

② 从当前学术界以论文引用率来衡量学术成果的影响力看,引用率有一定的局限性,但在目前而言,在找到更合适的办法之前,将其作为过渡办法使用也不失为较好的选择。对盲目以引证率论英雄弊端的分析可参见:贾伟.你的文章有多少点?[EB/OL].[2013-12-26].http://blog.sciencenet.cn/blog—265898—510774.html.

察机关身处实践一线，对于什么样的案例更有典型性往往会有直观的判断。为减少下级机关的工作量，对于市县级检察机关可由其作内部统计分析和研判，而不要求以严格的数据为依据来报送。

（2）强化激励机制。无论是当前的推荐制还是笔者所主张的案例市场，指导性案例的质量都取决于下级检察机关提供的案例的质量，只有高质量的候选案例才可能产生高质量的指导性案例，因而，调动下级检察人员提供高质量案例的积极性，对保障指导性案例的质量有重要作用。在笔者参与的调研座谈中，与会人员虽然认为当前办案人员报送案例的积极性还可以，但当前检察系统主要将报送案例作为一项工作任务下达，相应地，部分检察人员报送案例的动机亦主要源于完成任务的需要，对案例质量可能存在把关不严的情况。而在当地法院系统，对案例被最高人民法院选为指导性案例或刊载为公报案例的，则有重奖，不但在绩效考核上体现，甚至还记功。与会人员普遍认为，当前检察系统对案例报送的激励机制普遍不足，有些地方在考核上有加分，有些地方则无任何激励机制。因而，在绩效考核上或其他方面体现激励导向，克服检察人员完成任务的心态，对保障指导性案例的质量会有较大帮助。此外，为提高办案人员的荣誉感和激发相关人员提供案例的积极性，可考虑在指导案例上加署办案单位名称、承办人员、推荐人的姓名。一个检察机关、检察人员可能因其在办理案件中的贡献而"名留司法青史"，而不再是仅能做"幕后英雄"，这实为一种简便而有效的方法。

（3）事前指导与事后把关。笔者虽然主张建立案例市场，通过竞争而使优秀的案例脱颖而出，但不可否认的现实是，当前大量的案例都是由市县检察机关办理，特别是基层检察机关更承办了百分之八十以上的案件，而基层检察机关一定程度上欠缺将案例加工成为符合指导性案例要求的意识与能力。这种能力的欠缺一方面与基层检察机关案多人少，忙于办案，忽略精品意识有关；另一方面与当前基层检察人员理论知识不足，有办案经验而问题意识不足，或意识到问题而缺乏将其提升至精品案件的能力有关。

如何解决这一矛盾，有研究者主张培育指导性案例："随着案例指导工作的深入发展，要在全体审判一线法官中树立并形成指导性案例的培育意识。对指导性案例的培育，可以通过以下两个途径进行：一是建立备选指导性案例预报筛选制度。当承办法官办理有指导价值的案件时，就要有意识地预先评估一下这个案件有没有指导性，裁判后的案例能否作为指导性案例，如果有可能，就要按照指导性案例的要求进行审理和制作裁判文书。否则，即使遇到好的案例，但由于我们在审理的时候没有注意，结果把一个好的案例浪费掉了，就像工艺师把一块好的玉石雕刻坏了一样。二是建立请示案件跟踪制度。请示案件往往涉及重大疑难或者新的法律问题。各级法院要从向高级法院、中级法院请示的案件中发现和培育指导性案例。最高人民法院已经建立了请示案件跟踪制度，对各高级法院向最高人民法院报送的请示案件，由案例指导工作办公室确定专人，通过案件管理系统收集有关请示案件立案和在本院流转的情况，并让承办人填写《请示案件跟踪表》，反馈给案例指导工作办公室。这样案例指导工作办公室与具体承办请示案件的审判业务部门之间就建立了有效联系,不错过任何一个有意义的指导性案例。我们建议,地方法院可以建立向中级法院、高级法院请示案件的跟踪制度。"[①]这种主张虽然是针对法院系统而言的,但实际上有一些地方检察机关也在尝试这样做。

一线办案人员要有精品意识,当意识到手中的案件可能有潜力成为指导性案例时,将其精心办好,避免将玉石办成"石头"。对这种主张,笔者完全赞成。毕竟在当前案多人少的情况下,要求办案人员将每个案件作为指导性案例来办是不现实的,有所侧重也是应该的。但笔者对建立请示案件跟踪制度则持有异议。对请示制度的弊端研究者已有较多评议[②],其核心问题就是损害司法的独立性。虽然检察机关不存在两审变一审的问题,但检察一体也并不意味着下级完全无条件听命于上级。不同级别检察人员之间应保持相对独立的思考,不盲从,这对于保障办案质量和提高司法效率具有重要意义。因而,笔者认为应充分尊重办案的级别管辖,不应干预办案过程,不能捡了芝麻丢了西瓜,一味追求指导性案例而违背司法规律,否则,极易助长请示汇报之风,从长远看是得不偿失的。

解决基层检察人员办案意识与能力的不足可考虑通过两种途径:

一是事前指导。要通过培训强化基层检察人员对指导性案例制度意义的认识,在实践中有意识地发掘有价值的案例,扩大指导性案例的备选范围。使基层司法人员真正掌握指导性案例的遴选标准和办案要求,并以此指导自己办案,将有价值的案件办好,减少浪费好材料的现象。这种面上的指导以提高检察人员的办案能力和强化办案意识为基础。相对于点上的指导,这种面上的指导有利于司法办案水平的普遍提高,将为指导性案例的选拔提供雄厚的基础。

二是事后把关。我国当前基层检察人员理论水平普遍偏低,是一个无法否认的现实,而指导性案例是由最高人民检察院发布的,中间经历层层过滤的过程,这一过程也为案例的加工完善提供了可能。对于案例在传输过程中能否加工完善,有不同意见:一种意见强调应保持案例的原汁原味,认为这才是最真实的案例,才最具有指导意义;另一种意见则认为,这一过程也是案例的完善过程,可以对案例进行再加工,使之更完美,更符合指导性案例的要求。[③] 第一种意见的优点在于有利于保持案例的原貌,特别是细节能得到更充分的保留,而且对于案件类似性的识别往往有重要意义。这也有利于保持案件原承办司法人员的真实想法,避免案例修改加工过程中被统一而无法为后案司法人员提供更多元的视角。但这种观点一定程度上忽视了我国当前司法队伍庞大,人员素质参差不齐,案例处理结果可能缺陷较大,以这种案例作指导可能会引起误解。第二种意见有利于保证指导性案例的质量,使指导

① 胡云腾.如何做好案例指导的选编与适用工作[J].中国审判,2011(9):82-85.

② 万毅.历史与现实交困中的案件请示制度[J].法学,2005(2):9-18.

③ 参见:庐阳区人民检察院课题组.建立检察机关案例指导制度面临的问题及对策[J].安徽警官职业学院学报,2012(3):40-43.

性案例以更完美的样态呈现。但这种加工过程也可能导致案件趋于简化、抽象化，离案件真实面貌越来越远。

笔者赞同上级检察机关在选择过程中可以对案例进行适度的加工，这是由当前我国司法现状所决定的，但“带病提拔”的案例引起错误指引的可能性不容忽视。因此，这种加工应是有限度的，应力求保持案例的原貌。除表述性加工外，还可以对案例中已提出但论述不全、不透的问题进行更深入的阐述，但不宜为使案例“高大全”而将案例不涉及的问题，或者虽涉及但案件处理过程中各方没有提出的问题自行提出阐述，更不得为改动案例将假设性问题加入进去。同时，在案例的细节上，应尽可能保留案件的事实细节，避免过度抽象化，为处理后案的司法人员提供更多的比对线索。

第三节　检察指导性案例的体例改革

对检察指导性案例的体例，笔者认为当前主要有两方面的问题亟需加以完善。

一、要旨存在的问题与完善

对指导性案例的要旨(法院系统的指导性案例中称为“裁判要点”)有一种相对负面的看法，即要旨的法条化适用。“裁判摘要注重抽取和概括判决中的抽象规则，有意省略了案件事实和法律推理过程，加之裁判摘要的精炼与案件概况的相对冗长，容易导致法官产生判例规则仿佛可以离开案件而独立存在的错误幻觉，过度关注裁判摘要而忽视裁判生成的具体事实情景及推理过程，从而存在滑向机械法条主义的实践风险，同时也无益于法官裁判技艺的交流借鉴与提升娴熟。”①

这种现象不但存在于我国，其他国家亦同样存在。“在欧洲大陆，这些完全同生活事实相脱离的判决要旨，常常被作为独立的精练的规则对待，并且在法律实务中像制定法规则那样加以使用。”②不能否认，这确实背离了确立指导性案例的初衷，欧洲大陆法律界也对之持否定态度。“意大利的判例制度采取各种方法来控制下级法院对最高法院的判决要旨的机械运用。这首先体现在一般原则的层面上，坚持最高法院的判例无‘形式拘束力’的原则。换言之，否认下级法官存在一般性的遵从最高法院判例的义务。当下级法院的法官认为存在足够充分的理由，从而背离最高法院的判例，这是被允许的。”③

① 四川省高级人民法院课题组.指导性案例的应用障碍及克服——四川法院案例应用试点工作的初步分析[J].法律适用，2012(5)：67－71；梁兴国.从判例、判例法到案例指导制度[J].华东政法大学学报，2008(6)：149－153.

② 茨威格特，克茨.比较法总论[M].潘汉典，等译.北京：法律出版社，2003：385.

③ 薛军.意大利的判例制度[J].华东政法大学学报，2009(1)：84－91.

但若反过来考虑，如果说要旨带来了这样人皆共知的问题，那么能否取消要旨？答案恐怕是否定的。我们以英美法系为例，英美法系对先例的使用方法强调处理后案的法官的作用，处理后案的法官要在前后案件的比对中从先例中抽取规则适用于当下的案件，但实践中也发展出类似大陆法系判例要旨的东西。虽然法官本人不在先例判决中指明判决根据，但美国联邦最高法院编辑出版的《美国最高法院判例汇编》中收集的每个判决前，却都附有由最高法院专人归纳总结的判决理由概要。美国最有影响的非官方判例汇编之一、西方出版公司编辑出版的判例汇编中，也在每一判例之前编辑了判决提要。对于此处的判决理由概要或判决提要，我们不能说它们就是判例法本身，但显然它们为法官或其他法律职业者查找相关法律点提供了极大的方便。[①] 这一点也为我国实践所证实。"如何经济地获取案例，如何让法官迅速地熟谙案例，如何方便法官将待决案件准确迅速地定位到类似案例等问题的化解，将切实推进案例的应用。客观地说，'裁判摘要'的编写体例一定程度上缓解了上述问题。"[②]

由此可以看出，要旨的主要作用主要体现为两点：一是有利于司法人员和其他法律共同体人员迅速找到可适用的判例。相对于案例本身而言，要旨在篇幅上往往比较简短，是对案例规则的提炼和浓缩，便于司法人员和其他法律职业共同体人员，如律师、法律研究者检索和认知，迅速确定判例是否可适用于当下案件。如果没有要旨对判例的简化，司法人员每处理一个案件都需阅读判例全文，势必大大增加司法人员的工作量，在日积月累而形成的篇幅巨大的判例汇编面前，司法人员要在其中迅速准确地找到合适的判例无疑大为困难，从而最终影响司法人员遵守和适用这些判例。二是有利于司法人员和其他司法共同体人员准确、统一地理解和适用判例。无论是大陆法系国家具有官方色彩的判决要旨还是美国商业公司出版物所附的判决提要都是由专业人士完成的，有很高的权威性，有助于法律职业人士对判例准确理解并促进认识上的统一。

如果从这方面考虑，要旨制作的条文化和精炼化不是缺点，而是优点，也是判例系统进行正常运作的重要基础。虽然要旨适用的条文化确实违背了判例制度的本意，但其原因是复杂的，如世界各国普遍存在的司法资源紧张导致司法人员无力阅读判例全文，不能尽归于要旨制作的条文化。我国检察指导性案例虽然尚处于起步阶段，因指导性案例数量有限，要旨浓缩便于适用的要求这一问题并不突出，但可以想象的是，若干年后案例数量积累至一定程度，这一问题必然显现。因而，我们在检察案例指导制度起步之初就应高度重视要旨的制作。在笔者看来，我国当前检察指导性案例要旨存在下列问题，应有针对性地加以完善。

（一）要旨过于泛化，不能提供有效的指引

作为指导性案例而言，其针对的应是社会矛盾中的某一类现象，这类现象不是一大类，

---

① 郎贵梅．中国案例指导制度的若干基本理论问题研究[J]．上海交通大学学报（哲学社会科学版），2009(2)：24－31．

② 四川省高级人民法院课题组．指导性案例的应用障碍及克服——四川法院案例应用试点工作的初步分析[J]．法律适用，2012(5)：67－71．

而只是很小的某一类，是一个点类而非群类。指导性案例越宽泛，其指导意义就越差，宽泛到一定程度，指导就会陷入“宣传”的境地，只有宣传意义而没有了指导意义。作为指导性案例精华浓缩的要旨更应进一步体现这一点。我国检察案例指导在这方面存在一些问题，以检例第 1 号《施某某等 17 人聚众斗殴案》为例，其要旨是：“检察机关办理群体性事件引发的犯罪案件，要从促进社会矛盾化解的角度，深入了解案件背后的各种复杂因素，依法慎重处理，积极参与调处矛盾纠纷，以促进社会和谐，实现法律效果与社会效果的有机统一。”这一要旨的不足就是过于宽泛，其中的一些表述如“各种复杂因素”“依法慎重处理”“以促进社会和谐，实现法律效果与社会效果的有机统一”都过于宽泛，实则是一种政策宣示。

就政策与指导性案例的功能区分而言，政策是宏观的，指导性案例是微观的，指导性案例可以体现政策的要求，促进政策的落实，但应该通过对政策某一方面的规则化来落实，而不能企图通过一个案例来体现政策的全部要求，那样就只是政策的举例说明了，无法为司法人员提供可操作的指引，从而失去指导性案例确立的意义。这一指导性案例的失误之处就在于没有合理把握案例本身的特点，使要旨过于泛化，失去了指导性。

在笔者看来，本案例的要害之处体现于三点：一是群体性事件引发的犯罪案件；二是当事人之间是邻里关系；三是不起诉处理。其中最核心的是第二点，当事人之间的邻里关系所带来的日后和谐共处的要求是本案不起诉处理的关键因素。第一点指出的本案由群体性事件所引发是本案区别于一般邻里间案件的特殊之处，而第三点指出的不起诉点出了检察机关在本案处理中的角色和作用，也是后案检察官可以迅速找到本案的关键抓手之一。如果以这三点为支撑来制作要旨就可以避免要旨的泛化，较好地体现本案的指导作用。

（二）未能为后案处理提供模型

正如前文所述，指导性案例的重要功能是基于案例又高于案例，从案例出发为后案处理提供模型，为对后案案件事实进行涵摄提供前提条件，为后案处理提供指引。这主要是通过要旨来实现的。[①] 但当下的指导性案例要旨在一定程度上没有实现这一目标。以检例第 2 号《忻元龙绑架案》的要旨为例：“对于死刑案件的抗诉，要正确把握适用死刑的条件，严格证明标准，依法履行刑事审判法律监督职责。”这一要旨表述含糊，没有提供可供涵摄后案事实的规则。后案人员如果要从要旨来判断当下案件能否适用该指导性案例，这一要旨显然提供不了多少帮助，其可能给后案人员提供的唯一明确信息是“这是一个死刑案件”，死刑抗诉可以参考。这一案件检法两家争执的焦点包括事实认定是否存在疑点和法律适用上是否应适用死刑这两个方面。要旨应集中于争执的问题并提炼规则性的东西以供检察人员处理后案时参考。从本案情况看，笔者认为事实争议不涉及规则性的东西，也无法对死刑案件证明标准提供更细化的规则，只是检法两家对具体事实判断上存在的分歧。因而，本案要旨应将

① 也可参见：解亘.日本的判例制度[J].华东政法大学学报，2009(1)：91－97.

重点放在法律适用上，在死刑案件的主观恶性判断、危害后果判断及被害人家属、周围群众的意见对死刑适用的影响等方面为检察人员抗诉提供规则性指引。

(三) 精炼度不足

为便于快捷使用，在保证理解不发生偏差的情况下，指导性案例的要旨应尽可能精炼。如果司法人员通过阅读要旨认为该指导性案例可能适用于当下案件，可通过阅读案例全文来进一步确定是否可以参考及如何适用。要旨的提炼还有进一步提升的空间。以检例第5号《陈某、林某、李甲滥用职权案》的要旨为例："随着我国城镇建设和社会主义新农村建设逐步深入推进，村民委员会、居民委员会等基层组织协助人民政府管理社会发挥越来越重要的作用。实践中，对村民委员会、居民委员会等基层组织人员协助人民政府从事行政管理工作时，滥用职权、玩忽职守构成犯罪的，应当依照刑法关于渎职罪的规定追究刑事责任。"这其中的"随着我国城镇建设和社会主义新农村建设逐步深入推进，村民委员会、居民委员会等基层组织协助人民政府管理社会发挥越来越重要的作用"是对现实社会情况的描述，完全可以删除而对要旨的理解不会发生任何影响。

需要指出的是，笔者仍然主张要旨编写条文化，但并不赞同要旨适用条文化。要旨编写条文化是基于司法效率的考虑，方便司法人员迅速初步判断指导性案例是否适合处理当下案件时加以参考。一旦确定有可能参考时，就应阅读指导性案例全文，将当下案件与指导案例的事实进行认真比对，以最终确定是否能够参考适用，及如何参考适用。比对前后案件的全部而非仅参考指导性案例的要旨，更有利于准确适用指导性案例。

二、不同意见的公开

在案件处理过程中，司法机关内部难免会出现意见分歧，是否公开这种分歧意见，不同国家处理的方式是不一样的。同时，这种争执主要集中于法院判决书的公开问题上，对于检察机关文书是否公开鲜见讨论。①

从法院判决书来看，传统上，对于判决书中是否公布不同意见，普通法系国家和大陆法系国家采取了相异的规定。在普通法系国家，反对意见多随多数意见一起公布。② 对虽与多数意见的结论相同，但理由有异的意见(补充意见)也同样如此。而在大陆法系国家，传统观

① 刘风景.不同意见写入判决书的根据与方式——以日本的少数意见制为背景[J].环球法律评论，2007(2):98-105；王利明.我国案例指导制度若干问题研究[J].法学，2012(1):71-80；张千帆.再论司法判例制度的性质、作用和过程[J].河南社会科学，2004(7):1-6.

② 在英美法系国家判决书中，反对意见仅意味着在该案中这种意见没有取得多数人的支持，并不意味着该意见没有价值。反对意见在后来的案件中成为多数意见并不鲜见。如霍尔姆斯大法官在Locher v. Newyork的反对意见经过半个多世纪的沉淀后在Ferguson v. Skrupa案中成为多数意见，其价值最终得到承认。参见Lochner v. NewYork, 198U.S.45, 75(1905); Ferguson v. Skrupa, 372U.S.726,731-32(1963).

念是法院作为一个权威机构面向外界，它的判断是一致的判决，法官的文官心理也保证其不泄露合议庭的少数意见。与此相应，大陆法系国家一般都是从立法上规定判决必须以法院整体的名义和口吻作出，法官的署名只是象征性的，其判决书中的判决理由和结论是单一的，不能表述法官个人的具体意见。如大陆法系的典型代表法国，虽然法国学界主张判决书的最后一项应当加上少数法官的不同意见，但这种观点尚未得到立法和司法的认可。从目前的主流来看，大陆法系法官的判决书制作仍以简明扼要和内容缜密为主要特点，除多数法官的观点和理由之外，少数法官的意见一概不提。①

英美法系国家支持判决书公开不同意见的理由主要有：有助于法院发现案件的事实真相和作出更为公正的判决；是法官独立心证的体现，是审判独立的应有之义；判决书中公布少数人意见的做法使得司法权运作的公开与透明成为可能，可以使社会民众心悦诚服地接受法院的判决，提高司法裁判的公信力；与遵循先例原则相一致，遵循先例原则注重的不是判决结论本身，而是判决的理由，换言之，先例原则要求法官在撰写判决书时要考虑案件事实和适用法律问题的各种可能性，进行深入、翔实的论证，并兼顾判决书对于未来司法的影响。而大陆法系国家反对公开不同意见的理由主要有：公开不同意见违反了秘密评议原则，侵犯了法官的独立审判权；判决如果以全体一致的名义作出，那么社会公众就不会质疑法院判决的权威性；破坏合议庭的和谐与整体性。因为合议庭审理案件时强调的是整体意志而非法官的个人意见，如果公布少数人意见，容易使合议庭的法官过早地处于一种对立状态，双方为了表明立场，可能会采取更加极端的立场，从而使得双方更难以通过沟通达成一致的判决结论。②

各国检察机关承担的主要工作是起诉，在程序上处于中间环节，案件结果将由法院最终确定，由于利益的对立，不同意见自然会有辩方提供，公开不同意见显然没有判决书公开不同意见的意义大。并且若公开不同意见，等同于为辩方提供炮弹，为保证公诉的成功，检察机关显然不宜自乱阵脚。

我国检察机关与法院均不公开不同意见，主要有以下顾虑：一是避免损害司法权威。无须否认，我国当前司法权威不高是广为人知的事实。为维系本已不高的司法权威，需要以一个声音说话，避免被人抓住把柄。二是避免陷入不必要的争执。当前我国社会整体上还缺乏理性讨论的空间，舆论与司法的关系还没有进入良性的轨道。同时，司法权在当前权力格局中还过于弱势，抗压性较差。公开不同意见易引起舆论炒作，引来其他力量对司法的干涉。为谋求自保，在许多地方，司法人员接受媒体采访都要统一安排，这种情况下要求每个案件都公开不同意见显然是不现实的。三是保护司法人员。近些年来，一些在诉讼中获不利结果的当事人将不满的矛头直接转向司法人员个人，对司法人员及其近亲属进行人身伤

① 张泽涛．判决书公布少数意见之利弊及其规范[J]．中国法学，2006(2)：182－191.

② 同①。

害的情况屡屡发生。如果公开不同意见，将使司法人员个人失去集体决议的盾牌，极易引火烧身。与法院相比，因为检察机关处于程序的中间环节，很多程序性决定都是中间性的，还要接受下一步司法环节的检验，如起诉，或有较大的再变动的空间，如不批捕，公开检察机关内部不同意见的要求并不特别迫切。四是可能给司法机关增加过重的工作负担。当案件处理意见出现分歧时，办案人员如何协商解决分歧意见并没有严格的程序要求，方式也主要以口头交流为主，方便快捷。但一旦公开不同意见成为一种制度，考虑到阅读者没有参与案件处理，对案件情况缺乏了解，为全面向阅读者传递案件信息，避免产生不必要的误解，相关法律文书必须以更详尽的论证来说明多数意见与不同意见之间的关系，论证多数意见为什么成立。撰写相关法律文书可能成为检察人员的重要负担，加剧目前本已严重的案多人少的矛盾。[①]

但对于检察指导性案例，笔者认为有必要公开不同意见。理由如下：

（一）有利于保障指导性案例的质量

指导性案例作为指引全国检察人员处理案件的案例，对其质量要求高是必然的。相对于内部讨论，不同意见的公布使多数意见在社会检验中面临更大的压力，它将提供给社会不同的检验视角，让公众评判不同意见的优劣。这将促使多数意见支持者更慎重地对待少数意见，更周全地考虑多数意见的合理性，有的放矢地进行有说服力的论证和反驳，从而令人信服地解决案件中可能存在的争议问题。真理往往产生于认真的讨论之中而非简单的多数决定，这对于指导性案例的质量保障无疑是有利的。

（二）有利于推动检察工作理性讨论空间的形成

当前司法权威不足是不可回避的现实，除却其他因素，司法决定说理不足也是重要原因。司法权威来源于充分说理之后的说服力而非拒绝说理形成的神秘感。相对于法院判决书的说理不足，检察机关的决定文书说理性更显欠缺。[②] 对于处理中间环节的检察文书说理不足一定程度上可以理解，如起诉书说理不足可以通过法庭论辩来补正，但对于终局性的决定文书，如不起诉书，说理不足则是不当的。作为标杆意义的指导性案例，如果能在其中公布不同意见，通过论辩说理的方式阐明司法决定是如何生成的，这对于推动检察文书的说理无疑有积极作用。

（三）有利于指导性案例更好地被遵循

指导性案例被遵循的是其提供的规则性意见，后案司法人员要准确理解指导性案例提

---

① 以法院指导性案例为研究对象的相关论述可参见：四川省高级人民法院课题组．指导性案例的应用障碍及克服——四川法院案例应用试点工作的初步分析[J]．法律适用，2012(5)：67－71；宋晓．判例生成与中国案例指导制度[J]．法学研究，2011(4)：58－73．

② 李强．检察案例指导制度的规范化[J]．国家检察官学院学报，2012(6)：43－49．

供的规则往往要借助指导性案例所提供的决定理由。指导性案例中正反意见的互驳对于后案司法人员更清楚地把握要旨的含义及边界将提供有利的帮助,这有利于后案司法人员更好地遵循指导性案例。

而对于前述公布不同意见的顾虑,通过指导性案例公布不同意见即可大大消除。客观来说,我国当前理性讨论的空间不足是事实,但这并不意味着没有任何空间,关键是讨论的对象一定要过硬,即所谓的“打铁先要自身硬”。案例要放在公众视野中检视,案例处理意见必须有说服力是首要要求。过去一些引起社会热议的案件,不少与司法机关自身考虑不周、说理难以服众有一定关系,如许霆案。在当前我国直接处理案件的司法人员人手不足、素质参差不齐的情况下,要求所有司法文书都说理是不现实的,也确有可能因讨论标的自身质量不过硬损害司法的权威。而指导性案例经层层过滤,并经最高司法机关通过,其流程足以消除绝大多数引起不必要争议的事由,不会损害司法权威。反过来说,作为指导全国检察人员执法参考的指导性案例,如果存在缺陷,其对司法公正的影响无疑是巨大的。这种缺陷如果能因公布不同意见在公众中的讨论中被发现和纠正,其对司法公正的意义远大于一时的司法面子之失。从长远看,其对司法权威树立的帮助远大于对司法权威的毁损。由于检察指导性案例是由最高人民检察院通过的,空间上的距离也使相关人员的安全性危机基本得到消除。同时,作为非直接处理案件而仅是对案件结果进行确认和阐述的人员,其与当事人的利害关系很弱,当事人直接危害相关人员安全性的可能性甚低。作为初步阶段的应对措施,可以考虑仅公开不同意见而不公布具体支持者,虽然这可能削弱意见分歧者论证自己意见的动力。由于指导性案例数量有限,对这些案件进行强化论证也不会过分增加相关人员的负担。①

第四节 检察指导性案例适用中的问题与完善

与指导性案例适用相关的问题在基本理论部分已有讨论,本处主要讨论以下问题:

一、检察指导性案例的引用

最高人民检察院2010年《规定》第15条明确:“指导性案例发布后,各级人民检察院在办理同类案件、处理同类问题时,可以参照执行。”最高人民检察院政策研究室负责人在解释如何适用时认为:“对于发布的指导性案例,各级检察机关可以作为法律文书说理的参考,但

① 对案例公开所可能带来的论证负担,国外也有类似情况。美国的应对之策是减少公开案例的数量,使法官能将精力集中于将要公开的案例的论证上,以此来提高司法效率。参见:D J Boggs, B P Brooks. Unpublished Opinions and the Nature of Precedent[J]. Green Bagd 2ed. 2000(4):17-19.

不能等同于法律条文或者司法解释条文直接作为法律依据援引。”[①]这里很明确，检察指导性案例性质上不同于法律条文或司法解释，不能直接作为法律依据援引，但没有解释在法律文书说理时如何参考，即能否直接引用指导性案例作为说理依据。2019年新修订的《规定》第15条规定：“各级人民检察院应当参照指导性案例办理类似案件，可以引述相关指导性案例进行释法说理，但不得代替法律或者司法解释作为案件处理决定的直接依据。”相对于2010年《规定》，修订后的《规定》对是否公开参照指导性案例，采取了肯定的立场。但此处的表述是“可以”，而不是“应当”，这意味着是否公开作为办案依据的指导性案例，仍由办案单位决定。在过去的检察工作实践中，检察人员在参考典型案例处理案件时，不会在法律文书中直接指出相关参考案例，但有时会在内部文书中指出参考的类似案例，并附上有关案例供领导决策使用。那么，在参考指导性案例处理案件时，应否直接指出所参考的指导性案例？[②] 笔者持肯定立场。

（一）更真实地反映司法实际过程，助力司法公正

根据笔者所作的实证研究，当前检察人员处理案件过程中较普遍地适用案例作为参考，特别是案件有疑难、新型或者存在某些压力时，案例在开启思路、强化信心和抵挡压力等方面发挥着重要作用。同时，律师在诉讼活动中，也经常性地向司法人员提供符合己方利益的案例，以图影响司法人员处理案件的思路。但当前正式的检察文书中都不引用先前案例，至多是在内部卷宗中加以提示，或者只是将有关案例送相关领导参阅，以支持自己的处理意见，在卷宗中根本不提。在调研中，一些律师认为自己提供的案例一般情况下司法人员都很乐意接受，并且认为对案件的处理结果有较大影响。但在不公开引用先前案例的情况下，案例的提供和运用沦为秘密作业，甚至成为一种关系比拼，公众与对方当事人均无从监督，亦无机会对他方提供的案例进行反驳和对司法人员运用是否得当进行质疑。从程序上讲，这种使一方丧失争辩机会的案例运用方式是不正当的[③]，在实体上，其可能导致的偏听偏信无益于实体公正的实现。

（二）有利于经验的积累传承，为指导性案例生态群的形成提供可能

指导性案例为同类案件的处理提供了指引，但这种指引一般是粗线条的，仅仅是提供思路而已。其规则虽然可以涵摄当下案件事实，但每个案件的独特面多多少少都会影响到指导性案例的适用。因而，如果说指导性案例是一个标杆的话，具体适用指导性案例处理的案件可组成一个以标杆为中心的案例群。这是一个生态群，其虽然以标杆为中心，但每个案例

① 蒋安杰.最高人民检察院研究室主任陈国庆——检察机关案例指导制度的构建[N].法制日报，2011-01-05.

② 张千帆.再论司法判例制度的性质、作用和过程[J].河南社会科学，2004(4):1-6.宋晓.判例生成与中国案例指导制度[J].法学研究，2011(4):58-73.上述文献都对公开引证持肯定态度，但笔者对其理由并不完全赞同。

③ 列维.法律推理引论[M].庄重，译.北京:中国政法大学出版社，2002:10.

都多少与指导性案例不同，是指导性案例"活的运用"而非生搬硬套，它们不断对指导性案例进行解释和界定，使之越来越清晰，越来越丰满。到一定阶段，司法人员参考指导性案例时可能遇到的细节问题基本上都可以在生态群中找到样本，指导性案例统一司法的目标也将越来越近。这样的案例生态群形成的前提条件是：标杆必须是明显的。如果在参考指导性案例时不明示，案例群就无从形成，这将迫使每个案件办理者都必须回到指导性案例本身从头开始，这样不但浪费司法资源，也无助于案例指导制度所追求的统一司法目的的实现。

（三）引用所带来的尊重与荣誉有助于激发优质指导性案例的生成

在英美法系法治历史上，最有名的法律职业者往往不是学者而是法官。根据英美法系的先例遵循机制，一些有历史性意义的判决被频频引用，而在判例中表述出色意见的法官也随之名垂青史。引用判例是对前人工作的肯定和尊重，其会给先例的参与者带来荣誉，也会带来巨大的压力。在自己的意见可能被历史记存的情况下，司法人员势必谨慎对待自己手中的案件，全面深入考虑最佳的处理方案，周全论证自己的意见，以求能通过后人的不断检验。这对于案例质量的提高无疑是有帮助的。指导性案例的质量保障不仅取决于严格的挑选过程，更取决于高质量的案例库。巧妇难为无米之炊，如果没有大量可供选择的高质量的案例作基础，生成高质量的案例无疑是颇为困难的。虽然笔者主张在指导性案例生成过程中可进行一定程度的加工，但相对于数量庞大的办案人员来说，负责案例编选工作的人员数量毕竟有限，充分调动一线办案人员的智慧所可能产生的效果远大于负责案例编选工作人员的冥思苦想，这是一个无须论证的命题。如前文所述，笔者主张在指导性案例中标明案件承办人及办理单位，在此基础上，完善案例引用制度，充分利用其带来的尊重和荣誉感，促进办案质量的提升，这将为指导性案例的挑选提供最佳的基础性条件。

在如何引用指导性案例问题上，主要有两种观点：一种观点认为可作为法律依据引用；另一种观点认为不能作为法律依据引用，但可作为决定理由引用。① 两种意见分歧的根源在于如何定位指导性案例的效力。支持将指导性案例作为司法解释的一种形式的观点主张可直接将指导性案例作为案件处理的依据，而认为指导性案例仅具事实效力的观点则认为仅可将指导性案例作为论证理由。由于当前官方立场严格区分指导性案例与司法解释的效力，故而官方意见认为仅可将指导性案例作为论证理由。笔者认为，考虑到案例指导制度建立过程中立法机关的疑虑，为避免不必要的争议，目前将指导性案例仅作为论证理由使用是比较妥当的，虽然这在很大程度上是一种基于政治正确的考虑。正如前文所指出的，指导性案例的事实效力与法律效力之间理论上并不存在难以逾越的鸿沟，为推进案例指导制度建设，保障指导性案例被切实遵循，应积极营造舆论环境，未来应明确指导性案例可直接作为

① 相关讨论可参见：张骐．再论指导性案例效力的性质与保证[J]．法制与社会发展，2013(1)：91－105；张书强．指导性案例援引机制研究[EB/OL]．[2013－12－21]．http://hnfy.chinacourt.org/article/detail/2010/11/id/765696.html.

办案依据。

检察执法中引用指导性案例，除明确指出指导性案例的编号、名称外，笔者认为还应根据案件情况的需要对参考指导性案例作出较详细的说明，重点应说明指导性案例提供的规则是什么、当下案件事实如何为该规则所涵摄、差异在哪里，对这些差异如何应对。引用指导性案例的论证应以说服当事人及公众所必要为限。

二、检察案例指导约束机制的改革

检察案例指导制度的推行，一方面为司法人员提供了处理案件的样板，有助于启发思路，提高效率，满足一线执法人员的需求，将会受到他们欢迎；但另一方面，对检察人员自由裁量权的运用也是一种约束，检察人员有摆脱这种约束的冲动。因而，如果没有有效的约束机制，检察案例指导制度的效果如何是值得怀疑的。①

最高人民检察院 2010 年《规定》及一些省份的配套实施文件确立了行政化的报批制度。与法院系统比较，检察案例指导约束机制无法借助审级制度在司法过程内部来解决，现行的行政化约束机制是一种司法过程之外的独立运行机制。正如前文所指出的，这种行政化的约束机制易走向两个极端：当上级重视，以强力推行时，易出现一刀切，下级执法人员迫于压力而盲从，处理方案忽视个案的特点，不利于实现个案公正；然而，由于检察工作的多样性要求，上级的注意力不可能长期聚焦于某一点，随着上级，特别是主要领导注意力的转移，这种压力就会减弱，下级遵循指导性案例的动力也会随之减少，指导性案例将得不到有效遵循。②因而，检察案例指导制度的有效推行需要建立一种相对柔性但持久的约束机制。这种约束机制主要体现在两个方面：

（一）启动力量的转换

最高人民检察院 2010 年《规定》确立的案例背离机制，是“在办理同类案件、处理同类问题时，承办案件的检察官认为不应当适用指导性案例的，应当书面提出意见，报经检察长或者检察委员会决定”。一些省份进一步确立了报上级同意的要求。在启动权的发动上，承办检察官是唯一主体。这种启动方式的最大问题是，承办检察官为何要启动背离机制？我们假设一下，承办检察官启动背离机制对其有何益处？虽然我们不宜作极端的想象，但不可否认的是，具体案件的承办人员也是人，也有自己的利益需求。当一个案件处理方案与指导性

---

① 对指导性案例的约束保障机制讨论的代表性论文有：傅强，黄福涛．检察机关案例指导工作机制研究[J]．人民检察，2008(4)：44－46；张骐．发展案例指导制度需要处理好的三个关系[J]．中国审判，2011(10)：85－86；张建升，王军，黄海龙，等．检察机关案例指导制度的建立与完善[J]．人民检察，2010(9)：41－48．其主流观点是强化司法机关内部的控制机制，从上到下约束可能背离指导性案例的行为。这与笔者的思路有较大不同。

② 对行政性约束机制弊端的深入讨论可参见：唐斯．官僚制内幕[M]．郭小聪，等译．北京：中国人民大学出版社，2006：141．

案例不完全一致时，如果在没有其他人知晓的情况下，自己悄悄地以违背指导性案例的方式秘密处理掉，可能什么问题都没有；倘若报领导批准，既要做材料的准备，还要面对假若方案不被批准后的难题；即使最终按自己的意见处理了，这类案件未来也往往是各种检查考核的重点关注对象，还要面临不知多少次的检验，不知在多长时间后仍要面临被否定的可能性。我们可以合理推测，如果不能建立有效的信息公开机制，当案件情况很大程度上为执法人员个人所独享时，这种启动机制很有可能是无效的。进而推之，在一个检察院里，当面临未来可能被上级检察院多次检查，在各种考核中可能被重点关注时，检察院作为整体也可能不愿启动背离程序。因而，引入外部力量改善启动权的构成是必要的。①

这种改善体现在两个方面：一是监督启动权的运作。保留现行的执法人员启动机制，但同时建立外部力量的监督机制，使执法人员在符合条件时有压力去启动案例审查机制，不能仅根据个人的利益取向自由取舍是否启动。二是直接赋予外部力量启动权。当外部力量认为检察人员该遵循指导性案例而没有遵循或该背离而不背离时，可以独立启动审查机制。这种外部力量的承担者是当事人，即犯罪嫌疑人、被告人、辩护人、被害人及其代理人。基于利害关系，这些人有足够的动力来监督执法人员是否遵循指导性案例，并且由于利益的对立，这些人员会从不同侧面对检察人员的执法进行审视，监督会更全面。如果赋予当事人以检察官处理决定未参照或未适当参照指导性案例为由申请复议、向上级检察机关申请复核的权利，将对指导性案例的适用提供最强有力的监督。当前需要做的是如何使这些外部力量有能力来监督。为此，应确立执法人员指导性案例告知义务、完善法律援助，使更具监督能力的律师有更多的机会帮助能力不足的当事人。

（二）建立更具独立性的指导性案例适用审查委员会

根据最高人民检察院2010年《规定》确立的背离机制，指导性案例是否适用基本上可以由基层检察院来决定，约束力明显偏弱。各地省级检察机关为保证指导性案例的有效实施，普遍强化了背离指导性案例的约束强度，如J省要求层报至省检察院批准。由于上下级检察机关间的领导关系，这种约束强度明显偏大，背离指导性案例的案件也可能成为以后历次检查考核的重点关注对象，可能导致下级检察机关规避指导性案例的情形。同时，这也不利于维护检察人员执法的相对独立性，导致下级的盲目服从，进一步加剧当前检察机关内部本已严重的行政化趋势。因而，建立相对独立的、弱化行政性的决策机制是必要的。这在一些省份已经起步。如J省检察院建立了“案例指导工作委员会”来负责对下级报送的案例是否应遵循指导性案例进行审查并集体决议，报检察长最后决定。案例指导工作委员会由省检察人员和法学教授组成。

---

① 对行为者自身利益影响组织行动的讨论可参见：周雪光．组织社会学十讲[M]．北京：社会科学文献出版社，2009：197.

相对于由省检察院内部决定而言，案例指导工作委员会吸收了法学研究者参加，这一方面有利于引入外部智力，另一方面从过往法学者在疑难案件论证中的作用看，对克服决策的行政化也会有一定帮助。但笔者认为，案例指导工作委员会的组成和运行机制还应进一步完善[①]：

（1）组成人员的调整。目前的案例指导工作委员会人员组成中，省检察院的人员占大多数，法学研究人员仅可起到建议性作用。这可能也是委员会吸收法学研究人员加入的初衷。这种比例构成在弱化委员会运作的行政化色彩和下级对上级的依附关系上很难起到多大的作用。笔者认为，合理的案例指导工作委员会的人员组成应包括三部分：检察人员、法学研究者、律师，并各占三分之一。由于职业关系，不同职业人员往往易形成特定的惯性思维方式。如我们在日常生活中可以发现，面对同样的案件事实，检察官和律师的观点经常相左，这并不一定是他们坚持控辩不同立场所致，很多情况下只是因思维惯性引发的。而法学研究者相对比较中立，并且往往倾向于从理论角度对问题进行深入挖掘，可有效弥补检察人员和律师偏重实务的不足，当然，反过来说也是成立的。申言之，这种人员构成有利于其优势互补。三类人员各占三分之一，使任何一方都不足以凭借人数多而强行通过决议。争议问题需要在充分讨论、说服之后取得多数意见，有利于保障决策的理性和独立性。

毋庸讳言，假使案例指导工作委员会作为检察机关的内设机构，可能很大程度上难以避免为检察机关所操纵的结局。在人员的选择上，检察机关往往更倾向于考虑愿意配合检察机关工作的人员，如果某个人员在工作中不愿与检察机关配合，可能在调整时即被剔除。因而，笔者认为更佳的选择是借鉴人民陪审员制度，由省人大常委会来任命相关人员，组成省"检察指导性案例适用审查委员会"，如此可更有效地保障委员会运行的独立性。

（2）相对独立的决策机制。检察指导性案例适用审查委员会成立后，各省的委员会受理省内与检察机关适用指导性案例有关的争议，这种争议可以是由各当事人方提出，也可以由检察人员提出。无论是由当事人方提出还是检察人员提出，均无须经层层审查上报，即可直接向委员会提出。这样处理，可有效削弱检察机构内部上下级行政关系对指导性案例适用的影响，符合检察权司法性的要求，也有利于提高效率。由于检察指导性案例适用审查委员会毕竟是为检察工作服务的，且当前检察机关采取检察长负责制，省检察院检察长对全省检察工作负领导责任，如果在省检察长持不同意见的情况下去执行委员会的决定，显然与当前检察机关的领导体制不符。故而，对检察指导性案例适用审查委员会通过的决定，省检察长除非有特定理由，不得否决；如果否决，应作书面的理由说明，这一理由应在特定的媒体和网络上公开，以接受社会公开检验。[②] 这一机制一方面有利于理顺检察指导性案例适用审查

① 笔者对案例指导工作委员会的讨论得益于一些国家由相对独立的司法委员会选拔司法人员这一机制的启发。参见：韩苏琳.美英德法四国司法制度概况[M].北京：人民法院出版社，2008：365.

② 这种行政首长否决案件处理意见应公开理由的制度对保障委员会独立运行方面的有效经验可参见：冷月生.日本现代审判制度[M].北京：中国政法大学出版社，2003：258.

委员会运行机制与当前检察领导体制间的关系；另一方面足以对检察长的否决权构成舆论压力，促使其谨慎行使，从而保障委员会工作的独立性。

与目前行政性的、以压制不遵守指导性案例为目标的约束机制比较，上述机制更为柔性和独立，启动主体也更为多元，既可有效抑制不遵循指导性案例的行为，也可对僵化遵循指导性案例的行为提出异议。

第五节　检察指导性案例的发展与废止

指导性案例一旦发布，就其本身而言，就面临着与社会不合拍的危险。因为指导性案例的处理方案代表着当下司法机关的看法与判断，这种看法与判断的合理性以当下的法律与社会情势为基础。如果法律与社会情势发生变化，指导性案例也面临着发展与废止的问题。最高人民检察院《规定》明确了指导性案例的生成方法与程序，但对于指导性案例生成后的发展与废止问题则只字未提。也许是检察案例指导制度刚刚建立，一方面这个任务并不显得急迫，另一方面经验也尚待积累。但指导性案例一旦发布，在运用中就不可避免地会遇到如何理解和参考的问题。这些问题中，有些是指导性案例本身可以容纳的；有些是指导性案例无法容纳，需要以新的案例来规范的。在指导性案例发布初期，指导性案例的发展与废止问题可能还并不显得突出，但随着指导性案例数量的增长和社会形势的发展，其发展和废止问题将逐渐突显。及时明确指导性案例的发展与废止机制是必要的。2019 年《规定》第十九条一定程度上弥补了这一缺陷："指导性案例具有下列情形之一的，最高人民检察院应当及时宣告失效，并在《最高人民检察院公报》和最高人民检察院官方网站公布：(一) 案例援引的法律或者司法解释废止；(二) 与新颁布的法律或者司法解释冲突；(三) 被新发布的指导性案例取代；(四) 其他应当宣告失效的情形。宣告指导性案例失效，由最高人民检察院检察委员会决定。"但该条规定只是明确了指导性案例的废止条件和最高人民检察院最后的决定、公开路径，对于如何有效发现指导性案例存在的缺陷，如何启动最高人民检察院的决定程序，则没有明示。

在英美判例法机制下，法官运用区分技术对当下案件与先例进行区分。在尊重先例的前提下，对当下案件新出现的问题提出解决方案，这种新的解决方案将为后来案件的处理提供样本。由于每个法官都可以运用区别技术来解决遵循先例与实现个案公正的问题，并将成功化解冲突的经验贡献出来，因而判例法体系一直处于动态的变化之中，由此保证了判例法能与时俱进。[①] 与英美判例法不同，检察指导性案例需要经过一个遴选程序，司法人员在

---

① 对美国判例法发展的相关论述可参见：沃缪勒．不确定状态下的裁判[M]．梁迎修，孟庆友，译．北京：北京大学出版社，2011．

个案中的智慧如果没有得到最高检察机关的认可，并以指导性案例的形式发布，就不会对原有的指导性案例体系有任何影响，指导性案例体系也不会得到发展。这使指导性案例体系面临着因不能得到及时更新，可能陷入僵化的危险。克服这一危险的关键是激发一线执法人员提出发展指导性案例的建议和最高检察机关及时予以回应。

当前检察案例指导的出发点是为办案人员提供指引，其内在要求是执法人员要严格遵循，并且不鼓励司法人员提出异议。因而，相关规定中明确了背离指导性案例的审批式程序，而没有明确如何吸纳新的智慧发展指导性案例的问题。这实际上内含着对发展指导性案例的压制，不鼓励司法人员对指导性案例提出异议和新的解决方案。要解除指导性案例僵化的风险，发展指导性案例，就要调整指导性案例的发展思路。指导性案例不但要保持稳定，还要及时调整保持活力。这要求激发一线执法人员发展指导性案例的积极性。

一线执法人员在执法中最容易发现现有指导性案例的不足及发展需求，如果以压制的心态对待他们，一线执法人员或者因盲目遵循指导性案例而导致个案不公正，或者暗中规避指导性案例以实现个案公正，这将使他们处于矛盾的境地。破解这一矛盾，需要调整现有规制体系，鼓励一线办案人员及时提出自己的不同意见。这里可充分利用检察机关现有的考核体系①，对提出新的意见而被采纳的人员给予一定的绩效奖励。从检察机关绩效考核体系对检察工作的影响程度看，实现这一目标并不困难。一线办案人员提出的建议，应随同相关案件材料，及时层报至省级检察机关，省级检察机关认为合理的报至最高人民检察院案例指导部门。省级检察机关的审核过滤，可防止过多意见涌入最高人民检察院。最高人民检察院案例指导部门应及时审查并给予回复，回复的结果作为对一线办案人员奖励的依据。

新的指导性案例的发布，可能对原有案例所表达的规则进行部分调整，如限制或扩张其原有含义、对含义进行新的解释等，原有指导性案例的生命力可以延续。但指导性案例本身因再审程序而被撤销，或者因新的法律、司法解释的发布而使指导性案例与法律、法律解释相冲突，或者指导性案例确立的处理原则因情况变化显得不合时宜等，这时指导性案例就面临废止的问题。指导性案例的废止与指导性案例的发展一样，都依赖于一线执法人员，因为指导性案例的合理与否往往最先在实践中被感知。故而，与指导性案例的发展相同，充分调动一线办案人员的积极性是保持指导性案例体系能及时动态调整的最有效因素。其具体措施如前所述。

除了调动一线执法人员的积极性，律师积极性的发挥也至关重要。律师也是司法一线的实践者，由于其诉讼角色定位，其往往会从利益对立的一方对案例进行观察和思考，这种不同的视角有助于发现站在检察人员立场上不易发现的问题。最高人民检察院 2010 年《规定》第七条第 2 款明确："人大代表、政协委员、专家学者等社会各界人士对人民检察院办理的案件，认为符合指导性案例条件的，可以向最高人民检察院案例指导工作委员会推荐。"

---

① 有关绩效考核对政府组织的影响可参见：格姆雷. 官僚机构与民主——责任与绩效[M]. 俞沂暄，译. 上海：复旦大学出版社，2007：12-27；我国检察机关绩效管理对检察工作的影响可参见：梁盈光. 检察机关绩效管理机制问题研究[J]. 广西大学学报，2009(S2)：171-172；谢岸烨. 检察机关绩效考核制度的完善[J]. 党政干部论坛，2009(8)：37-39.

2019 年《规定》第六条将其修改为:“人大代表、政协委员、人民监督员、专家咨询委员以及社会各界人士,可以向办理案件的人民检察院或者其上级人民检察院推荐备选指导性案例。”相较于 2010 年的规定,新规定将推荐指导性案例的人员范围由封闭转为开放,社会各界人士均可向最高人民检察院案例指导委员会推荐。这一进步值得肯定。但在新旧《规定》中,律师都没有被明确列出,没有能与“人大代表、政协委员、人民监督员、专家咨询委员”等并列,而是被涵盖于“社会各界人士”之中,这与律师对诉讼的深度参与,与其对指导性案例处理过程的影响,是不相适应的。从汉语表达习惯上讲,这很大程度上代表了律师在指导性案例推荐中的作用没有得到重视。笔者认为,为调动律师参与的积极性,减少律师参与发展检察案例指导制度的阻力,除明确赋予律师推荐指导性案例的权利外,对指导性案例的发展和废止也应赋予律师参与的机会。最高人民检察院案例指导部门应对外公开联系方式。律师在办案过程中认为指导性案例存在不足的,可直接向最高人民检察院案例指导负责部门提出。对律师推荐成功的指导性案例,或因律师异议而发展的新的指导性案例及废止的指导性案例,可在尾部注明推荐律师的姓名,作为精神鼓励。

为便于执法人员了解执法理念与方法的前后变化,更准确参照指导性案例办理案件,在指导性案例编排体系上,可采取前后注引的方式。在旧的指导性案例已废止的情况下,注明已废止及其为哪一个新的指导性案例所取代;在指导性案例有新发展的情况下,在原指导性案例上注明新指导性案例的序号,同时,在新的指导性案例上加注取代了哪一个或哪几个指导性案例或与哪些指导性案例相关。这就要求确立及时更新指导性案例的公布方法,如在新的指导性案例发布时即时在网络上更新,对书面的指导性案例汇编则可根据更新案例量的多少采取不定期更新的方式。

第六节　检察案例指导制度的配套改革

检察案例指导制度的建立是对传统成文法机制的一种冲击,它要求在成文法之外,培养和应用案例思维。虽然过去最高人民检察院也不断运用典型案例来指导检察工作,一线执法人员在工作上也有意识地借用典型案例帮助处理案件,但这些都是非制度化的实践,带有较大的随意性。作为制度运行的案例指导制度,对案例的运用提出了更具规范性的要求。当然,当前检察案例指导制度还处于发展的初期阶段,无论是制度建设还是实际运用技术的发展都还有诸多不足之处,但从国内外的经验看,承载着司法智慧积累使命的案例,在实践中发挥越来越大的作用将是大势所趋。我国过去长期成文法的实践,没有为案例作用的充分发挥提供良好的土壤,案例指导制度的良好运行,除了强化这一制度自身的建设外,还需要在多方面进行改革以提供环境支持。

一、检察人员的案例意识培养与适用技能培训

法学院教育改革很大程度上解决的是未来的问题。法学院毕业生作为新进司法人员，因法学教育而拥有新的理念和方法，这将使司法长远受益。但对现有司法人员，法学教育则往往缺乏直接有效的影响路径。而现有检察人员的意识更新与技能培训，对检察案例指导实践的影响更为直接。虽然笔者在调研中了解到，检察人员在遇到新型、疑难案件时也经常查阅典型案例，借鉴他人的智慧，但总的来说并没有形成强劲的风气，主要是一些比较肯钻研、爱学习者的个人爱好，还没有形成浓郁的整体氛围。倡导一种学习案例、参考案例的风尚还需要下大力气去做。①

案例意识的形成一方面是倡导，另一方面还要解决检察人员查阅、参照案件的困难。在调研中，一些检察人员反映，不知道到哪里去找案例，不知道如何参考案例。案例大多通过网络寻找，搜寻结果往往有较大的不确定性，可能费了九牛二虎之力也没有找到适用的案例。而在参考案例的方法上，没有统一的大家认可的方法，各人见解殊异，在科室内部也往往引起争议。这些问题相当程度上打击了检察人员利用案例的积极性。相较于网上案例，检察指导性案例比较确定，如果以合适的方式公布并通过培训使检察人员熟练掌握查找的方法，查找案例的困难解决起来并不难。

这里要特别注意建立有效的网络查找方法。在调研中，一些基层检察人员反映，登载最高人民检察院指导性案例、省检察院典型案例的纸质本，往往一个院里只有几本，至多发到处科室领导，姑且抛开这些“本子”能否有效保存的疑问不谈，单就为查找一个案例经常去“麻烦”领导借阅就很不方便。所以要特别重视案例库的网络建设，并培训一线检察官的查询技能，细节决定成败在这个问题上也是适用的。2015 年之后，最高人民检察院已注意到这一问题。2019 年《规定》第十四条规定：“最高人民检察院发布的指导性案例，应当在《最高人民检察院公报》和最高人民检察院官方网站公布。”第十六条规定：“最高人民检察院建立指导性案例数据库，为各级人民检察院和社会公众检索、查询、参照适用指导性案例提供便利。”随着指导性案例数量的增长，仅在网上公布的方式，已无法缓解检察人员查找难的问题，建立数据库确有必要。同时，随着“无讼”“北大法宝”等商业数据库的发展，也为司法人员和公众提供了便捷的路径。这一问题基本能够得到解决。检察机关需要做的，是通过培训等方法让检察官了解查找的路径及相关数据库的使用方法。

如何参考案例，这一问题的解决也依赖于有效的培训工作。笔者建议由最高人民检察院组织，定期将各地参考指导性案例处理的典型案例上网公布，并由案件承办人以视频形式

---

① 当前检察人员案例意识不足的问题也可参见：李强. 检察案例指导制度的规范化[J]. 国家检察官学院学报，2012(6)：43－49.

进行网上授课，讲述案件的处理过程、思维过程。各省检察机关可定期组织统一学习。经过一段时间的学习和实践，形成大致统一的指导性案例参考方法是有可能的。

二、检察官独立性的保障

我国检察机关内部处理案件往往需要经过领导审批，其常规程序是承办人提出处理意见、科(处)长审批、分管副检察长审批，直接负责办理案件的检察官只有建议权而无决定权，这从根本上压制了检察官运用案例的积极性。这种机制下往往形成唯上的心态，一方面案件最后由领导把关，削弱了检察官的责任感，遇到疑难案件可以一推了之，由领导作决定，检察官可能感到没有必要费神去查找案例；另一方面，这种心态也会导致案例使用的随意性。在笔者的调研中，有检察官谈到，领导的意见才是决定案件处理的关键，即使手里已有支持一种意见的参考案例，如果领导支持另一种意见，也会千方百计找到支持领导意见的案例。在疑难案件的处理中，本来就容易发生意见分歧，网上类似案件很多，找到一个支持领导意见的案例往往并不难。这显然与检察案例指导制度确立的宗旨不符。因而，检察案例指导制度的贯彻还要改革检察官体制，积极推进和深化主诉检察官、主办检察官等制度改革，加强检察官在处理业务中的相对独立性，增强检察官在案件处理上的决定权，如此，才能调动检察官积极主动适用案例的积极性。[①]

三、检察委员会的改革

检察委员会是检察业务决策的最高权力机构[②]，检察官在处理案件过程中，如果遇到重大疑难案件难以决策的，可以提请检察委员会讨论决定。正因为此，最高人民检察院2010年《规定》第十六条明确："在办理同类案件、处理同类问题时，承办案件的检察官认为不应当适用指导性案例的，应当书面提出意见，报经检察长或者检察委员会决定。"2019年《规定》虽然取消了这一条文，但一些省级检察机关发布的文件仍有相关要求。因而，检察委员会在指导性案例的适用中发挥着重要作用。检察委员会运作情况如何对指导性案例的适用有着直接影响。

从我国各地实践看，检察委员会的运作还存在一些可能影响案例指导制度顺利实施的问题，突出体现在以下两个方面。

(1) 检察委员会的组成难以满足实施检察案例指导制度的需要。指导性案例是由最高人民检察院发布的最具权威性的案例，一般情况下都应遵循，在特殊情况下如果遵循指导性

① 对检察官独立性发展路径的探讨可参见：谢鹏程.论检察官独立与检察一体[J].法学杂志，2003(3)：35-38；陈卫东，李训虎.检察一体与检察官独立[J].法学研究，2006(1)：3-13.

② 朱孝清，张智辉.检察学[M].北京：中国检察出版社，2010：584.

案例可能明显有损于案件客观公正执法，检察委员会可以决定背离指导性案例。检察委员会有权决定背离指导性案例不单是一种权力，它是为实现个案公正而违背上级一般意志的活动，更需要的是担当的勇气。检察委员会实现这种担当不但需要公正司法的信念来支撑，更需要有对案件处理结果的信心。而这种信心的来源则需要以较强的业务能力为基本条件。试想，没有娴熟的业务能力，没有对案件处理结果的绝对把握，检察委员会成员何来背离代表最高人民检察院意志的指导性案例的底气？而从我国各地检察机关检察委员会成员组成看，普遍特点是侧重行政职务，忽视业务能力。检察委员会成员以行政领导为主，行政、后勤部门的多，业务部门的少，如有学者发现所调研的七个检察院中四个检察院的侦查监督或公诉(处)科长不是检察委员会委员。① 这种非专业化、论资排辈的现象导致有些地方检察院的委员议事能力低，许多人成了“同意委员”或者“哑巴委员”。② 这种与行政职务挂钩的产生机制使检察委员会委员出现任期终身制现象，在地方检察院，除正职有任期限制外，其他人员流动性不强，检察委员会成员更新缓慢。而这种任期终身制也削弱了检察委员会成员的学习动力，一些检察委员会成员法律专业知识更新缓慢。但现实情况是：可能引发是否应适用指导性案例争议的案件通常具有较高的疑难性，检察委员会成员的组成情况显然无法与其相适应。

(2) 检察委员会的决策机制难以满足实施案例指导制度的要求。各地检察机关检察委员会的决策机制一般包括两部分：一是案件承办人汇报，二是检察委员会讨论作出决定。从实践情况看，这两个层次都存在可能导致决策失误的风险。囿于检察委员会会议时间的限制，案件承办人在检察委员会上不可能汇报全部事实和证据，即使是主要证据也往往限于摘录。而对于什么是主要证据，主要证据中哪些信息是重点，如何进行概括和表述，不同承办人的处理方式往往不同。这使承办人的汇报不可避免地带有一定的主观色彩。如果承办人出于偏袒一方当事人的考虑，其在汇报中多讲有利于该当事人的事实和证据，对不利于该当事人的证据不讲或少讲，检察委员会得到的信息将会偏离事实本身更远。由于检察委员会成员一般都承担行政职务，通常不会花费较多时间对会议议题进行充分准备，会前极少主动询问案情或调阅案卷熟悉情况，对案件情况的判断高度依赖承办人的汇报。从实践情况看，检察委员会的召开有一定的程序，不可能无限次召开。在办案量较大的单位，每次检察委员会都有较重的任务，如深圳市宝安区、龙岗区检察院每次例会讨论的案件少则五六件，多则十余件，在会议没有充分准备的情况下，委员们无法在短时间内对案件的事实、法律作出深入的分析和判断，这使案件讨论流于形式。如某基层检察院 2008 年检察委员会讨论的 117 起案件中，委员意见一致的案件有 111 起。③ 检察委员会的这种运行情况无法与可能引起是

① 杨振江.检察委员会理论与实务研究[M].北京：中国检察出版社，2012:74.

② 同①。

③ 胡捷.基层检察院检察委员会制度改革研究[M]//张智辉.检察理论课题成果荟萃.北京：中国法制出版社，2011:300.

否应适用指导性案例的案件的复杂性相适应。

为保证检察案例指导制度的顺利实施，检察委员会应进行相应的改革。在检察委员会的成员组成上应淡化行政职位的影响，突出专业性。检察委员会委员产生机制上，除保留检察长、副检察长作为当然委员外，可通过竞争上岗的方法选拔优秀的检察官进入检察委员会。同时，检察委员会委员可实行任期制，改革当前检察委员会只进不出，缺乏更新机制的现象，激发检察委员会成员与时俱进、不断学习的积极性。只有高素质的检察委员会才可能在是否应遵循指导性案例上作出正确的判断。

在检察委员会的决策机制上，应强化检察委员会成员的责任制，一些地方试点检察委员会委员述职制度，要求检察委员会委员定期向全院检察人员述职，以强化其责任感。对不能正确履行职责的委员适时调整。同时，一些地方试点对检察委员会会议全程录音录像制度并强化责任制，以遏制承办人片面汇报和检察委员会委员人云亦云、不尽力履行职责的现象。这些探索都是值得肯定的。但笔者认为更有效的方法是引入外部力量的监督。如在检察委员会讨论刑事案件时，应使犯罪嫌疑人及其辩护人有充分表达意见的机会，当然不一定是在现场，通过视频系统能有效参与即可。犯罪嫌疑人、辩护人的参与可有效防止承办人单方汇报案件所可能产生的片面性，并可对检察委员会成员履职情况进行监督。可以预估的是，实践中需要通过检察委员会决议背离指导性案例的情形不会太多，这种三方在场形式的检察委员会运行方式不会产生严重的成本问题。

四、检察文书的说理与公开

检察机关司法文书是当事人及公众了解检察机关相关决定的正式依据，当事人及公众对检察机关是否参考及是否适当参考指导性案例的监督，依赖于司法文书的说理。没有司法文书的说理，公众就无法了解检察人员如何作出决定，依据是什么，有无参考指导性案例及是否适当参考。对于司法文书的说理，过往讨论主要集中于判决书。[①] 其实相对于法院判决书，我国检察机关的相关文书传统上说理性更为欠缺，这使检察人员的决策过程被掩盖起来，公众无从监督。公众的监督，特别是当事人及律师的监督是保障指导性案例被有效遵循的最重要力量，而如果没有司法文书的说理，这种监督就是无源之水。因而对于检察机关有程序终局性意义的决定文书，如不批捕决定书、不起诉书等，应进一步强化说理。

检察文书强化说理，要求检察人员公开处理案件的心路历程，这将为公众和当事人监督检察人员处理案件是否遵循指导性案例提供基本条件，但要保障监督的有效性，还要建立检察文书的公开制度。没有检察文书的公开，检察文书说理将只是自说自话，公众仍无从获得

---

① 参见：宋冰．读本：美国与德国的司法制度及司法程序[M]．北京：中国政法大学出版社，1998；龙宗智．刑事庭审制度研究[M]．北京：中国政法大学出版社，2001.

监督的有效信息,也就失去了说理的意义。当前检察文书发布方面的不足主要表现在发布范围有限,查询不便,特别是不对社会公开,没有定期编纂后对社会发行,亦没有在网上公开。在法院已确立网上公开判决书的改革背景下,检察文书公开的步伐明显滞后,这对保障公众的知情权和监督权明显不利。检察文书公开应体现在以下方面:(1) 诉讼过程公开,如公开案件的立与不立、捕与不捕、诉与不诉、抗诉与不抗诉等;(2) 公开案件办理过程中公检法三家的意见分歧甚至内部分歧及理由;(3) 公开采信的观点、处理的过程和理由;(4) 裁决文书对社会公开发布,接受社会各界公开查询。[①] 检察案例指导落实的最根本监督力量应是公众,特别是当事人及律师,如果能做到上述公开,将为公众监督提供有效的信息,公众监督的权利才有可能真正得到保障,检察案例指导的落实才有可能获得最大的推动力。

① 周洪波.中国特色案例指导制度的实践基础研究[M]//胡卫列,石少侠.检察前沿报告:第四辑.北京:中国检察出版社,2013:67.

主要参考文献

一、中文著作

[1] 达玛斯卡. 司法和国家权力的多种面孔[M]. 郑戈，译. 北京：中国政法大学出版社，2004.
[2] 唐斯. 官僚制内幕[M]. 郭小聪，等译. 北京：中国人民大学出版社，2006.
[3] 李乔. 2011 疑案探析 [M]. 北京：中国政法大学出版社，2011.
[4] 爱德华兹. 皇家检察官[M]. 周美德，译. 北京：中国检察出版社，1991.
[5] 肖仕卫. 刑事判决是如何形成的[M]. 北京：中国检察出版社，2009.
[6] 卡多佐. 司法过程的性质[M]. 苏力，译. 北京：商务印书馆，1998.
[7] 卡多佐. 法律的成长——法律科学的悖论[M]. 董炯，彭冰，译. 北京：中国法制出版社，2002.
[8] 博登海默. 法理学——法律哲学与法律方法[M]. 邓正来，译. 北京：中国政法大学出版社，2004.
[9] 庞德. 法律史解释[M]. 曹玉堂，译. 北京：华夏出版社，1987.
[10] 拉伦茨. 法学方法论[M]. 陈爱娥，译. 北京：商务印书馆，2004.
[11] 梅利曼. 大陆法系[M]. 2 版. 顾培东，禄正平，译. 北京：法律出版社，2004.
[12] 茨威格特，克茨. 比较法总论[M]. 潘汉典，等译. 北京：法律出版社，2003.
[13] 大木雅夫. 比较法[M]. 范愉，译. 北京：法律出版社，2006.
[14] 弗兰克. 初审法院[M]. 赵承寿，译. 北京：中国政法大学出版社，2007.
[15] 埃尔曼. 比较法律文化[M]. 贺卫方，高鸿均，译. 北京：清华大学出版社，2002.
[16] 克罗斯，哈里斯. 英国法中的先例：第四版 [M]. 苗文龙，译. 北京：北京大学出版社，2011.
[17] William Bumham. 英美法导论[M]. 林利芝，译. 北京：中国政法大学出版社，2003.
[18] 列维. 法律推理引论[M]. 庄重，译. 北京：中国政法大学出版社，2002.
[19] 杨仁寿. 法学方法论[M]. 北京：中国政法大学出版社，1999.
[20] 魏德士. 法理学[M]. 丁小春，吴越，译. 北京：法律出版社，2003.
[21] 格哈特. 先例的力量[M]. 杨飞，等译. 北京：中国法制出版社，2013.
[22] 克罗斯. 美国联邦上诉法院的裁判之道[M]. 曹斐，译. 北京：北京大学出版社，2011.
[23] 陈兴良，张军，胡云腾. 人民法院刑事指导案例裁判要旨通纂[M]. 北京：北京大学出版

社,2013.
[24] 最高人民法院行政审判庭. 行政执法与行政审判参考:第 1 辑[M]. 北京:法律出版社,2000.
[25] 张毅. 刑事典型类案法律适用参考[M]. 北京:中国检察出版社,2008.
[26] 最高人民法院刑事审判一、二、三、四、五庭. 刑事审判参考:总第 83 集[M]. 北京:法律出版社,2012.
[27] 徐景和. 中国判例制度研究[M]. 北京:中国检察出版社,2006.
[28] 于同志. 刑法案例指导:理论·制度·实践[M]. 北京:中国人民公安大学出版社,2011.
[29] 邓修明. 刑事判例机制研究[M]. 北京:法律出版社,2007.
[30] 奚晓明. 两大法系判例制度比较研究[M]. 北京:北京交通大学出版社,2009.
[31] 梅特兰. 普通法的诉讼形式[M]. 王云霞,等译. 北京:商务印书馆,2009.
[32] 大木雅夫. 东西方的法观念比较[M]. 华夏,战宪斌,译. 北京:北京大学出版社,2004.
[33] 傅郁林. 民事司法制度的功能与结构[M]. 北京:北京大学出版社,2006.
[34] 格伦. 世界法律传统[M]. 李立红,等译. 北京:北京大学出版社,2009.
[35] 苏力. 送法下乡——中国基层司法制度研究[M]. 北京:中国政法大学出版社,2000.
[36] 翁子明. 司法判决的生产方式[M]. 北京:北京大学出版社,2009.
[37] 钱卫清. 法官决策论——影响司法过程的力量[M]. 北京:北京大学出版社,2008.
[38] 波斯纳. 法官如何思考[M]. 苏力,译. 北京:北京大学出版社,2009.
[39] 庞德. 通过法律的社会控制[M]. 沈宗灵,译. 北京:商务印书馆,1984.
[40] 庞德. 普通法的精神[M]. 唐前宏,廖湘文,高雪原,译. 北京:法律出版社,2001.
[41] 尹伊君. 社会变迁的法律解释[M]. 北京:商务印书馆,2003.
[42] 张培田,张华. 近现代中国审判检察制度的演变[M]. 北京:中国政法大学出版社,2004.
[43] 李启成. 晚清各级审判厅研究[M]. 北京:北京大学出版社,2004.
[44] 那思陆. 明代中央司法审判制度[M]. 北京:北京大学出版社,2004.
[45] 张志铭. 法律解释操作分析[M]. 北京:中国政法大学出版社,1999.
[46] 段匡. 日本的民法解释学[M]. 上海:复旦大学出版社,2005.
[47] 解兴权. 通向正义之路——法律推理的方法论研究[M]. 北京:中国政法大学出版社,2000.
[48] 张骐. 法律推理与法律制度[M]. 济南:山东人民出版社,2003.
[49] 齐佩利乌斯. 法学方法论[M]. 金振豹,译. 北京:法律出版社,2009.
[50] 恩吉施. 法律思维导论[M]. 郑永流,译. 北京:法律出版社,2004.
[51] 苏力. 法治及其本土资源[M]. 北京:中国政法大学出版社,1996.
[52] 孙斯坦. 法律推理与政治冲突[M]. 金朝武,胡爱平,高建勋,译. 北京:法律出版社,2004.

[53] 张青波.理性实践法律——当代德国的法之适用理论[M].北京:法律出版社,2012.
[54] 沈德咏.中国特色案例指导制度研究[M].北京:人民法院出版社,2009.
[55] 汪世荣.判例与法律发展——中国司法改革研究[M].北京:法律出版社,2006.
[56] 刘风景.裁判的法理[M].北京:人民出版社.2007.
[57] 波普诺.社会学[M].李强,译.北京:中国人民大学出版社,2008.
[58] 威尔逊.官僚机构:政府机构的作为及其原因[M].孙艳,译.北京:生活·读书·新知三联书店,2006.
[59] 陈玲.制度、精英与共识——寻求中国政策过程的解释框架[M].北京:清华大学出版社,2011.
[60] 周雪光.组织社会学十讲[M].北京:社会科学文献出版社,2009.
[61] 冷月生.日本现代审判制度[M].北京:中国政法大学出版社,2003.
[62] 韩苏琳.美英德法四国司法制度概况[M].北京:人民法院出版社,2008.
[63] 阿列克西.法律论证理论[M].舒国滢,译.北京:中国法制出版社,2002.
[64] 艾森伯格.普通法的本质[M].张曙光,等译.北京:法律出版社,2004.
[65] 拉兹.法律的权威[M].朱峰,译.北京:法律出版社,2005.
[66] 黄建辉.法律漏洞·类推适用[M].台北:蔚理法律出版社,1988.
[67] 潘维大,刘文琦.英美法导读[M].北京:法律出版社,2000.
[68] 麦考密克,魏因贝格尔.制度法论[M].周叶谦,译.北京:中国政法大学出版社,1994.
[69] 博西格诺.法律之门[M].邓子滨,译.北京:华夏出版社,2002.
[70] 刘星.法律是什么?[M].广州:广东旅游出版社,1997.
[71] 季卫东.法治秩序的建构[M].北京:中国政法大学出版社,1999.
[72] 蔡定剑.历史与变革——新中国法制建设的历程[M].北京:中国政法大学出版社,1999.
[73] 冯玉珍.理性的悲哀与欢乐——理性非理性批判[M].北京:人民出版社,1993.
[74] 勒庞.乌合之众——大众心理学研究[M].冯克利,译.北京:中央编译出版社,2004.
[75] 吴宁.社会历史中的非理性[M].武汉:华中理工大学出版社,2000.
[76] 福柯.不正常的人[M].钱翰,译.上海:上海人民出版社,2003.
[77] 宋冰.读本:美国与德国的司法制度及司法程序[M].北京:中国政法大学出版社,1998.
[78] 达维德.当代主要法律体系[M].漆竹生,译.上海:上海译文出版社,1984.
[79] 格姆雷.官僚机构与民主——责任与绩效[M].俞沂暄,译.上海:复旦大学出版社,2007.
[80] 法恩兹沃思.美国法律制度概论[M].马清文,译.北京:群众出版社,1986.
[81] 武树臣.判例制度研究[M].北京:人民法院出版社,2004.
[82] 董皞.司法解释论[M].北京:中国政法大学出版社,1999.

[83] 陈金钊. 法制及其意义[M]. 西安:西北大学出版社,1994.
[84] 周道鸾. 中华人民共和国最高人民法院司法解释全集[M]. 北京:人民法院出版社,1994.
[85] 胡卫列,石少侠. 检察前沿报告:第四辑 [M]. 北京:中国检察出版社,2013.
[86] 朱孝清,张智辉. 检察学[M]. 北京:中国检察出版社,2010.
[87] 张智辉. 检察理论课题成果荟萃[M]. 北京:中国法制出版社,2011.
[88] 沃缪勒. 不确定状态下的裁判[M]. 梁迎修,孟庆友,译. 北京:北京大学出版社,2011.
[89] 杨振江. 检察委员会理论与实务研究[M]. 北京:中国检察出版社,2012.
[90] 龙宗智. 刑事庭审制度研究[M]. 北京:中国政法大学出版社,2001.
[91] 张仲芳. 刑事司法指南[M]. 北京:法律出版社,2007.
[92] 陈兴良. 中国案例指导制度研究[M]. 北京:北京大学出版社,2014.
[93] 左卫民. 中国特色案例指导制度研究[M]. 北京:北京大学出版社,2014.
[94] 陈兴良. 刑事法评论:第 4 卷[M]. 北京:中国政法大学出版社,1999.
[95] 陈金钊,谢晖. 法律方法(第八卷)[M]. 济南:山东人民出版社,2009.
[96] 王利明. 民法疑难案例研究[M]. 北京:中国法制出版社,2002.
[97] 张智辉. 检察理论课题成果荟萃[M]. 北京:中国法制出版社,2011.
[98] 最高人民检察院. 最高人民检察院简报[G](1980 年至 1989 年).
[99] 最高人民检察院. 最高人民检察院公报[G](1989 年至 2010 年).
[100] 江苏省刑事诉讼法学研究会. 2010 年年会暨案例指导制度研讨会会议材料汇编[G]. 2010.
[101] 泰州市人民检察院法律政策研究室. 泰州市人民检察院指导案例:1—7 辑[G].
[102] 南通市人民检察院. 检察类案研究[G].

二、期刊论文

[1] 龙宗智. 论检察权的性质与检察机关的改革[J]. 法学,1999(10):2 - 7.
[2] 北京市人民检察院第二分院课题组. 检察机关案例指导制度的构建[J]. 人民检察,2010(22):22 - 24.
[3] 孙谦. 建立刑事司法案例指导制度的探讨[J]. 中国法学,2010(5):76 - 87.
[4] 龙宗智. 理性对待检察改革[J]. 人民检察,2012(5):18 - 21.
[5] 孙国祥. 论检察机关案例指导制度[J]. 人民检察,2011(13):12 - 17.
[6] 宋晓. 判例生成与中国案例指导制度[J]. 法学研究,2011(4):58 - 73.
[7] 最高人民法院课题组. 关于德国判例考察情况的报告[J]. 人民司法,2006(7):10 - 12.
[8] 秦宗文. 案例指导制度的特色、难题与前景[J]. 法制与社会发展,2012(1):98 - 110.
[9] 邓志伟,陈健. 指导性案例裁判要旨的价值及其实现——以最高人民法院公报案例为研

究对象[J]. 法律适用,2009(6):40 - 43.

[10] 周光权. 刑事案例指导制度的难题与前景[J]. 中外法学,2013(3):481 - 498.

[11] 张骐. 再论指导性案例效力的性质与保证[J]. 法制与社会发展,2013(1):91 - 105.

[12] 张建升,王军,黄海龙,等. 检察机关案例指导制度的建立与完善[J]. 人民检察,2010(9):41 - 48.

[13] 王晨光. 制度构建与技术创新——我国案例指导制度面临的挑战[J]. 国家检察官学院学报,2012(1):3 - 12.

[14] 余高能,代水平. 美国判例法的运作机制[J]. 西安电子科技大学学报(社会科学版),2007(4):104 - 110.

[15] 薛军. 意大利的判例制度[J]. 华东政法大学学报,2009(1):84 - 91.

[16] 郎贵梅. 中国案例指导制度的若干基本理论问题研究[J]. 上海交通大学学报(哲学社会科学版),2009(2):24 - 31.

[17] 解亘. 论学者在案例指导制度中的作用[J]. 南京大学学报(哲学·人文科学·社会科学),2012(4):76 - 84.

[18] 苏泽林. 案例指导制度与司法统一[J]. 中国法律,2009(3):44.

[19] 陈明国,左卫民. 中国特色案例指导制度的发展与完善[J]. 中国法学,2013(3):34 - 45.

[20] 孙国祥. 从柔性参考到刚性参照的嬗变——以"两高"指导性案例拘束力的规定为视角[J]. 南京大学学报(哲学·人文科学·社会科学),2012(3):133 - 140.

[21] 胡云腾. 如何做好案例指导的选编与适用工作[J]. 中国审判,2011(9):82 - 85.

[22] 李友根. 指导性案例为何没有约束力:以无名氏因交通肇事致死案件中的原告资格为研究对象[J]. 法制与社会发展, 2010(4):86 - 96.

[23] 秦宗文,朱昊. 检察机关案例指导制度若干问题研究[J]. 中国刑事法杂志,2011(7):85 -92.

[24] 胡云腾,罗东川,王艳彬,等.《关于案例指导工作的规定》的理解与适用[J]. 人民司法,2011(3):33 - 37.

[25] 黄京平. 刑事指导性案例中的公共议题刍议[J]. 国家检察官学院学报,2012(1):36 -37.

[26] 王军,卢宇蓉. 检察案例指导制度相关问题研究[J]. 人民检察,2011(2):12 - 17.

[27] 卢希. 完善检察机关案例指导制度的五点思考[J]. 北京广播电视大学学报,2011(3):3 - 4.

[28] 四川省高级人民法院课题组. 指导性案例的应用障碍及克服——四川法院案例应用试点工作的初步分析[J]. 法律适用,2012(5):67 - 71.

[29] 张泽涛. 判决书公布少数意见之利弊及其规范[J]. 中国法学,2006(2):182 - 191.

[30] 胡云腾,于同志. 案例指导制度若干重大疑难争议问题研究[J]. 法学研究,2008(6):

3-24.
[31] 高岩.我国不宜采用判例法制度[J].中国法学,1991(3):43-48.
[32] 李浩.英国判例法与判例规避[J].比较法研究,1995(1):89-94.
[33] 武树臣.裁判自律引论[J].法学研究,1998(2):20-35.
[34] 周佑勇.作为过渡措施的案例指导制度:以"行政[2005]004号案例"为观察对象[J].法学评论,2006(3):137-141.
[35] 张骐.指导性案例中具有指导性部分的确定与适用[J].法学,2008(10):89-101.
[36] 张骐.试论指导性案例的"指导性"[J].法制与社会发展,2007(6):40-51.
[37] 张骐.判例法的比较研究——兼论中国建立判例法的意义、制度基础与操作[J].比较法研究,2002(4):79-94.
[38] 张千帆.再论司法判例制度的性质、作用和过程[J].河南社会科学,2004(4):1-6.
[39] 茨威格特,克茨,高鸿均.普通法与大陆法中发现法律的方法和诉讼程序[J].法学译丛,1991(2):1-6.
[40] 法恩思沃思,陶正华.美国的判例法[J].法学译丛,1985(6):62-68.
[41] 刘作翔,徐景和.案例指导制度的理论基础[J].法学研究,2006(3):16-29.
[42] 房文翠.接近正义 寻求和谐:案例指导制度的法哲学之维[J].法制与社会发展,2007(3):46-52.
[43] 刘风景.不同意见写入判决书的根据与方式——以日本的少数意见制为背景[J].环球法律评论,2007(2):98-105.
[44] 陈卫东,李训虎.先例判决·判例制度·司法改革[J].法律适用,2003(Z1):20-24.
[45] 李仕春.案例指导制度的另一条思路——司法能动主义在中国的有限适用[J].法学,2009(6):59-77.
[46] 杨洪逵.案例指导:从功利走向成熟——对在中国确立案例指导制度的几点看法[J].法律适用,2004(5):12.
[47] 陈兴良.案例指导制度的规范考察[J].法学评论,2012(3):117-127.
[48] 吴越.中国"例制"构建中的法院角色和法官作用[J].法学论坛,2012(5):19-25.
[49] 傅郁林.建立判例制度的两个基础性问题:以民事司法的技术为视角[J].华东政法大学学报,2009(1):98-106.
[50] 万毅.历史与现实交困中的案件请示制度[J].法学,2005(2):9-18.
[51] 庐阳区人民检察院课题组.建立检察机关案例指导制度面临的问题及对策[J].安徽警官职业学院学报,2012(3):40-43.
[52] 后藤武秀.判例在日本法律近代化中的作用[J].比较法研究,1997(1):77-81.
[53] 夏锦文,莫良元.社会转型中案例指导制度的性质定位与价值维度[J].法学,2009(11):131-139.

[54] 谢晖.判例法与经验主义哲学[J].中国法学,2000(3):68-76.
[55] 汪世荣.补强效力与补充规则:中国案例制度的目标定位[J].华东政法学院学报,2007(2):108-112.
[56] 徐昕.迈向司法统一的案例指导制度[J].学习与探索,2009(5):157-164.
[57] 沈宗灵.当代中国的判例:一个比较法研究[J].中国法学,1992(3):32-36.
[58] 吴英姿.谨防案例指导制度可能的“瓶颈”[J].法学,2011(9):45-53.
[59] 李强.检察案例指导制度的规范化[J].国家检察官学院学报,2012(6):43-49.
[60] 解亘.案例研究反思[J].政法论坛,2008(4):3-7.
[61] 汪世荣.判例在中国传统法中的功能[J].法学研究,2006(1):125-134.
[62] 谢鹏程.论检察官独立与检察一体[J].法学杂志,2003(3):35-38.
[63] 陈卫东,李训虎.检察一体与检察官独立[J].法学研究,2006(1):3-13.
[64] 陈林林,许杨勇.司法解释立法化问题三论[J].浙江社会科学,2010(6):33-38.
[65] 刘晴辉.试析中国法律解释体制下的司法解释制度[J].四川大学学报(哲学社会科学版),2001(3):116-121.
[66] 徐蔡燎.应建立有中国特色的判例制度[J].法学与实践,1986(2):26-28.
[67] 蒋惠岭.建立案例指导制度的几个具体问题[J].法律适用,2004(5):8-11.
[68] 傅强,黄福涛.检察机关案例指导工作机制研究[J].人民检察,2008(4):44-46.
[69] 范愉.法律解释的理论与实践[J].金陵法律评论,2003(2):21-34.
[70] 王琉.司法解释的制定、适用及其改革之思考[J].人民司法,1998(5):20-21.
[71] 梁兴国.从判例、判例法到案例指导制度:“判例是如何形成的?”理论研讨会综述[J].华东政法大学学报,2008(6):149-153.
[72] 王利明.我国案例指导制度若干问题研究[J].法学,2012(1):71-80.
[73] 张骐.发展案例指导制度需要处理好的三个关系[J].中国审判,2011(10):85-86.
[74] 梁盈光.检察机关绩效管理机制问题研究[J].广西大学学报,2009(S2):171-172.
[75] 谢岸烨.检察机关绩效考核制度的完善[J].党政干部论坛,2009(8):37-39.
[76] 李亚凝.检察指导案例与共识性裁判的生成[J].国家检察官学院学报,2015(4):55-73.
[77] 刘作翔.案例指导制度:“人民群众”都关心些什么?:关于指导性案例的问与答[J].法学评论,2017(2):1-10.
[78] 梁平,张蓓蓓.案例指导制度的构建与反思[J].河北大学学报(哲学社会科学版),2015(1):52-57.
[79] 李红海.案例指导制度的未来与司法治理能力[J].中外法学,2018(2):493-511.
[80] 王彬.案例指导制度下的法律论证——以同案判断的证成为中心[J].法制与社会发展,2017(3):145-161.

[81] 邵六益. 从效力到效率:案例指导制度研究进路反思[J]. 东方法学,2015(5):105-113.
[82] 刘克毅. 法律解释抑或司法造法? ——论案例指导制度的法律定位[J]. 法律科学,2016(5):192-200.
[83] 孙光宁. 反思指导性案例的援引方式:以《〈关于案例指导工作的规定〉实施细则》为分析对象[J]. 法制与社会发展,2016(4):90-102.
[84] 王玄玮. 检察案例指导制度运行状况分析[J]. 人民检察,2017(5):58-62.
[85] 史笑晓. 司法责任制背景下案件指导机制的构建[J]. 人民检察,2017(2):34-38.
[86] 李森. 新一轮司法改革背景下案例指导制度的新问题[J]. 山东社会科学,2016(8):138-145.
[87] 马勇. 刑事司法解释中的证明简化对控辩平等原则的冲击——兼论司法解释制度的完善及其与案例指导制度的功能划分与衔接[J]. 法制与社会发展,2017(3):179-192.
[88] 刘作翔. 中国案例指导制度的最新进展及其问题[J]. 东方法学,2015(3):39-46.
[89] 张杰,苏金基. 检察案例指导案例的实践应用效果[J]. 国家检察官学院学报,2018(4):64-73.
[90] 刘树德. 最高人民法院司法规则的供给模式——兼论案例指导制度的完善[J]. 清华法学,2015(4):81-93.
[91] 王琓. 判例在联邦德国法律制度中的作用[J]. 人民司法,1998(7):50-51.
[92] 张骐. 论中国案例指导制度向司法判例制度转型的必要性与正当性[J]. 比较法研究,2017(5):131-145.
[93] 万春. 检察指导案例效力研究[J]. 中国法学,2018(2):75-88.
[94] 孙光宁. 两高联合发布指导性案例的意义及运作[J]. 东方法学,2018(2):130-138.
[95] 马燕. 论我国一元多层级案例指导制度的构建:基于指导性案例司法应用困境的反思[J]. 法学,2019(1):185-191.
[96] 张华. 检察机关刑事抗诉实证分析[D]. 北京:中国政法大学,2010.

三、报纸类

[1] 李光明. 检察机关办理抗诉多为一审案 被指浪费司法资源[N]. 法制日报,2010-12-31(06).
[2] 蒋安杰. 最高人民检察院研究室主任陈国庆——检察机关案例指导制度的构建[N]. 法制日报,2011-01-05 (11).
[3] 蒋安杰. 最高人民法院研究室主任胡云腾——人民法院案例指导制度的构建[N]. 法制日报,2011-01-05(11).
[4] 胡云腾. 裁判文书的说理艺术[N]. 法制日报,2007-06-17(6).
[5] 蒋安杰. 案例指导制度规定:一个具有划时代意义的标志[N]. 法制日报,2011-01-05

(11).

[6] 孙春雨,张翠松,染运宝.推行案例指导制度的必要性和可行性[N].检察日报,2011-03-23(03).

[7] 孟建柱.深化司法体制改革[N].人民日报,2013-11-25(06).

四、外文文献

[1] R B Cappalli. The American Common Law Method [M]. Leiden-Boston: Brill Academic Publishers,1997.

[2] R Schlesinger, H Baade, M Damaska, et al. Comparative Law: Cases, Text and Materials[M]. Westbury NY: Foundation Press,1991.

[3] K Lieberthal, M Oksenberg. Policy Making in China: Leaders, Structures, and Processes [M]. Princeton NJ: Princeton University Press,1988.

[4] B A Garner. Black's Law Dictionary: Seventh Edition [M]. St. Paul, MN: West Group,1999.

[5] J Ginsburg. Introduction to Law and Legal Reasoning[M]. Westbury NY: Foundation Press,2004.

[6] O W Holmes, Jr. The Essential Holmes: Selections from the Letters, Speeches, Judicial Opinions, and Other Writings of Oliver Wendell Holmes [M]. R A Posner, ed. Chicago: University of Chicago Press,1992.

[7] J C Rehnquist. The Power that Shall Be Vested in a Precedent:Stare Decisis, the Constitution and the Supreme Court [J]. Boston University Law Review,1986(66):345.

[8] W L Rycnodls, W M Richman. The Non—Precedential Precedent: Limited Publication and No—Citation Rules in the United States Courts of Appeals[J]. Columbia Law Review, 1978 (78).

[9] D J Boggs, B P Brooks. Unpublished Opinions and the Nature of Precedent [J]. Green Bagd 2ed,2000(4):17-19.

[10] E S Welsgerber. Unpublished Opinion: A Convenient Means to an Unconstitutional End [J]. Georgetown Law Journal,2009(97):621-622.

[11] J H Merryman. On the Convergence (and Divergence) of Civil Law and Common Law [J]. Stanford Journal of International Law,1981(17).

[12] C Guthrie, J J Rachlinski, A J Wistrich. Inside the Judicial Mind [J]. Cornell Law Review,2001(86).

[13] J R Macey. Transaction Costs and the Normative Elements of Public Choice Model: An Application to Constitutional Theory [J]. Virginia Law Review,1988(74).

[14] R M Reys, W C Thompson, G H Bower. Judgmental Biases Resulting from Differing Availabilities of Arguments [J]. Journal of Personality and Social Psychology, 1980 (39): 2 - 12.

[15] T Mauro. Judicial Conference Group Backs Citing of Unpublished Opinion [N]. Legal Times, 2004 - 04 - 15.

后　记

本书是在博士学位论文的基础上修订而成的。书稿“杀青”之际，窗外已然又是春天，我周遭的一切似都在这一刻静止。回首写作的过程，五味杂陈，感慨莫名。子曰：“四十而不惑”，但尴尬的是，先人之谶语并未在我身上验证。为学、为人我依然有许多“未解之惑”，但也正因为这些“惑”，促使我不断前行。

本书的完成，首先要归功于恩师孙国祥教授。有幸“忝列”先生门下，进入南京大学法学院攻读博士学位，无疑是我学法研修路上的“高光时刻”。而今回想起来，仍倍感温暖和荣幸。先生在授课中不经意间流露出的师者的睿智、学识与眼界，都令我钦佩不已，受教良多。先生以长者特有的温和与耐心，对学生鼓励与督促的教导方式，让同为人师的我汗颜不已。从博士论文的选题、开题、框架的设计直至最后成文，都倾注了先生的心血与汗水。先生高屋建瓴的指导意见，让处于写作迷津的我常有种茅塞顿开的喜悦，使论文的写作少走了许多弯路。先生严谨治学的态度，精准娴熟的文字驾驭力道，都给我留下了深刻的印象，受益至今。博士毕业后，孙老师仍以其独特的方式，让一众同门们于潜移默化中延续感受着学生时代的“压力”——虽静默、无形，然有力。先生以著作等身之资，不耽于渐增之年岁，仍精进学问，笔耕不辍，大作屡见刊端，成为刑法学界名副其实的“高产作者”。先生的所作所为，完美诠释了“身教大于言传”的师者要义，令吾辈仰止。毫不夸张地讲，这是促成我写就此书的一大动力源。

感谢南京师范大学法学院的蔡道通教授、李建明教授，苏州大学法学院的李晓明教授，南京大学法学院的赵娟教授、狄小华教授、杨辉忠副教授和张淼副教授，在论文评阅及答辩中给予的诸多宝贵建议和帮助。感谢张淳教授、李友根教授、王太高教授、张仁善教授、范健教授、肖冰教授等南大法学院老师各具特色的课堂教学，使我写作时能广开思路。

感谢一起度过艰难忘岁月的法学院 2010 级博士生同学及同门诸位师兄弟姐妹们，课堂上及课下的交流，他们热情的笑脸、跳跃的思维及奋发向上的人生态度，使我生活的氛围中多了几许激越的豪情和亮丽的色彩。

还要感谢南京森林警察学院的领导们及刑事法学教研室的诸位同仁，他们在我读博期间及本书写作过程中，给予了诸多关心与帮助，使书稿得以如期完成。本书的付梓出版，亦得到了南京森林警察学院科研平台的大力支持，在此谨致谢忱。我深知，作为一名公安院校的法学教师，惟有不断学习，进一步提升业务和科研能力，才能更好地服务于学校的发展，无愧于师者的职责。

最后，感谢我的先生于繁重的工作压力和父兼母职的家庭重担下，给予的诸多支持和勉励。同时，感谢儿子的陪伴和对妈妈写作工作给予的理解和“无私”的支持，努力、认真、早日完成书稿，成了我和小子的共同祈愿。感谢我远在家乡的亲人们，尤其是八旬高龄的母亲一直以来给予的精神上的慰藉。为人子女，多年来的远离，孝道不足，令我抱愧不已，在此一并致歉。

我深知，囿于本人的眼界与研究水平，书中尚有诸多待解之惑，而那些我自认为已说理充分之处，也可能仅是触“冰山之一角”。本书的完成，既是对检察案例指导制度这一学术主题研究的阶段性总结，也是我学术生涯的新起点。未来，希望能以更丰硕的成果回馈导师的教诲之恩和工作单位的培养，不辜负导师及关心我、支持我的一众亲友的期望。

不能忽略也是至为重要的一点是，本书的顺利出版，得益于东南大学出版社夏莉莉、陈淑两位老师细致而高效的工作，在此特别致谢！